U0033803

倉皇辭廟——

副主計長

冉鵬日記

（一九四九 — 一九五〇）

The Diary of Ran Peng
Vice Minister of Directorate-General of Budget, Accounting and Statistics
1949-1950

目　錄

民國日記｜總序

呂芳上
民國歷史文化學社社長

人是歷史的主體，人性是歷史的內涵。「人事有代謝，往來成古今」（孟浩然），瞭解活生生的「人」，才較能掌握歷史的真相；愈是貼近「人性」的思考，才愈能體會歷史的本質。近代歷史的特色之一是資料閎富而駁雜，由當事人主導、製作而形成的資料，以自傳、回憶錄、口述訪問、函札及日記最為重要，其中日記的完成最即時，描述較能顯現內在的幽微，最受史家重視。

日記本是個人記述每天所見聞、所感思、所作為有選擇的紀錄，雖不必能反映史事整體或各個部分的所有細節，但可以掌握史實發展的一定脈絡。尤其個人日記一方面透露個人單獨親歷之事，補足歷史原貌的闕漏；一方面個人隨時勢變化呈現出不同的心路歷程，對同一史事發為不同的看法和感受，往往會豐富了歷史內容。

中國從宋代以後，開始有更多的讀書人有寫日記的習慣，到近代更是蔚然成風，於是利用日記史料作歷史研究成了近代史學的一大特色。本來不同的史料，各有不同的性質，日記記述形式不一，有的像流水帳，有的生動引人。日記的共同主要特質是自我（self）與私密（privacy），史家是史事的「局外人」，不只注意史實的追尋，更有興趣瞭解歷史如何被體驗和講述，這時對「局內人」所思、所行的掌握和體會，日記便成了十分關鍵的材料。傾聽歷史的聲音，重要的是能聽到「原音」，而非「變音」，日記應屬原音，故價值高。1970年代，在後現代理論影響下，檢驗史料的潛在偏見，成為時尚。論者以為即使親筆日記、函札，亦不必全屬真實。實者，日記記錄可能有偏差，一來自時代政治與社會的制約和氛圍，有清一代文網太密，使讀書人有口難言，或心中自我約束太過。顏李學派李塨死前日記每月後書寫「小心翼翼，俱以終始」八字，心所謂為危，這樣的日記記錄，難暢所欲言，可以想見。二來自人性的弱點，除了「記主」可能自我「美化拔高」之外，主觀、偏私、急功好利、現實等，有意無心的記述或失實、或迴避，例如「胡適日記」於關鍵時刻，不無避實就虛，語焉不詳之處；「閻錫山日記」滿口禮義道德，使用價值略幾近於零，難免令人失望。三來自旁人過度用心的整理、剪裁、甚至「消音」，如「陳誠日記」、「胡宗南日記」，均不免有斧鑿痕跡，不論立意多麼良善，都會是史學研究上難以彌補的損失。史料之於歷史研究，一如「盡信書不如無書」的話語，對證、勘比是個基本功。或謂使用材料多方查證，有如老吏斷獄、法官斷案，取證求其多，追根究柢求其細，庶幾還原案貌，以證據下法理註腳，盡力讓歷史真相水落可石出。是故不同史料對同一史事，記述會有異同，同者互證，異者互勘，於是能逼近史實。而勘比、互證之中，以日記比證日記，或以他人日記，證人物所思所行，亦不失為一良法。

從日記的內容、特質看，研究日記的學者鄒振環，曾將日記概分為記事備忘、工作、學術考據、宗教人生、游歷探險、使行、志感抒情、文藝、戰難、科學、家庭婦女、學生、囚亡、外人在華日記等十四種。事實上，多半的日記是複合型的，柳貽徵說：「國史有日歷，私家有日記，一也。日歷詳一國之事，舉其大而略其細；日記則洪纖必包，無定格，而一身、一家、一地、一國之真史具焉，讀之視日歷有味，且有補於史學。」近代人物如胡適、吳宓、顧頡剛的大部頭日記，大約可被歸為「學人日記」，余英時翻讀《顧頡剛日記》後說，藉日記以窺測顧的內心世界，發現其事業心竟在求知慾上，1930 年代後，顧更接近的是流轉於學、政、商三界的「社會活動家」，在謹厚恂恂君子後邊，還擁有激盪以至浪漫的情感世界。於是活生生多面向的人，因此呈現出來，日記的作用可見。

晚清民國，相對於昔時，是日記留存、出版較多的時期，這可能與識字率提升、媒體、出版事業發達相關。過去日記的面世，撰著人多半是時代舞台上的要角，他們的言行、舉動，動見觀瞻，當然不容小覷。但，相對的芸芸眾生，識字或不識字的「小人物」們，在正史中往往是無名英雄，甚至於是「失蹤者」，他們如何參與近代國家的構建，如何共同締造新社會，不應該被埋沒、被忽略。近代中國中西交會、內外戰事頻仍，傳統走向現代，社會矛盾叢生，如何豐富歷史內涵，需要傾聽社會各階層的「原聲」來補足，更寬闊的歷史視野，需要眾人的紀錄來拓展。開放檔案，公布公家、私人資料，這是近代史學界的迫切期待，也是「民國歷史文化學社」大力倡議出版日記叢書的緣由。

推薦語

呂芳上

中央研究院近代史研究所兼任研究員、前國史館館長

1949年到1950年初，是近代中國劇變時代最激盪的階段，身為行政院上層財經官員的冉鵬，他的日記不只是個人遭遇變局，導致妻離子散、家破人亡的個人家庭離散紀錄，同時也可視為國民政府在兵荒馬亂、危急存亡之秋，譜下令人驚心動魄悲劇史詩的宏觀紀事。

二戰後知識分子再逢西遷、南移，在「漂泊」、「流離」之際，面臨的是「手空空，無一物；路遙遙，無止境」的局面，但心境上更有「無慚尺布裹頭歸」的感受。冉鵬在變局中，不只看盡官場炎涼、社會百態，在日記中更顯示時代洪流中漂浮的個人，只能如行雲流水一孤僧，「無端狂笑無端哭」的無奈。

這本「倉皇辭廟」關鍵年代的日記，不只是一個人、一家族的歷史見證，而且記錄了一個國家、一個大時代的故事。

前言：回到父親身邊

父親 1949 年 7 月離開家鄉後近三十年，我們都不知道他在台灣。我僅在1963 年收到過他從「吉隆坡」寄來的一封信，這是一位年近花甲的父親，對他失去多年的兒子的一次「家訓」。不同於他給母親的家書那樣只話家常，談了為人處世後，父親特地提到母親的外祖父何來保是「清末常德革命殉國最有學問最年輕的一個！」何來保和戊戌變法先烈譚嗣同摯交，死於1900庚子年反清之自立軍起義。如果「武陵冉氏宗族」由此緣紀，迄今又是庚子，在此兩個庚子一百二十年的漫長歲月中，子孫繁衍已經六代——留下深深足跡的，無疑是父親冉鵬（字勺庭，1906-1978）。

父親 1949 年隨行政院撤離南京，一路倉皇浪奔，經廣州、重慶而成都，最後和閻錫山內閣部員從成都飛往台北。在這國共內戰的最後一年，閣揆換了三任，父親位於簡任秘書、參事、副主計長，負責瀕於崩潰的財經政務，是戰時內閣首長的實力幕僚。列席中央決策的每週院會，熟悉從幣制改革、通貨膨脹到各部、各戰區及各省市的財務專案；在山窮水盡困局中，慎謀能斷，力挽狂瀾……對這樣一個皇皇大國政府的逃亡史，不乏大人物的宏觀記事和小人物的流離故事，卻罕見權力中樞的現場記錄。民國的五院制，在 1949 年的兵荒馬亂中，實際上掌控全局職能的只有行政院，他們人簡事繁，應對瞬息萬變的政治經濟危機。在那些充滿失望、恐懼、背叛和掙扎的日日夜夜，家父不負首長期勉，國難共渡。留下一部私人日記，作為這幕中國歷史巨變的親身見證。父親自 1931 年起，至1977 年病危，四十多年的日記，從未一日間斷。他 1963 年才知道最初的十八年日記，留在大陸，已不復存在！為此悵然不已。

家父一直以「忠誠的公務員」自許。他給我的信上說：「我在外十四年，而平生之恬淡志向則絲毫未變。」抗戰還都南京後，滋生的官場腐敗之風，他和朋友們經常以「焉得不敗」相惕勵。因在行政院「掌財權」，時常有人宴請吃飯，他總是十有八九婉謝不去；接辦公文，奉行的信條是「案無留牘」。初到廣州主持預算委員會，原有三十名職員，僅存六人，而千頭萬緒之索款文函十倍於往日，他貫以不避勞怨的作風。歷經十任院長，「均許君曰賢曰能」。尤其在蔣夢麟、端木愷任秘書長期內，是一位備受稱讚的「主任秘書」；閻錫山重才提掖，他不願在「逃難中升官」。其實權責之重，已在財政部長、經濟部長、主計長間共事的切磋運籌之中。父親也獲友儕輩的擁戴，常持異議，勇於任事，臨別處理兩件積案可為例：被上級久拖的海南島經費案（陳濟棠部），出於同情，父照簽補發25 萬銀元；晉省500 烈士修祠經費20 萬元案，部屬懇求，父作為辭職的最後一件公文，署名核准。

本書截取父親日記最重要的一部分（現存日記共29冊二百餘萬字）：選擇 1949 全年（民國三十八年），另加 1950 年初到台灣的三個月。那是父親 1931 年10

月入職行政院，「從一而終」服務十八年六個月的一個句號。這段時間正是南京政府北伐成功後國運所繫的「訓政時期」，卻演成一齣由黃金十年而抗戰八年、內戰四年，兵敗山倒的悲劇。冉鵬弱冠之年，父母雙逝後，隻身離鄉常德，負笈北京，朝陽大學法律科畢業。適逢首屆全國高等文官考試，以第三名優秀錄取，分發行政院，踏入仕途。不啻一個「學而優則仕」的典型。那個年代，西風東漸，留洋學生已上萬計，國府的高級官員多數都有外國學歷。家父似乎胸有成竹，謹言慎行，一副儒家「修齊治平」的懷抱，對國學的憧憬和法學功底帶來的信心，成為行政院少壯派文史素養的佼佼者。代表政府和蔣夢麟、傅斯年等學者視察運台故宮文物而不辱使命。任行政院「法規委員會」主委，草訂、核准各類法例，直到參與起草政府抵台後裁併中央各機關方案。

父親來到台灣時，年屆四十四歲。在1950年閣內閣告別式上，他是院長、秘書長之外最受尊敬的高級官員。他之堅決要求辭去行政院「本兼各職」原因何在？日記滿載長僚同儕的挽留情節，甚至有十餘位部委之會計長聯合設宴勸留而遭避席之事。老同事稱他是「活檔案」、「做官的種子」，他不為所動。這是我們探討家父留台棄官之謎的困惑。他對辭職的回應是經歷國破家亡的痛苦，已無戀棧之意，只圖「無官一身輕」。但在國府法律、財經界，他們這批三十年代入仕的官員已廣佈次長、司局長層面，人緣難卻。逍遙數月後，終於接受老友經濟部長鄭道儒之邀，重作馮婦，出任經濟部顧問兼商業司長。鄭以政府來台百業待興，勉以法規為先，打開局面；嗣後，尹仲容接長經濟部，父親留任顧問、法制組長；及至財政部長徐柏園出任外貿會主委，再被聘為外貿會法律顧問。在復興基地關鍵的五、六十年代，家父沒有離開過經濟部與外貿會的主流業務，主持制定一系列開創性的財經法規——商業會計法、證券交易所細則與章程、外人投資條例草案、港澳遷廠與華僑投資審核辦法等。最大的一項外貿立法「外匯貿易管理法規彙編」兩厚冊，由冉鵬領導專門整理小組於1962年 12 月完成。這是台灣推動外匯貿易改革實現出口替代轉型的重要成就。

在法律專長上，突破行政院科層式行政的束縛，有更大的發揮空間；更從受任招商局董事，耀華玻璃公司常委，到新竹玻璃公司代表官股的常委及總經理，正如孫運璿部長賜勉「兄服務本部二十餘年，對經建業務深具經驗，貢獻良多」。父親一手操辦的新玻公司，發展順利，年產 50 萬箱平板玻璃，三年便以新產品拓展外銷。父兩度出國日本、美、歐考察業務，任職到 1971 年，辭去多項「亦官亦商」的職務方得退休。可鑒父親離開官運亨通的行政院，不自覺地完成了他後半生順應時代潮流的務實轉變：從一個懷有報國理想的政務官，到投身市場競爭下的現代企業掌門人。適應國府在台灣浴火重生，為打造亞洲四大經濟奇蹟之一，獻出自己的心力。1977 年 6 月 15 日，眼看從大陸避秦來台的老同學老朋友，一個個相繼謝世。家父對即將飛美的老友魯名傑深情寄語，他寫道：

> 盱衡時局，旅居台灣，猶燕巢飛幕之上，不知何時風起而幕破！有錢兼有力者紛紛移民美加等國，余則與台灣共存亡，雖無守土之責，以個人與黨國之悠久關係，亦理應如此，故亦無憂無慮。

這是歷盡滄桑的一代國民黨人的告白。父親為孫中山先生的主義所感召，入黨越五十年，隱德奉公，寵辱不計，最後落到無處棲身的地步。內心之痛楚，豈是旁人可知其一二？我們 1980 年從大陸來到香港。父親留下的一箱子日記的吸引力無可置疑。但是謀生的壓力更大，日記匆匆讀過，深知了解父親和他的時代絕非易事。我長住香港，選擇了新聞行業，進而草創雜誌和出版社，可謂泥足深陷。1991 年 2 月母親在台北病逝，我們為父母舉行合葬儀式，實現母親的願望，「生不同衾死同穴」。一雙民國時代的佳偶美眷傳奇，埋葬在春秋墓園的夕陽下——整理父親日記，成為我們愧對父母的一份夙願（大姐懋荃有意出版，但不幸早逝）。我責無旁貸，在結束香港的公司之後，才有可能全力以赴。有幸獲得「民國歷史文化學社」接受出版這本以 1949 年行政院大撤退為重心的日記。

蝸居北美，幾度春秋。探索父親日記的人與事及其背景，對我而言是一個難得的自修補課機會，覽閱許多相關資料，淺嚐史海探幽之樂，和過去做新聞評論的急就章相比，大異其趣。尤其關於國共內戰這塊被大陸封存的領域，有了更多的認識。同時，引出對自我歷史觀的省思，過去寫過不少對中共政權統治的批判文章，固然都以事實為本，但在意識形態上，尚不脫從「第二國際」到蘇聯瓦解的社會民主主義影響。誠然與少年時代開始的教育灌輸洗腦有關，另外原因是完全割斷了父親一輩的家庭教養，失去我們一代人居優勢的思想資源。在共產黨強大磁場的政治力之下，家族狀況比一般非共家庭更糟糕。留在大陸與父親有關的親友，大部分都死於政治迫害，桃源皇甫家族幾乎全軍覆滅，倖存者無不慘若賤民被壓在專政的底層。

我們帶著「階級鬥爭」的原罪感在鐵幕中活下來，有幸移居高度商業化的港台社會，跟著潮流打滾。回首傳媒前塵，最遺憾莫過於放棄了自身的「尋根」。在共產黨設定的「脫胎換骨」陰影中，否定了國家認同卻尚未找回身份的歸依。直到母親在台北去世，我的文章還在肯定中共土改的正當性——撫摸身上早已結痂的烙印，讀著父親滿含生命氣息、墨香猶在的一頁頁日記，痴鈍數十年的心化成一片不寒而慄的悔恨。父親以「無端狂笑無端哭」形容他的家國情懷，最後，帶著一腔幻滅獨赴黃泉，和母親臨終一面既不可得，對共產黨圈養下的子女親情又豈可奢望？殊不知他的日記，喚醒了一個不孝之子沉睡的血脈覺悟。我們原來可以有一個憲政民主的國家，也應有一個團圓的幸福家庭……。沉浸在父親日記字裡行間的情境、語境，好像回到他身邊、和他在一起，這是幾十年不曾有過的父愛之夢，也彷彿一個飄泊者達到心靈的彼岸。

本書的出版，誠摯感謝劉維開教授和呂芳上社長的支持和指教。

冉懋華（金鐘）2020 年 3 月 5 日 紐約

編輯說明

一、冉鵬（1906-1978），字勺庭，湖南常德人。於 1931 年（民國 20 年）國民政府第一屆高等文官考試，以第三名優等錄取，分發行政院任科長、分組主任、簡任秘書、參事、副主計長，側身中樞二十年，歷經十任院長。1949 年12 月隨行政院遷居台灣，留下妻子皇甫道安及六名子女在大陸。在台先後任職經濟部顧問兼商業司長、外貿審議會主委兼法制組長，新竹玻璃公司常董總經理。1978 年 1 月病逝台北。

二、冉鵬日記自 1931 年起，至 1977 年終，共四十七年。惜 1931 年至 1948 年的十八冊日記，離鄉前留存湖南桃源親友家，迄今不明下落。現留存的日記1949 年至 1977 年，共二十九冊（一年一冊，無間斷）。

三、本書所選日記，是1949 年全年（12 月 9 日前在大陸），加選 1950 年前三個月（在台灣），共計十五個月。這段時間正值國民政府內戰失利，步步撤退，自南京而廣州，最後從成都抵達台北。冉鵬身居行政中樞，見證繫於存亡的艱苦歷程。1950 年 3 月因蔣介石復職總統、閻錫山內閣總辭，冉鵬也隨之辭職，離開行政院。1949 年 1 月至 1950 年 3 月的經歷，是他全部日記中最重要的部分，也是他服務行政院最後階段的完整記錄。（1950 年 3 月之後在台灣的日記，28 冊，二百餘萬字，尚無整理計劃）。

四、中國 1949 年的大變局及其闡釋，影響至大。冉氏家族繁衍已逾三代，物換星移，人事全非。特在日記逐月的註釋後，以〈冉鵬自撰年譜〉，作為附錄，期盼對閱讀者有所疏引。

照片選錄

（文字說明及未注說明之圖片提供者：冉懋華）

冉鵬（字勺庭）1949年 12月 9 日，自成都飛抵台北後，僅 1964 年 5 月曾到新加坡、吉隆坡商務旅遊一次。但此照寄贈北京長子懋薰，上題有字跡：「薰兒：勺庭 1971年 2 月於怡保　馬來西亞」。冉鵬與大陸家人通信聯繫，為安全起見，一直假託以「馬來西亞華僑」，而從未透露身在台灣。

上：冉鵬一家 1946-1948年底，在南京行政院住址：官舍 9 號原貌依舊。我們住樓上，孫希文參事住樓下。（此圖為 8 號。南京大學金陵學院藝術設計系副主任李欣攝於 1990 年代。）下：1947年大嫂羅德珩和我們姐弟四人在官舍前草坪留影。

冉鵬全家福。1948年5月出席大姪在南京勵志社婚禮後留影。六子女高低順序：懋薰、懋荃、懋菱、懋華、茂芹、茂辛。中間父母冉鵬與皇甫道安。這是全家唯一留存的合影。

父親 1950年離開行政院後，轉向台灣經濟部、外匯貿易審議委員會等經貿系統任職。

檢視台中故宮文物。大陸故宮國寶文物運往台灣後藏於台中，行政院長閻錫山命冉鵬為代表和多位學者於 1950 年 2 月對文物首次開箱檢視後，在台中留影。左起：陳宗熙市長、杭立武、張道藩、傅斯年、蔣夢麟、孔德成、馬超俊、熊國藻、羅家倫、莊嚴、李敬齋、譚旦冏、冉鵬、（？）。事後，由冉鵬撰寫視察報告，交行政院長。（此照原存冉鵬日記中。）

上：冉鵬和幾位同事朋友（徐選材、王毓蘭、董那峰等）遊覽北投公園。下：2019 年懋華在北投尋訪父親到台灣後第一次遊覽北投時，為家人求簽問安的普濟寺。

冉鵬應經濟部長鄭道儒（前右六）之邀，曾任顧問兼商業司長。攝於 1951 年，前排右三冉鵬。

1965 年 1 月，代表新竹玻璃公司和美國匹茲堡玻璃公司代表在台北國賓飯店簽約。中為冉鵬、左為趙煦雍。

1960年，父親離家赴台已經十年，而通信聯繫十分困難。特地拜託老友趙煦雍夫婦向北京大哥懋薰寄出這張照片，並手錄蘇曼殊詩一首：「契闊死生君莫問，行雲流水一孤僧，無端狂笑無端哭，縱有歡情已似冰。」

1960 年代，父親以耀華玻璃公司官股代表身份出任新竹玻璃公司董事、常董、總經理、董事長。上：和新竹負責人及美方來台考察業務的商務代表（女）合影（父左二）。下：和日本商家會面（中）。

父親保存的家人寄贈的照片。上：母親皇甫道安（前左）、大姑冉翔予（前右），後右起：懋荃、懋華、茂辛，1962 年在常德合照。

下：堂兄冉懋芬一家 1963 年 5 月合影，寄贈五叔勺庭。懋芬是我們懋字輩的長子，他是父親最後相見的親戚。1949 年 11 月底行政院撤離重慶前夕，父召懋芬作最後告別，極為傷感。後懋芬留大陸，輾轉落戶河北邯鄲。

1973 年 4 月，因林彪事件與尼克森總統訪問北京，大陸形勢有所緩和，我們家人得以實現 1949 年後的第一次團聚。兄弟姊妹和兩位姑媽、姐夫在常德相會。母親向當局再次申請出國。

父親最喜愛的孫女靜慧照片。1973 年攝於北京。

母親皇甫道安 1980年元旦日移居香港。

上：母親在香港過生日，和外孫女（左）及孫兒孫女（右）合影。
下：母親（中）和二女三子懋荃、懋菱、懋華、茂芹、茂辛。1987年攝於香港屯門華都花園。

父親 1977年 9 月突發肝癌。病中攝於台北市建國北路家中後園。母親得此照片，驚恐父已重病在身。但父親沒有透露罹患肝癌，只是急盼母來港。音訊阻隔，母未能出國，終與父親生離死別。

父親 1978 年 1 月於台北榮總醫院病逝，安葬春秋墓園。由老友宋膺三先生撰寫的墓誌銘。

母親出香港後，於 1986 年定居台北。1991 年 2 月 22 日，在台北長庚醫院病逝，享壽 83 歲。後由懋荃、茂芹主持雙親合葬儀式，留影。

日記照片選錄

冉鵬日記從 1931 年至 1977 年，一年一冊，共 47 冊。現存 1949 年至 1977 年，共 29 冊，約二百餘萬字。日記大部分用鋼筆書寫，小部分用毛筆行書書寫。歷經數十年，保存完好。現挑選若干頁影印版，供鑒識（可參照內文）。

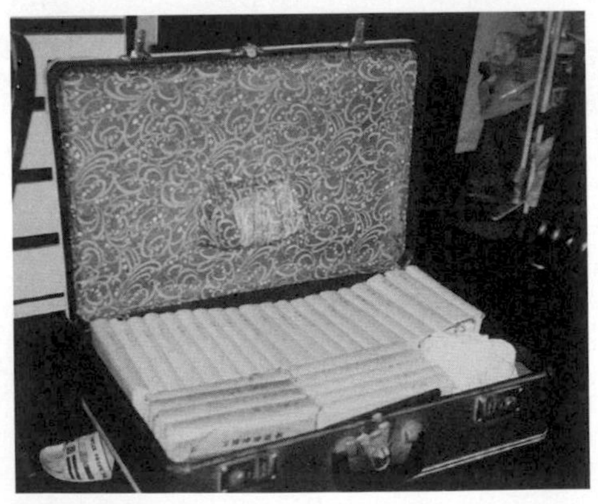

父親日記一箱，1980 年託友人從台北送到香港，交予母親保管。

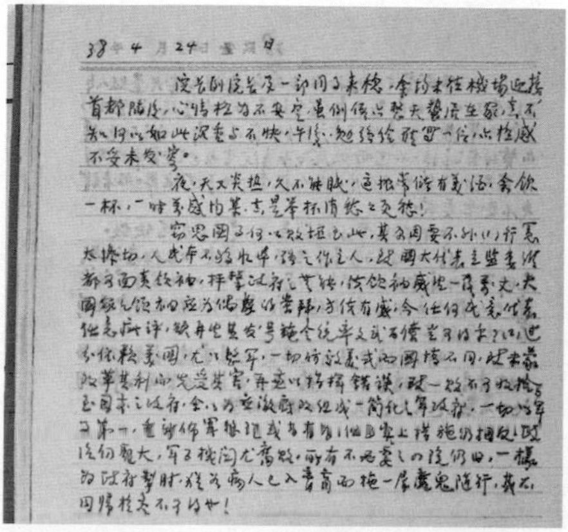

1949 年 4 月 24 日——當日、中華民國首都南京被共軍佔領。冉鵬，時在廣州，一天不出門，萬感交集，借酒澆愁。竊思國事何以敗壞至此。

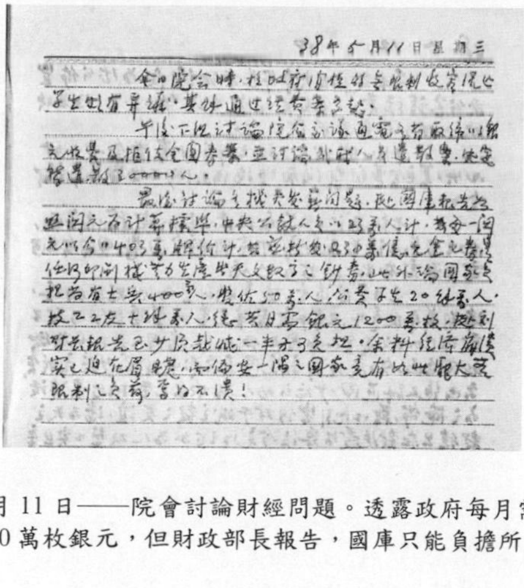

1949 年 5 月 11 日——院會討論財經問題。透露政府每月需要負擔的薪金達 1200 萬枚銀元，但財政部長報告，國庫只能負擔所需的一半。

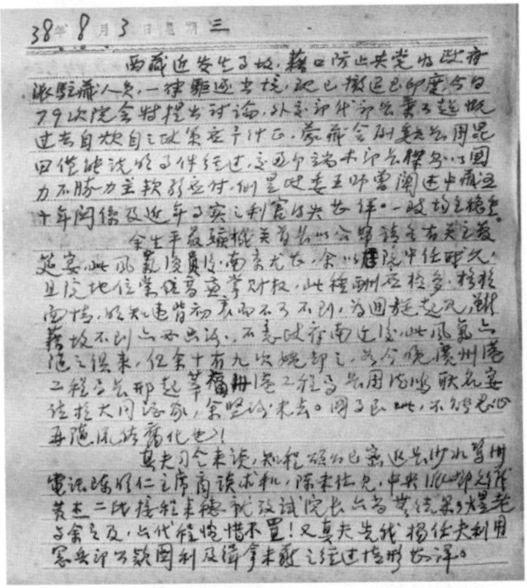
38年8月3日星期三

1949年8月3日——79次院會討論西藏事件。斥南京公帑請客之風又蔓延廣州。冉鵬因在行政院掌管財權，此類酬應甚多，他十有九次婉卻之。

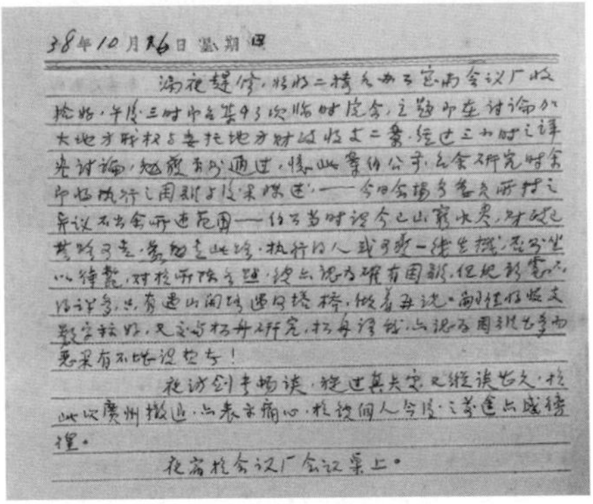
38年10月16日星期四

1949年10月16日——行政院初遷重慶，行政院職員沒有辦公處、沒有宿舍，一團糟。閻錫山召冉鵬密商向地方徵財，臨時院會通不過，閻嘆已山窮水盡。

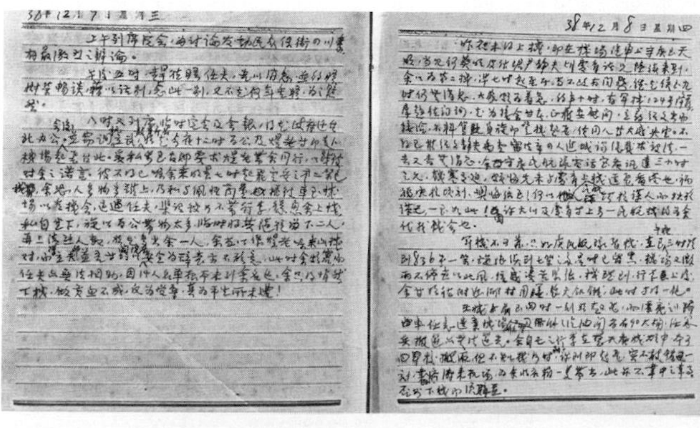

38年12月7日星期三

38年12月8日星期四

1949 年12 月 7-8 日——行政院 7 日上午院會決定政府由成都遷台。當晚開始緊急撤退行動，人人自危。冉鵬和同僚得以 8 日第二批飛台。這兩篇日記，是政府最後一次撤退的現場親歷記錄，實足罕見。

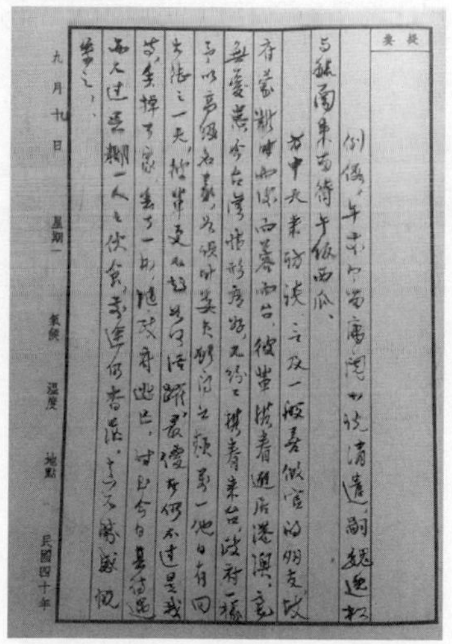

1951 年 9 月 9 日（毛筆字）——對來訪者談，善做官的朋友，趨吉避凶，好官為之。我輩最傻，丟了家，隨政府逃亡，前途仍杳茫。

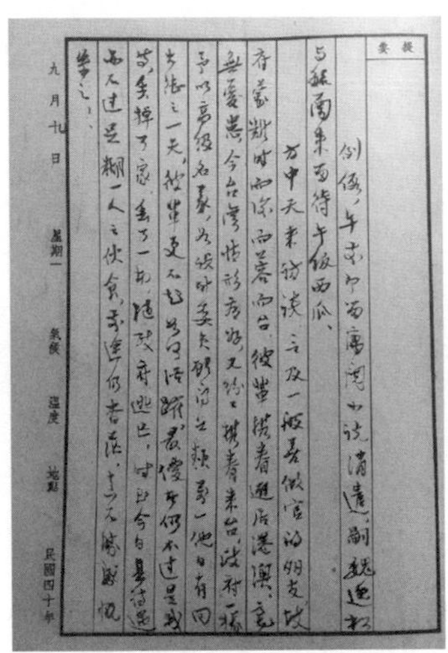

1951 年 10 月 29 日（毛筆字）——聞秋水伊人曲，憶及 1945 年闔家在渝之樂，不禁淚下。

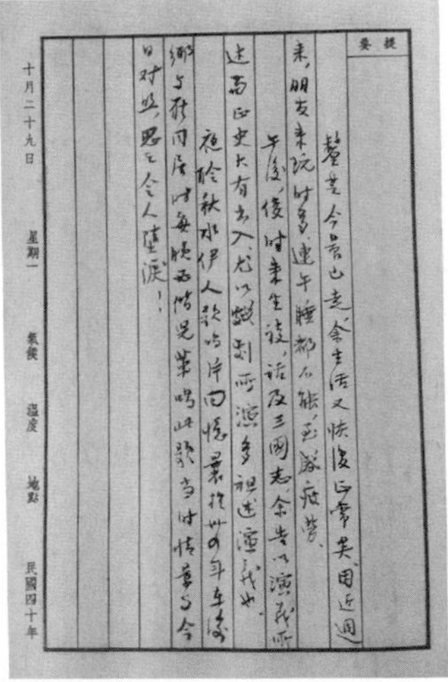

1977 年 6 月 15 日——會見即將赴美老友魯名傑。談及旅居台灣如燕巢飛幕之上，不知何時風起而幕破，以個人與黨國的悠久關係，則與台灣共存亡，也無憂無慮。三月後，冉鵬肝癌發作而不治。

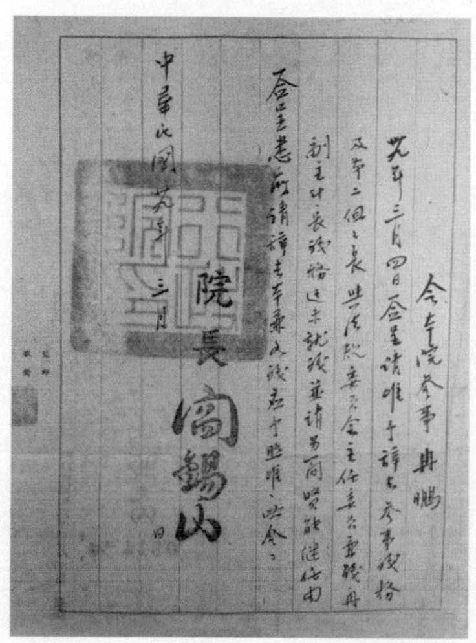

令本院參事冉鵬
卅九年三月四日呈請准予辭去參事職務
及第二組組長[illegible]
副主任[illegible]
呈悉應准辭去本兼各職至于照准 此令
院長 閻錫山
中華民國卅九年三月 日

附：1950年 3月——行政院長閻錫山批發照准冉鵬參事辭職令

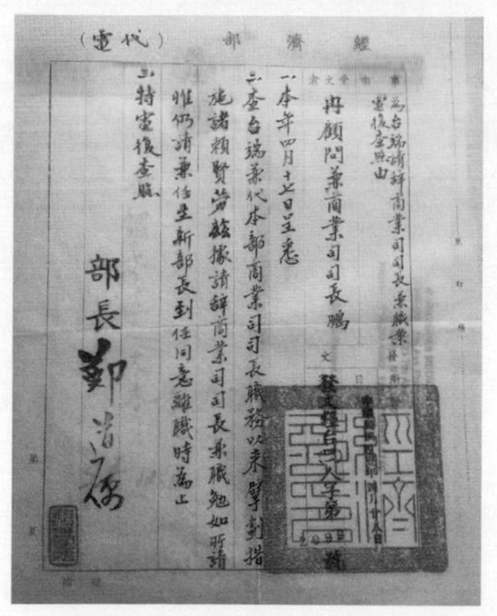

經濟部（代電）
事由：為台端請辭商業司司長兼職業[illegible]電復查照由
受文者：冉顧問兼商業司司長鵬
一、本年四月十七日呈悉
二、查台端兼代本部商業司司長職務以來擘劃指施諸賴賢勞茲據請辭商業司司長兼職勉如所請惟仍請兼任至新部長到任同意離職時為止
三、特電復查照
部長 鄭道儒

附：1952 年 4 月 28 日——經濟部長鄭道儒批准冉鵬顧問兼商業司長辭職（圖片來源：冉鵬遺留之原件）

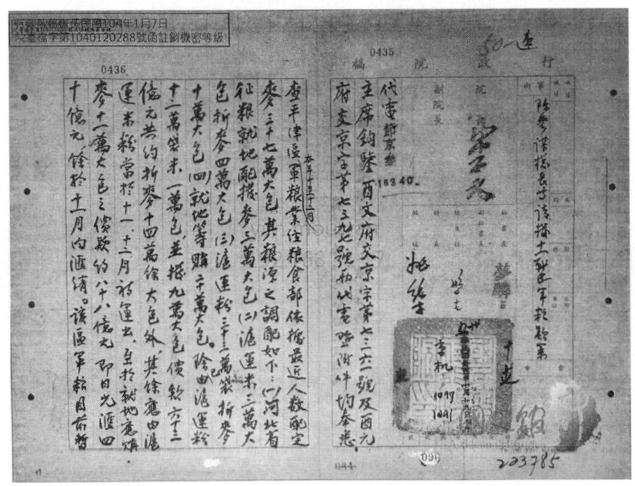

院臺檔字第1040120288號函註銷機密等級

0435

行政院稿

事由：陳參謀總長等請撥十一戰區軍糧款案

代電 節京參

主席鈞鑒：酉文府交京字第七三六一號及酉元府交京字第七三九七號兩代電暨附件均奉悉。

0436

查平津區軍糧業經糧食部依據最近人數配定麥三十七萬大包，其糧源之調配如下：(一)河北省徵糧就地配撥麥三萬大包(二)滬運米三萬大包折麥四萬大包(三)滬運粉三十三萬袋折麥十萬大包(四)就地籌購二十萬大包。除由滬運粉十二萬袋米一萬包並撥九萬大包價款六十二億元共約折麥十四萬餘大包外，其餘應由滬運米粉當於十一、十二月間運出，至於就地應購麥十一萬大包之價款約八十八億元即日先匯四十億元，餘於十二月內匯清。該區軍粮目前暫

冉鵬在行政院任職期間，每個工作日都要處理數十件不等的公文審閱簽署，然後上呈秘書長，此件是1946年10月19日，辦理「陳誠參謀總長等請撥十一戰區軍糧款案」的影印件。批文程序是：組主任冉鵬、秘書長蔣夢麟、院長宋子文。（圖片來源：國史館）

1949 年 1 月（民國 38 年 1 月）

〔內戰大轉折，行政院財務掌門人〕1949 年是國共內戰第三年。遼瀋、淮海、平津三大戰役後國軍已呈潰敗之勢，首都南京受威脅。幣制改革失敗，怨聲載道。1948 年召開國民大會、選舉總統，派系之爭趨烈，逼蔣下野，李宗仁代總統，形成南京、奉化兩個權力中心。行政院主管國政，孫科任院長。冉鵬任第六組組長，分管中央財權，列席院會。歲末獲准回鄉過年。

1 月 1 日　星期六　南京

今日元旦，晨起即偕馭白[1]往中山墓謁陵，於寒風料峭中，文武官員參加者，無歷年之踴躍。由總統領導瞻仰遺容後，大家以沉重心情下山，旋至府團拜。

團拜前，總統登台致辭時，忽天氣放晴，頓時陽光普照，殆象徵38 年度國事有轉機歟？文武官員雖較謁陵時人多，比之往年則仍有寥落之感，所可異者，總統於致辭前，向大眾一鞠躬，謂給大家賀新年，此亦少有之舉動也。

詞中表示主和之理由，具見今日各報所載之文告，其補充說明即政府之力量仍佔優勢，如和不成，當在京滬決戰，並有充分把握云云。

新年，譚靜仁等來玩，頗得聚會之樂。余貫徹平素

1 管歐（1904-2002），字馭白，湖南祁陽人。行政院秘書。1930年畢業於北平朝陽大學，參與第一屆高等文官考試及格，分發行政院任職。遷台後任大法官、國大代表、總統府國策顧問。中華民國著名法學家，其著《法學緒論》學界推崇，再版 72次。

不傷夜主張，獨自入睡甚早。

1月2日　星期日

昨日元旦，今有值例假，客人未全散，余亦懶得招待，偕孫繼武、王立伯[2] 逛中央商場，購得大批糖果而歸。

余之圍巾被薰兒[3] 攜歸，今擬補購一條，索價需300餘元，令人咋舌，只得作罷，好在殘冬為時甚暫，不用此物亦可。

1月3日　星期一

共黨對政府之主和尚無反應，據人告我新華社之元旦社評則仍主戰到底，當然此為彼方之言論，尚不能視為官方之正式答復。胡適之云和比戰難，以今日之軍事局面言，實則和固難，戰亦不易也。總之，國家缺乏有遠見之政治家，否則，政局何至演成此種局面？

近以忙於孫希老[4] 之喪與心情不佳，至無暇為雁[5]

---

2 王其植，號立伯，桃源三陽鄉人，其父王明皆係桃源縣三陽鄉王家坪地主，長兄王其梅（1913-1967）曾任中共西藏自治區委書記，死於文革迫害。王其植曾任行政院科長，時任桃源鄉閭小學校長，死於土改。孫繼武，前桃源縣長，鎮反運動被處決。

3 冉懋薰（1930.11-2007.02），冉鵬長子，1949 年冬赴北京，承世伯伍廷鈞子漁舫介紹入職北京建工局工作。

4 孫希文（1892-1949），安徽鳳陽人，行政院參事，曾任廣東省政府秘書長、貴州省民政廳長。冉勺庭感其「一生為公辛勤……學問淵博，堪為余師」。

5 皇甫道安（1908-1991），字妙生，湖南桃源人，上海大夏大學教育系肄業，1934年與冉鵬結婚。「雁」為家父通信及日記中對她之愛稱。

作書，今日始抽暇致函告以最近時局與個人在京生活。

1 月 4 日　星期二

十時與院中同人至中國殯儀館參加希老出殯，由院中同人公祭後，始移靈，車行一小時始抵永安公墓，於北風凜冽中安靜入土，一生辛勤之循吏，從此永安矣！其旁為黃柳仲先生墓，生時性情頗相似，且為友，死為鄰居，泉下有知，當不寂寞。

朱孝潭語我孫之墓碑何以不刊其長女濟眾名，余謂此為其家屬所決定者，吾人未便參與意見。論其長女對希老臥病而遠逃固有愧為人子，今於墓碑而不刊其名，似亦有未妥。

得心文[6]姪上月23 自株洲來信，始知車行甚慢，經三日之行程始至株洲，幸沿途尚平安。

交通部江會計長萬平來晤談，謂蒙藏會此次改組，有委員王家齋對密宗功夫極深，現在京密禱和平頗有暗助。望設法協助蟬聯以免遠之廣州，余允盡力，但非余之權力所能及。

1 月 5 日　星期三

今日院會於遷都及疏散事仍無具體決定，似仍存觀望，實則亦無人敢作主張，遠不及 26 年抗戰時政府之有重心與領導力也，似此無能之新閣〔孫哲生院長〕，

6 冉懋蔭（1928-1997），字心文，冉鵬三兄冉揚廷之子，同濟大學造船系畢業，任上海造船廠工程師。1949年去上海後，未曾返鄉。

望其於大局有補，其誰信之！

奉命主持審查新〔疆〕省36年度軍糧欠運案，糧部以依照國防部核定配額，不僅撥足而且有餘，新省則以實有人數爭，實際36年度已早過去，今尚云欠撥，事實上亦不甚合理。

陳東野語我，有友人新自合肥經宿蚌戰區逃來南京，目睹戰區百里無人煙，屋舍樹木俱光，戰場死屍累累，無人掩埋，何止數十萬人。現值寒冬尚好，恐明春定有疫癘，誠所謂大兵之後，必有凶年是也。可悲！

1月6日　星期四

希老之喪，余尚未送禮，經一再與克文[7]研究，仍以送現金為是，余乃賻贈半月俸金圓500元，論交，當不止此，其奈個人經濟亦窘迫何！克文則送1,000元，端木鑄秋秘書長云過重，因上月彼患病，醫費猶向彼借，但克文爰好，今有榮膺立法院秘書長，雖力有未逮而不能不設法從優！

晚八時，鑄秋[8]約余商談院中工作與人事之調整，余對現職望不動，最好不兼組主任，個人他日行動較易，渠再三不願余此時引退，並云回湘目前亦不是好辦

7　陳克文（1898-1986），廣西岑溪人。立法院秘書長。早年隨甘乃光參政，曾與毛澤東農民運動講習所共事，汪精衛內閣幕僚，1935年任行政院參事，三組、五組主任。主理1946年還都事宜。1949年10月赴香港，介入第三勢力。後在聖保羅中學任教，主持雜誌《自由人》。子陳方正2012年出版《陳克文日記》。

8　端木愷（1903-1987），字鑄秋，安徽當塗人。行政院秘書長。留美法學博士，任教多家大學，行政院參事，1949年4月遷居台灣，任總統府國策顧問，東吳大學校長。

法，隨政府將來不致不帶走也，余允再加以考慮。

章參事徵言堅決欲離院，余以饒振常、[9] 鑄秋亦贊成，允明日決定發表，並囑余詢明振常、張厲生 [10] 是否同意。實則厲生先生由副院長調為政委後，振常工作大為清閒，商量我，亦欲由參議改為實職參秘。

1 月 7 日　星期五

昨晚商定六組由秘書趙冠擔任，今日奉通知由余兼六組主任而以趙派六組辦事，仲栗當即囑余接組章，余以幹部未動一切甚熟悉，隨即允接，不旋踵即有數百公教人員為存兌金銀事來院請願。北區警局江副局長亦向余請示警戒事宜，余當請示鑄秋如何答復。適財政部徐部長堪 [11] 正來鑄秋辦公室開會，渠云昨日已在財部答應，於三日內擬具辦法請示本院決定，可以此意告之。余接見請願代表堅欲見秘書長，只好陪端木下樓面見。其要求即為援滬例對公教人員已領得聲請書者每人按 2,000 元原價存兌黃金一兩。據云該項聲請書係中央銀行發出約九萬餘份云云，如照此辦則京中須兌九萬餘兩黃金，其他大都市又如何辦理？試問政府何來如許黃金？經鑄秋坦白解釋後，允三日內一定想辦法，代表等

---

9 饒振常（1907- ？），湖南湘潭人。行政院參議，簡任秘書。1955 年任台灣銀行主任秘書。

10 張厲生（1901-1971），字興周，河北樂亭人。行政院副院長、政務委員。留學巴黎大學。後入陳誠幕，任中央組織部長。日本投降後，受命部署接管台灣。任國民黨中央秘書長、駐日大使。

11 徐堪（1888-1969），字可亭，四川三台人。財政部長兼中央銀行總裁。1911 年參加四川保路運動。歷任國府主計長、糧食部長，1950 年赴台，1969 年病逝。

已同意，忽又主張立請徐部長出面答復者，當遭鑄秋拒絕，謂要見徐部長應至財部，彼來院係另有要公，旋代表報告群眾後改請孫院長答復，嗣由孫院長出見，答復大意仍與鑄秋同，大眾知不能獲得結果，始於四時辭去。噫，公教人員恥言財物，今竟為一兩黃金之存兌而不惜破壞戒嚴法令聚眾請願，真是廉恥蕩盡！實則存兌一兩黃金約有 6,000 元之好處，不啻低級職員多得一年之薪給，無怪彼等不能不爭！何況上海有例可援耶？

1月8日　星期六

農林部左部長舜生辦理交接，余奉派監交，部長既蟬聯，交接特形式耳。於移交冊上蓋章外，可謂無責任可言，亦未至部參加儀式。

李善勱持處理美國救濟物資委員會清冊來請余蓋章，余早悉亦派余為監交人也，立即加章付彼攜回。

真夫司令[12]自豢之小羊今日烹殺，臨時約余往吃，並有蔡葆真、陳子堅二同鄉，十年不吃山羊肉，又是家鄉作法，其味頗美，於時局亦漫談甚久。

12 張鎮（1900-1950），字申甫、號真夫，湖南常德人，和冉鵬為中學同學。南京憲兵司令兼首都衛戍司令。黃埔軍校一期，1925年入莫斯科中山大學，被中共遣回國。投蔣介石幕為侍從副官，淞滬戰役率部擊退日軍，主持長沙大火救災，晉升中將憲兵司令。重慶國共談判時曾應周恩來要求負責毛澤東安全。遷台後1950年2月與妻相繼病逝。

1 月 9 日　星期日

偕王立伯等至王其機寓午飯，並至陳樹榮家代雁取文契，因余之證件木箱寄存彼家。例假，難得出外擬往澡堂洗澡徧客滿，旋過國民戲院看水蓮公主影片而歸。

1 月 10 日　星期一

上午十時出席院中考績會，直至散值時始竣事。

午後主持平津空投糧食經費案審查會，現均賴飛機自青島飛送，運費之昂貴可以想見。按現時運價運 9,000 噸糧往北平，即需七億〇二百萬元之鉅。

鑄秋語我，五組讓予新發表之參事楊華日，余專任六組主任，余極贊同。立即與楊談，望彼明晨接事。彼亦同意。

1 月 11 日　星期二

參加次長會報，討論機關疏散問題，究以政府政策不定，致各機關無所適從，結果，由各機關分別於穗衡及桂衡之間地區自覓地點，於職員之疏散，則盡量分派其附屬機關工作或留職停薪而給薪三個月。勉獲一初步結果。

五組事，今日已移交，可謂輕鬆不少，如能再不兼六組，則余更自由矣。

夜訪克文暢談，余仍擬請假回家一行或辭職，彼仍表示不贊同，望從長計議，稍待數日，余實以目前所兼工作無興趣，今晨與梁仲栗[13]談及，渠亦有同感。

1月12日　星期三

五組工作雖交出，但經手之審查立法院決議裁撤漁管處案，今日仍由余主席，反覆討論甚久。

午後為平津糧食空運費案，逕赴財部接洽，並便催發孫希老之喪葬費。

管中允進行財部工作，值此各機關緊急疏散之際，實無法得結果。

今日院會於職員之疏散並決議每名除三個月薪金外，尚給 3,000 元旅費，一面仍留資停薪，足見公務員對本身之事仍極力從優。官僚政府洵屬不虛。

國防部第四廠約有關機關商討平津太原空運案，請余參加，余簽准派姚科長鍾才代表出席。

1月13日　星期四

朱季青來訪，謂昨日院會通過彼任衛生部政次並代部務，值此艱局擬不幹，余堅主不能辭且不必辭，並建議如何辦理遷移事務，彼極為滿意。老友出任要職，不能不以經驗相告也。

毓蘭[14]語我據李煥之云政府派機接杜聿明來京，機為下級軍官所燬，此事當可信，值此被圍中，統帥何能

13 梁穎文（1897-1971），別號仲栗，四川長寧人。財政部政務次長。就讀北京大學、留學德國。曾任軍委會秘書長、重慶大學校長。1948 年行政院副秘書長，1949 年主計部副主計長。其父梁正麟四川名士，1951 年遭中共處決。

14 王毓蘭，行政院秘書處簡任秘書、分組主任。勺庭近誼的同事。

臨難苟免！

1 月 14 日　星期五

今日十時京中地震，同仁均謂頗劇，余以事忙，未有感覺，大局如斯，豈地變示異歟？

報載院長之子在滬否認將出認〔任〕美援會副秘書長及其弟治平任本院參事，前項仲栗語我確有條諭，後項則見諸本院人事室正式通報，足見均不虛。鑄秋於會報上更正則謂以不合公務員任用法呈明院長立即收回矣云云，其由此事可見，實則內舉不避親，苟為人才雖院長之子何妨。現各部院長官擢用子姪，比比皆是，亦毫不在意也。

下午會報，於院中之疏散，頗有具體決定，能者想走，不能者不想走，可見難得配合合用。

同事宴送仲栗於大集成酒家，仲栗並代余參加為主人，雅云陪酒，醉倒者不乏其人，以如此緊張時局而秦淮河畔有此盛會，恐不能多得！子堅約請晚飯，余未能抽身前往。

余於現工作既感乏趣與苦悶，乃決計離開，商之鑄秋，渠雅不願我走，然亦未能峻拒，再三研討，仍主用請假方式。

1 月 15 日　星期六

上班即辦理請假手續，並借支下月薪 2,000 元，均一一理楚。

今日臨時院會，孫院長又在催速將藍小姐[15]請發回逆產案呈核。鑄秋似甚感困難，而仲栗亦不願負責任商於余，余對此違法之發還案，既不屬我主管，我自未多所主張。仲栗云此一批顏料發還，時值約四、五百萬美金云。以現在當局之膽大與作風，其不畏人言冒然批准決無疑問。

組事已托趙秘書伯平代理，故於組內一切當面一一交托，在彼雖較重大，然亦責無旁貸。

午後三時，黨部舉行茶會歡送梁仲栗，並推余致辭，梁答詞亦頗懇切，實則梁本意不願離院而就主計部副主計長，無奈當局作風令人失望，不得不走。

晚訪克文暢談，並得讀滬新聞報所載毛澤東對時局宣言，並所提八項和平條件。[16]指其內容無異命政府無條件投降也。歸來，並為孫濟中致函劉愷鍾促其速函顧一泉經理迅發表工作。

1月16日　星期日

今日雖例假，仍照常上班將經手之公文，一一整理清楚，不使有一件公文留交代理者。

翁先生自辭院長改任政委後，今日有親筆函致趙秘書伯平詢問王岫廬通訊處，其閑情可想，所謂無官一身

15 藍妮小姐，因孫科競選副總統「敝眷藍妮」案而出名的社交名媛。

16 毛澤東1月14日發表對時局宣言中提出和談八條件：1、懲治戰犯；2、廢除憲法；3、廢除中華民國法統；4、依據民主原則改編政府軍隊；5、沒收官僚資本；6、改革土地制度；7、廢除賣國條約；8、召開沒有反動分子參與的政治協商會議，成立民主聯合政府，接收南京國民政府一切權力。

輕者，此之謂歟？

往招商局分局晤施經理復昌，得悉已代余留頭等票二張，並洽定明日去買票，至慰。

談靜仁龔劍書藉送行為名，又呼朋招友來余家，一時達廿餘人，誠熱鬧之至，盛會難再，均有再聚何日之感！

1 月 17 日　星期一

晨至招商局將船票買好，並往中華路為大姊及岳母各買衣料一件，既是決心走，故今日已不上班。院事並委託王毓蘭兄。

見黃故上將百韜[17]忠櫬黯然來京，念及殉國之壯烈，肅然起敬。如徐州會戰而勝，則其生入挹江門，其入京之熱烈歡迎盛況可想，何至如今日之寂寥！

午後鑄秋又找我，擬派我至閩籌備，余以歸家重要未能遵命。旋欲余先飛穗，余亦以時間來不及辭，結果仍同意准余請假先回湘，即轉道赴粵。

立伯堅決欲隨余行，今日亦辦妥手續，途中多一老友，更不寂寞。

晚與克文過鑄秋寓暢談，並電話真夫話別。

---

17 黃百韜（1900-1948），字煥然，天津人。少年從軍，北伐、剿共升任師長，抗日戰功，任 25 軍軍長。圍剿新四軍，威名出眾。內戰中在蘇北與共軍苦戰，1947 年魯南戰役張靈甫 74 師被殲後，重創共軍，升 7 兵團司令，後在徐蚌會戰中兵敗自戕。1949 年 1 月被追封上將，舉行國葬。

1月18日　星期二　江泰輪返湘

晨起，即將行李連人一同到下關江干候船，得知江泰須九時方能到。乃在竇純祜副經理辦公室擬電稿，告知漢口吳古希，[18] 並派屆時接船。

今既坐船西上，特電告曹尊五辭行，勿代備車以示謝忱。蓋原計畫經浙贛路回湘，尊五亦回湘省視老母病，願代余辦理一切車票手續也。

江泰輪此次雖指定為中央各部會補辦疏散之交通輪，秩序經憲警維持比較好，然乘客特多，仍擁擠不堪，余等為搬夫所誤，幾乎不能全部上船，亦云險矣！

在招商局得悉閑言，謂有行政院賣黑市船票之語，大為驚詫。立即托周應中股長查究，始知董科長載泰之張前來購票三張，其中之一張以加倍之黑市700 元售與他人，經局方發覺扣留，余立即電話董科長追查，董亦請局中嚴辦，純祜告我亦只有沒收了事，人多良莠不齊，事難免而局方亦無更嚴之辦法可處辦。

余前載江泰輪為運輸艦所改裝，今親搭此輪，見輪上一切設備均佳，全為商輪裝備，方悉即抗戰中日人航行長江四大輪之一之「新亞」輪所改名。

1月19日　星期三

江泰輪自昨日一時半啟椗，當夜宿蕪湖，艙中頗為悶氣，今晨天明即續上駛。

---

18 吳啜熙，字古希，江蘇鹽城人。1931 年與冉鵬一道獲首屆文官高考及格，發行政院任職五人之一。曾任行政院主管工商實業之第六科科長。

輪上，多係公務人員及徐蚌會戰退下官兵甚多。縱談會戰失敗經過與原因甚詳，官佐與士兵見解頗足珍者，其中鄉人亦發現數人，詢悉屬黃維兵團者。

船上空氣時冷時熱，極為氣悶，室小人多，尤為不舒，因之患咳嗽。畢竟比逃難者之旅途生活仍屬高出萬倍。

吾鄉之王光伯老先生，此次亦自動向聯勤部請疏散回家，渠之弟道昌道豐余均識，獨彼未晤面，今日船上相逢談及始知。

1 月 20 日　星期四

船上生活，今日始稍習慣，頭等艙伙食雖勉強，而量太少，實不夠八人食，深悔離京未帶路菜，其實只須命陳嬤即會代余做好也。

午飯後客人忽鼓噪歡呼，詢悉船上收得京中廣播，昨日院會通過無條件雙方停戰，並即派代表往延安進行和談，為政府答復中共之反應云。

1 月 21 日　星期五　漢口

因奉封江命令，船隻夜航停止，船長為減輕旅客之伙食負擔，今晨天未明，約四時半，即啟椗上駛（因武穴距漢，水程頗遠）。

幾日船上生活，除以紙牌消遣外，幾無所事事，粟興漢君帶有撲克牌，曾梭哈一次，余勝得光洋三元。云其他生客均不敢與之玩，因船上曾有專以此為業者，即如此次船上，即發生客人某數人囊中輸光，即發現其有弊，而其夥伴均已自安慶登岸矣。出門人可不慎哉！

船趕行程，行極速。果於下午四時即到漢口，當見古希親來接，一行遂宿彼家。

1月22日　星期六

上午我們過江訪龍協庚團長，並請其代買火車票。

協庚請午飯於璇宮飯店，憶廿六年由京隨第二部遷漢，住此店曾有數月之久，事隔十年，而一切如舊，國事仍蜩螗，使人感慨萬端！

漢口物價，真比京高，璇宮一頓飯，竟花去二千餘元，破費主人太多！惟光洋則僅130元換一圓，幾僅及京中60／100，同人均換帶光洋〔銀元〕，到此莫不後悔，協庚亦評余太傻，行前何不一問龔劍書！蓋彼為鄂省銀行駐京經理亦知漢市銀元行情也。

飯後，隨即過江，照料行李往徐家棚上車，車開時間為下午七時半，古希又趕來送行，並商討武漢有急時，彼眷口送往何處安頓問題。

1月23日　星期日　長沙

因車票的漲價，頭等臥車需一千四百元，同時也只得買二張，餘二張為二等，只好余與少棠多花錢坐頭等，王立伯與彭百川坐二等，因之睡眠頗好。本應九時抵長沙，因誤點，十一時餘甫到，致勞張寶琛[19]等

19 張開化，字寶琛。湖南長沙監獄典獄長。其妻皇甫之瓊係冉鵬的外姪女，亦冉勺庭與皇甫道安姻緣的牽線人。1949年留守長沙，死於中共鎮反運動。

空接一場。

下楊寶琛處，與彼等暢談極歡。內姪女及內姪仙妹、之珩均趕來問候。

1 月 24 日　星期一

此行四人均順利，不意百川之衣箱昨夜在寶琛處竟被賊偷去，殊為可惜，原彼箱本擬掛火車，余衣箱隨身帶，不料掛車時匆忙致將彼箱留下而將余箱掛行李車，否則將為余箱被竊。雖然，余箱重要，如帶來亦不致不置於臥室而置於空房也。

上午偕少棠立伯取行李，並托郭最元君代買明日赴常汽車票，並往省府訪鄧介松[20]秘書長談湘局。渠語我，湖南無兵，只有靜待移交，渠個人亦不擬再逃。

晚，仙妹請吃飯，並約張敏小姐陪余等打牌八圈，且得晤馬聲義小姐，其蒼老已似四十餘婦人。誰識伊即民國八九年蜚聲常城之漂亮人物耶？女人真不經老，令人感慨系之！

1 月 25 日　星期二　常德

天未明而起步行往天心路汽車站東站，知余等打行李票之行李一件未隨走，而不花錢過重之行李，竟由客人自由裝於車頂，立伯與少棠真氣憤，與站上人大吵，

20 鄧介松（1891-1967），湖南雙峰人。湖南省政府秘書長。日本明治大學畢業。回國活躍於政界軍界。1946 年任湖南民政廳長、秘書長，是程潛密謀叛投中共的重要中介人物。嗣後為中共政協委員，武漢文史館長。1957 年劃為右派，死於文革。

雖允抽一部分裝車，余以為時已晚聽之。並希望三日內準限運常而已。車上辦事人之不合理，應為糾正。

正午過益陽午飯，取費相當廉，而豆腐湯尤嫩美可口，豈桃花江水使之嫩歟！

一別八年之常城，今日重回，屋宇雖多毀而氣象固依舊也。家人相見，自是歡喜！

1月26日　星期三　桃源

今日為舊曆臘月廿八，憶民國廿六年〔1937〕請假回家，未上桃源度歲，雁每引為口實，故此番決上桃過年，故不及待長沙行李運到，於今晨黎明即偕立伯、百川並帶荃兒上桃。

小火輪過河洑，天已雨，幸艙中燒炭取暖，過陬市[21]見河干仍多以吊樓織篾纜者，兒時如此，事隔四十年，今日猶如此，可見國人對任何事均不用心改良，豈不可嘆！

下午一時至容圖老，灘上水淺，輪船不能上駛，改僱小舟駛桃，江風迎面吹，極感寒氣侵人！

才別二月之雁，今又於故鄉相逢，於余歸事前既無確期先伊，今日相見，使伊喜出望外，而伊身體似較在京時結實，使我獲極大安慰。

21 陬市為常德桃源間臨沅江之商鎮。1910年勺庭之父冉隆駒在此開店「裕豐長」，全家居此，經銷棉花、桐油供應川東之需，冉鵬在陬市私塾啟蒙，並小學畢業。

1 月 27 日　星期四

整天在家休息，與雁討論應變問題。劉生其昌來訪談，並詢大局甚久。

今日已臘月廿九日，明即除夕，故天雖下雪，立伯與百川仍各踏竹根草鞋下鄉。

菱、華、芹、莘諸兒隨雁往桃，以每天吃得好，均較在京時肥壯，見莘兒不及在京時之伶俐，問渠南京之孫伯母時，雖疼她之孫希老夫人，彼似已不復記憶矣！

1 月 28 日　星期五

今日為舊曆除夕，回憶抗戰以來不在故鄉度歲者恰已十年，尤以三個月大局之驟變，連首都之人今須逃難，誠使人百感交集！遙想滁縣國軍撤守中，共軍僅一江之隔，而各機關人員之安全可慮，余今竟能在家與親屬同度佳辰，可謂幸矣！

雁之建設力頗不惡，破舊不堪之房屋經伊鳩工略加休整，居然能住。值此萑苻遍地而能有此屋可住，外既不張揚，內可容膝，實亦明哲處亂世之道！

以歸家不久，過年從俗之一切事項，均勞宋三姐代辦，余夫婦毫未操心。

留悅弟內兄王其柱在此度歲，王人材短小，人頗忠實，但其妻憎之，近竟公然另嫁其堂妹夫郭某，但渠仍不願捨棄，據立伯語我其妻行為極浪漫，貌亦可人，親友皆以陳妹呼之云。

1月29日　星期六

元旦，親友來賀年者，絡繹不絕。桃俗往宗族家賀年，須備香燭，先向其祖宗叩年後再請長輩出賀年，妙生輩數高，故多為其晚輩來賀年。

八年不見之親友，向為孩提者今已青年，向之青年今已成人，不勝韶光如駛之感！

前幾天，現洋僅值二百元，今一躍為六百元，岳母前二周曾售穀十石，以金圓券放息，今本息均化為烏有矣，幣值如此驟落，民何以為生！

1月30日　星期日

隨岳母等出行，先至同善堂祀神，該堂為儒釋道三教混一體，另供一瓷像貌似張巡，廟祝稱為黃河大帝，究其姓氏亦無以為對。

旋至各親友家賀年，雁之本家多，余多年在外，亦不別何房何輩，每至一家，均由雁為余介紹說明。岳家子弟極鮮在外做事者，大多在家吃租穀飯守祖業，繁衍子孫，其中亦有一二可資提攜者，如之馨、昌銘二人尚可。

至劉君其昌家，其屋為新築者，雖舊式而頗軒敞，渠殷勤招待，並以留聲機娛客，在桃恐算高尚之娛樂。其戚饒君詢悉在湖大肄業攻水利系，殊難得。

1月31日　星期一

屋前雜貨店田老板請余吃飯，並托郭文光先容。余既在家，當諸事隨和，自不能與在京比。憶在京時，李默庵[22]請余吃飯，余並不到，其他達官召宴十之八九均予婉謝。今回鄉自當以本來面目見父老，故極懼人抨擊余官氣。田既請余，宴時並當其同業說明本應擇日恭請約其南貨業公會理事長作陪云云。另一客人某繼曰，今天田老板請我等「抹圍腰」的朋友（意即商店夥計）陪官老爺，實有不恭云云，使余為之赧然，豈今日之窮公務員在彼等眼中估價尚如斯之高耶？余連忙敬主人酒，並敬全桌客人各一杯，以係冬酒（甜米酒之類）故敢多飲幾杯，倘田老闆知余在京不苟應酬，則今日余之賞光，渠真認為榮幸可以驕儕輩矣！（此為二月三日事）

劉子華與龍庚三來賀年，劉女士余已不相識，後傾談久，一再說其與大姊之交情，余始恍然。十五年不見，伊已蒼然老嫗而思想佞左道，直云伊家均有宿根與仙氣，並謂其父月卿生三瞳，胼脅等異徵，至今七十餘歲仍潦倒，詎可信耶！大凡女人成為老處女，其思想性情均起變態不似常人，於劉女士余益信。

昨日未走到之親戚家，今續由雁偕往賀年。

22 李默庵（1904-2001），湖南長沙人，黃埔一期，北伐、剿共、抗日屢有戰功，1935 年授國軍中將，1949 年曾與程潛策動投共，而後出走香港、美國，1980 年代回大陸，連任政協委員。

1949 年 2 月（民國 38 年 2 月）

〔**蔣下野政府迫遷廣州，綿綿故鄉情**〕蔣中正總統引退奉化溪口，任國民黨總裁。行政院 2 月已遷移廣州辦公，院務繁忙。冉勺庭 2 月赴廣州到職。院內一片紊亂，軍心渙散，住宿困難，金融激盪。勺庭審慎控制開支各方請款。家人何去何留，徬徨無計。皇甫家族已今非昔比，目睹衰落中的家鄉景象，嘆民風保守，豈能應付吉凶難測的未來？

2 月 1 日　星期二

縣參議會議長梁述之（名基中）老先生來訪，殷殷垂詢京中情形及大局前途，余當以個人之觀察以告，結論是中國不免尚有一個長時期之混亂，渠亦頜首者再。

憶在故都負笈時，與王二表姐淑珺論婚不成，適時友人張鏞追求同鄉陳友禮小姐，而遭陳白眼，蓋陳憎其太胖。余當時觀念，以為娶妻年齡以長於余者為佳，故曾向大姊及伯琴表示，苟陳愛余，余固甚願也，大姊以陳年齡長余數歲，一笑置之。斯時陳頗美也，事隔廿五年，張君已另娶且本人已作古，所謂伊人，迄今猶未婚。今日來訪余，初視之，何來一老嫗？誰信即當年在故鄉，曾惹余一段笑話之陳友禮小姐耶？伊迄今未嫁而家庭屢多故，至今猶不能不以教課自維其生，百憂勞其心，焉能不老？雁以伊在校充小學部主事，對人頗驕，今日特來訪，其意在探視我，頗有酸意，背人與雁戲語，雁亦感窘迫也。

2月2日　星期三

市面金融忽起劇動，銀元忽由500元漲至1,000元。田老闆來告余以為謠言，當托他代兌二元，移時果兌來。此時正值舊曆正月初五，商店均多未開市。午間，喚楊餃兒至家，全家過中，連客人共吃了十五碗餃兒〔餛飩〕，價仍為每碗廿五元，及他挑擔上街應市，即提價每碗 100 元金圓券矣。他亦可謂金融劇烈波動中受影響之一人。殊可哂也。以余度測，此謠風之突來，定必有因。金圓券定無一文不值之理。本擬多兌出銀元，以余係近自南京歸來，桃邑地小，見識有限，誠恐惹起地方誤會，將謂余鼓動金潮，不可不慎！此外有鄉人擔米數斗上街上午出售，所得金圓券僅夠糖半斤而歸，更啼笑不得！

立伯〔王其植〕今日已上街，多一熟識談笑頗樂，余之文件日記木箱一口，即交其轎夫抬鄉保存，因恐街上發生謠言時，一時人多行李多疏散不及，不如早為之備。[1]

2月3日　星期四

之馨來談，並偕立伯共往訪梁述之議長，談昨日地方金融混亂事甚詳，據云，四鄉已拒絕使用，或以記帳方式，或以物物交換，回憶金圓券改制時之爭相搶兌情形，其價值與今日比擬，誠不堪問矣！

1　此段文字可以證明，冉鵬 1931 至 1948 年之日記係於此日交予王其植保存。1949年夏，桃源陷共，冉鵬家眷曾在王其植任校長的鄉村小學避難。

老友聶文宗來訪，留打八跑始去。

在桃生活，起不甚早，飯後打牌，牌後吃飯，百事不管，日子至易消磨。何況有雁鎮日相陪，親友均投余所好耶！

2月4日　星期五

文宗約吃晚飯，午間即請去玩牌，並得晤陳海唐君，經立伯介紹，始知為繼唐之弟，其貌其舉止無一不酷肖其兄。因之，極思一晤繼唐，當與之約，擬十二日至陬市，十三日轉往浯溪，逗留一宿，十四日回桃。並囑其轉達繼唐，因繼唐患足疾，不良於行，浯溪為余眷念之所，頗擬乘此一遊。

之馨特遣價贈余菌油兩罐，去年天旱此物甚貴，故桃邑亦不大買得，今贈此，可謂厚情！

2月5日　星期六

本擬今日下常為兄姊賀年，並至德山[2]祖塋掃墓，不意為之馨所留，只得多住一天。

渠所請之客，除現任縣長外，有前任縣長殷本懋及縣屬各處局長與梁議長，留余玩牌至上燈時始歸。

歸來，又接雁手與〔彭〕百川等打牌至夜一時，宋三姐[3]等餘興甚濃，欲向余學梭蟹〔Show Hand〕，玩

2　德山位於常德市區南方，是聞名的江南福地之一，傳遠古時代帝王曾在此尋求德治，便有「常德德山山有德」之古諺。冉氏在湖南的一代祖先葬於此，後已毀棄。

3　宋素琴，皇甫道安的蜜友和家中常客，1949 年後滯留桃源。

不久，為雁呼阻止，否則恐將至東方之白矣，余誠一賭徒哉！

2 月 6 日　星期日

新正已過八天，今天無論如何應下常了。好在立伯還陪我去，雁頗有意留我不走，將來離家時再去。余允仍上桃，在家不過三數日，雁始同意。

盥洗後，即與立伯應縣衛生院劉院長壽山之約宴，席間並有郭氏兄弟，與其杜妻拼居之郭四老亦約相晤，實亦平常。壽山盡備臘味，回家來飽餐臘菜，當以此為最美。

飯訖，天竟雨春雪，乃與立伯冒雪搭輪下常，且仍須坐划子至容頭老，駁上輪船，風大船小，蹲居一小時，甚感痛苦。

五時到常，天已漸黑，而雪仍不止，殊使人悶損。好在之蘭夫婦已由省回，故談聚頗樂。

2 月 7 日　星期一　常德

冒雨訪少棠，不意早已往漢壽拜年，悵然而返。在黃子諧及吳子豫兩家坐談甚久。王季高〔北平市教育局長〕昆仲雖近在咫尺，既係逃官，政府有令撤職，余雅不願往訪。

常城至抗戰受破壞，[4] 迄今猶遍地瓦礫，欲復原

4　常德會戰（1943.11-12），抗日戰爭之著名戰役。國軍余程萬師長率八千兵力浴血抵抗十萬日軍來犯，犧牲慘重。

狀，最少十年，因之街道已迴非曩昔，余已多不辨識矣。

此次歸來本欲一觀本地戲，藉溫兒時舊夢，今夜冒雪偕之蘭等往天聲戲院，滿以為上演五鳳吟詩一劇，結果以雪寒臨時輟演。

突得鑄秋來電，謂本院已遷廣州，事務紛繁，望余速赴穗襄助。同時馭白亦來電催，余以假未滿期，容回桃再說。

2月8日　星期二

來常不湊巧，弭〔彌〕天春雪積厚數寸，致原定往德山掃墓計畫未能執行。今天往尋戴瓊本妹不遇，乃訪戴君亮師[5]及其剛夫弟閒談。剛夫係因京局初緊時，即棄職溜回者，君亮先生嗣後始歸。話及大局及經濟混亂情形，相為歎息。

午後，訪地院李效愚首席，留談極久。渠見余一若見長官蒞臨視察者然，詳細報告工作並歷述調常後個人之操守廉潔等，雖謹慎明識，惜氣度不夠！尚須多歷練。

2月9日　星期三

既因天氣不晴未能上德山祖塋，乃決計先上桃源，原擬在陬市上岸轉往浯溪一遊之計畫，雪後路滑

5　湖南清末民初的革命潮吸引不少讀書人，歸隱於教育救國者亦不少，戴君亮是其中之一。

亦作罷。

在輪上有二姑娘同艙，態度之洋盤一望即知為非正經人家小姐，時時作態作誘人狀，余與立伯暗笑之。雖然，彼姝身體之健美，又不能不令人喜悅。抵桃後，與雁談及該姝引誘立伯，笑樂不已。

岳母恐為之蘭脅迫留街做壽，決計昨日即下鄉避壽。

2 月 10 日　星期四

雁見余回桃，倍極高興，形影不離。今日為心文姪欲在桃中教課事，特往桃中訪楊校長昭宜一談，伊亦隨余踏雪前往，來往約三里餘，而伊不感倦累，是在京時所不易見者，亦可謂自 34 年〔1945〕夏，在渝施手術割膽石後，迄今數年未見伊步行如此遠程者！

歸來，亦無別的消遣，為之蘭立伯等跑胡而已。

羅郁文肺病似頗深而飲食與余等共，雁殊不放心，乃決心用公筷，實則一己應自重免人疑心才是。

2 月 11 日　星期五

今日羅慧庵來訪，此君鄙態依舊，習性天成，真非虛語。一時又約文宗至，旋劉壽山三人等又來訪立伯，之馨夫婦及吳岳芳亦來，室小人多，吵鬧不堪，兼以桌椅不夠，頗為受窘。飯時，劉祝生〔彭百川之岳父〕又鬧酒，因之秩序更壞，在桃生活偶一如此尚可，久則令人作嘔！雁亦有微詞。亦可謂昏天黑地！

2月12日　星期六

之馨請之蘭夫婦，又請余夫婦作陪，又玩了一個大半天，臨行猶殷殷留宿，雁極著急，蓋余既奉院電催回，至遲度過岳母生辰即不得不起程也。結果，仍堅辭而歸。

歸來蓉姐〔趙蓉卿，王其植之妻〕又已送孩子上街，在家早已與何家姨母等打上牌，故仍鬧至深夜始睡。

今日上元節，街上仍有應時之花燈戲，即一扮漁夫，一飾妖媚之蚌精，互相調情，趣味最低級。

2月13日　星期日

岳母[6]今日壽辰，時局不靖，桃邑地小，尤易張揚，而皇甫家之習慣苟一家有壽慶則整天不燒飯，闔第全往，估計本家老幼約六十餘人，再加外客至少約百人，花錢事小，根本現寓即無法容納，桌椅杯盤碗筷之屬無一不缺，故伊決下鄉避壽，余亦贊同。故今日家中未舉行任何儀式，本家之親眷知其下鄉亦未來祝賀，落得清閒。設他日大局澄清，余歸里為之祝壽，略事鋪張以娛老人而為親友光寵，似亦為快志之舉。

大局仍不明朗，余意在桃一旦須下鄉時，人物太多頗累贅，故決定乘蓉姐之轎夫回鄉，先將皮衣箱子送

6 冉勺庭岳母熊雲輝，於1951年桃源鄉間土改運動中，遭毆鬥侮辱，投水自盡。岳父皇甫天成係桃源富紳家族，任湘省諮議員，前妻何貴貞是反清烈士何來保之女、皇甫道安之母。岳父1941年冬病逝桃源，勺庭曾攜眷回鄉奔喪。

往，存置立伯家，較齊置於身旁為安全。

2 月 14 日　星期一

梁述之議長知余將行，特為夜餞，肴均臘味，且有山珍果子狸，即俗呼之白貓，臘狗肉，余則未嚐。

晚又是皇甫成九夫人餞行，並留打紙牌至午夜始歸。桃邑房屋抗戰期中破壞程度較常德為低，但余到幾處舊式老屋，廳堂原極寬敞者，莫不一一隔間為豆腐型之小房間，余初不知其故，後詢悉屋大每多駐軍，成九家即如此。

2 月 15 日　星期二

今日補行家宴，晨在家吃粉，從俗也。午又應王其柱之宴請於民眾食堂。適逢皇甫家有族姪孫女在該處結婚者，余夫婦臨時送禮洋一元。今日赴王宴得見孫繼武傾倒之趙碧小姐，態度甚為活潑。

岳母正式請晚飯，召老廚習來做菜，到至親之親友二十餘人，聚談甚歡。

因陪岳母玩牌，故睡又極晚，好在晨間無事，否則真感睡眠不足。

2 月 16 日　星期三

本擬今日起程赴穗，岳母之蘭等堅留，余亦以自第二次回桃七天來，未好好陪雁一夜，故擬多留一天。故於今晨昌鑫與劉其昌二人共同餞行時，不覺多喝了幾杯，更無法成行。

午後，王真卿[7]突來訪，云自永順來，擬下省開會，八年離別之摯友，此次竟能有機會把晤並結伴同至長沙，樂何如之。但晚飯後，之蘭愛熱鬧，兼以百川立伯夫婦在此，一時又打上兩桌紙牌，竟鬧至夜十二時始散去。而宵夜尚須岳母親自動手，誠令人不安。雁亦埋怨余云，設明日余仍留住不走，家中人將均為余拖病，宋三姐即為近日太忙致病，故伊有此怨語，余內心實疚愧！

2月17日　星期四

回桃以來，應酬太多，幾乎每日酒食徵逐。今日臨行，內姪之燊兄弟仍請吃酒，余聽，決定婉拒。今日岳母及雁均說不到不禮貌，爰於行李送下河以前隨岳母偕雁前往，不待坐席，余即辭退，趕往碼頭乘輪船。因近日雖輪船可以直靠碼頭，但恐水淺，須提駁，故以早到為宜。余既行，雁與仙妹堅亦護送，只得任之。不料到碼頭，得悉船可抵岸，尚需二小時以後，不得已又被之燊家人請回去坐席。即再回碼頭時，岳家之姪輩之馨、之薰、昌鑫、昌銘以及劉其昌、郭文光等均來送行，岳母偕之蘭亦趕來，頗為鬧熱，海上送要人出國之盛況亦亞似也。

汽笛一聲，留桃先後廿天的美夢又從此醒矣，又從此踏上人生奮鬥之途！別矣仙源，念何時再歸，不禁為

7 王真卿為湖南永順縣官員。冉勺庭戰時重慶曾與共事，且有計劃將李家外姪女疏散永順託他照顧，未就。

之黯然魂銷！

船上，倖有真卿作伴，暢話八年來離亂，直使人無限感謂！渠述及在永順省立醫院環境之惡劣，余亦同情並願到省後極力幫助渠辭卻，蓋該地民風強悍，仍未脫野蠻部落思想也！

五時抵常，飯後，即偕往同訪老友魏墨憐，[8] 關於心文擬在漁父中學教課事，亦承魏面允分一班英文。旋三人同往天聲戲院看天元班之全本「玉簪記」，本地風光不殊，可是服裝襤褸不堪入目，舊式黎園終被淘汰可預言也。

2 月 18 日　星期五　常德

昨日看戲歸來，李首席猶在家中坐候，因之攀談極久，殆午夜一時始睡。

上午應魏墨憐李精吾之約請吃雞鵝巷小館子，味雖照舊濃厚而筵價一律以現洋，較之戰前已貴得太多。

三哥請璵舅、真卿、藹如等，曾哲明又約來君亮、剛夫，因之客人太多，連余亦未得陪坐。

璵舅 [9] 對余仍極愛重，特為余留城一宿，打跑胡至一時始就寢，少棠、哲明、士鍔則由三姐陪打牌至天光，因無睡處故也。

---

8 魏墨齡（1902-1977），湖南常德桃源人。1937 年協助教育家龍湛岑創辦並主持名校漁父中學（民國政治家宋教仁，字漁父，出生桃源縣。該校 1951 年被中共接管，現名常德五中）。

9 戴修鷺，字子璵，常德人。勺庭中學蜜友堵述初之舅，勺庭 1924 年在北京求學時常往戴家（戴任教育部科長），備受璵舅賞識愛護。後退休在家鄉閒居。勺庭在台灣獲悉戴子璵 1951 年已被中共殺害。

2月19日　星期六　長沙

天明即由心文姪伴送過河上車，車行甚快，八時離常，十時半即抵益陽午飯。午後，二時即達長沙西站，以擺渡誤時，延至五時始抵東站。當與真卿下榻寶琛處。

夜，請真卿寶琛二人洗澡，以長沙一律改用光洋，三人洗澡共花去四元，亦可謂昂矣。

外來貨，長沙約比常德賤，今日特花2.8元現洋買菜食盒一個，常城叫價現洋六元。

之珺硬要發起打牌，余以坐車勞頓相央告，不許，結果摸了八圈，又是余贏了五元。憶離京即一路打牌回家，在常桃兩處每日亦未停，今於返穗銷假路過長沙，仍免不了打牌，可怪已！真一賭徒哉！

2月20日　星期日

與真卿過明德中學訪友人周芳岡、陳瑟濤、管竹君三人，並便道訪張星老，不晤留刺而歸。

真卿以永順民情不良善，極思此次乘來省開業務會議之便，堅決欲辭去現職，余以在省時促未能代找龍伯堅處長，爰同訪吳子雋老同事請其轉達。並在吳處坐談甚久。

內姪女之珩來謁，當詢問補科員事，並知已補人，只有作罷。伊知余後日首途，特贈余紅金煙一條，余不吃煙，爰留贈寶琛。

2 月 21 日　星期一

為三哥工作事，冒雨訪鄧介松秘書長，府中宅中均未獲遇，特留函請托。

楊君正襄縣長尚未發表，今日特往訪鄧子航廳長，承告西路各縣長須先經李默庵同意，於楊之學驗，彼甚熟悉云。

便道過財廳與李廳長筆漁及徐秘書幼圃作簡略之訪談。

歸來，假寶琛寓邸處理各事，並分別作書函告三哥及雁。

教廳樊科長及其妻來訪，意欲余為其二姪女介紹譚石樓，經余說明乃作罷。於薰兒之肄業證，渠云可作轉學證用，報廳不致駁斥，甚慰。

高院余院長汪首席一再探詢余行期並囑寶琛定酒筵，意欲為余餞行，經再三婉辭始辭脫。今晚又相偕來送別，暢談良久良久。

2 月 22 日　星期二

黎明即起，之珺為余預備早點，旋即往車站，到站送行者有寶琛、植卿、華宇、悅弟、真卿諸人，談笑頗不寂寞。移時車到，得賀君與郭最元之助即獲得一舒適座位。

此次本擬乘頭等臥車，誰知火車票價一漲再漲，花去 17,660 元僅夠買二等車票，好在只二天一夜，亦易混過也。

在車上不買票之軍人甚多，而車上管事人員亦無可如何。中國軍人之不守法如此，何況值此亂混之局耶！

旅途無伴，除打盹外，頗為寂寥。

2月23日　星期三　廣州

車過韶關，氣候即轉熱，且發現蠅子極多，而語言純屬粵語矣。因車誤點，延至下午五時始抵廣州東站，仲西兄果來接，他鄉相逢，自感重逢之樂。

抵院後，同事紛紛來問訊，並訴緊急離京之混亂情形與痛苦。少數同事則以工作無人領導，極望余來，談至夜半始散。

以公家未為余準備住屋，暫與馭白同榻，以兩天一夜坐車之勞頓，靠枕即熟睡。

2月24日　星期四

毓蘭主任請余在陶陶居午飯，之後即往下九街購買碎玉牙章蚊帳毛線等物，收所補領本月份各費共計79,000元，購買一空。

鑄秋條派余暫兼預算會[10]主任秘書，該會原有卅人，此次來穗僅留六人，才五分之一，而各方要錢與請求調整待遇案，文電日收百餘件之多，真不知何以措辦？當商諸鑄秋，囑暫為應付，慢慢再設法。

夜，致寶琛與常宅信各一件。

10 行政院內屬審核各部會等提出之請款及預算項目的專設委員會。主任秘書是該會權責最重之職位。

2 月 25 日　星期五

晨，馭白請吃及第粥，多放材料，實亦無特殊處。

仲西請在占元閣午飯，並自攜六安瓜片前往盤桓甚久。

鐵崖[11]來訪談，以余公忙，未得盡其所言。

鑄秋告我孫院長〔孫科〕所租之官邸，計花港幣 45,000，家俱 33,750.57，紗窗裝修 13,931，共計 92,681.57 元，折合金元四千萬元。無法出帳，爰由院一次補助市府，由市府報銷。值此撤遷混亂之際，以如許公帑租官邸，殊不合理。故余此次南來，看一切措施無一新興氣象與苦幹精神，國家前途，寧有好望耶？可慨！

2 月 26 日　星期六

今日想再休息一日，不意事與願違，預算會事紛至沓來，不獲片刻寧息，午後參加國立各院校經費案審查會幸均獲解決。

下班後，與毓蘭訪鐵崖，渠對帶往粵財廳之主秘嚴毅忱回院事，極為關切，請余二人幫忙，在外做事拉已有工作之人前往，下臺後尚須為彼找出路，極為煩惱也。

孫院長拉攏一部分立委留穗，所有招待各費又未便由院開支，商由省府請款招待，原請四億元，鑄秋

---

11 胡善恆（1897-1964），字鐵崖，湖南常德人。廣東省財政廳長。曾參與辛亥革命，留日留英，力主會計獨立制度化。任湖南財政廳長，功績卓著，旋任行政院主計長。1949 年留大陸，任教職。

商於我，我以為補助省府機密費數字太大，恐遭物議，嗣經改定為一億元，並派巴顧問壺天今晚坐待公文辦好親自帶去。

2月27日　星期日

振常奉命隨孫院長回京，今日特由彼約往彼友人朱瑞華家玩一天，朱夫婦皆好玩牌。

雖系例假，以鑄秋約有公事商討，特遄趕回院。處理一切甚感疲憊。

於忙中抽空致雁一書，望剪寄香雲紗女衣料尺寸，以便帶為購買。

本擬過隔壁六榕寺，聽法海和尚講佛法與人生，以忙未果。

2月28日　星期一

自兼預算會主秘工作忙，已不待言，而六組事，今日亦相當多。鑄秋又常以院中事相煩，因之更忙。偶有老友來訪，如非談公事，余亦無暇與之聊天。

午後參加次長會報，討論三月份待遇調整案甚久，然無結論。

院長官邸今日撥款補助穗市府金元券 4,000 萬。計租賃費港幣 45,000 元、傢俱 33,750.57 元、紗窗裝修費 13,931 元，共計港幣 92,581.57 元。可謂豪矣。[12]

---

12 孫科院長這筆奢侈官邸租賃裝修費，隨著孫科在立法院遭到彈劾與辭職，實際上似未支出（或已批未用）。

振常晨飛京，交港幣 70 元並換去余銀元 20 元。午飯後余與仲西又在市上換回，計去港幣 65 元。

讀寶琛轉來雁第一信，情意綿綿，令人讀後如醉。

午飯後，與仲西逛中山公園，惜地區太狹內有象一頭而已。

1949 年 3 月（民國 38 年 3 月）

〔**何應欽組閣，失敗主義瀰漫朝野**〕孫科 3 月辭職下台，任內私聞不彰，公子涉貪，李宗仁任命何應欽將軍組閣，人事艱難，美援亦被司徒雷登所拒。李決以拒共軍渡江為底線謀求和談。行政院面對大量財經需求。冉鵬主管痛感難為無米炊，官場惡習，浪費無度，乃辭預算會主秘之職，朝野對大局前途頗為失望。

3 月 1 日　星期二

已在院中開始包伙，免每頓出外零食之煩。

午後開預算會，仲栗頗贊余辦事有辦法。實亦同事為情面難卻特對余多加協助而已。會中對於待遇問題，已有決定。大致先照二月份標準先加兩倍發給，俟指數算出再行補發。

民航局左副局長紀彰為修長沙機場經費事來商談。

晚飯後與仲西至新華戲院看「沉醉春風」影片，尚佳。

3 月 2 日　星期三

成渝路鄧局長來接往新亞酒店八層天請午飯，二人密談該路修築之艱巨工作甚久，尤以用人極感困難，如甘乃光[1]以外次薦一人未用，後在政院於該路請經費，諸多延擱與阻礙。

---

1 甘乃光（1897-1956），字自明，廣西岑溪人。政治學家，1945年國民黨中央執行委員，1947年行政院秘書長，國大代表，1948年駐澳大利亞大使，病逝澳洲。

穗市歐陽惜白市長來訪，當以希老之子工作事相託，於穗市政則勸其多注意清潔。經費方面余當盡力協助。

晚應楊參事華日與林先生之約往大同酒家宴會，筵席頗為富麗堂皇，女侍雖不美但盛粧如新娘。菜多海味，有余不知其名者，可取者每一菜至均由兩女侍為客人平均分於小碗而食之，極合衛生。散會，拖毓蘭、靜一散步長堤一無所見，頗為懊喪。

鑄秋密語我，德鄰曾私告政院可不必遷而吳鐵老倉皇主遷，實得參謀長之情報謂敵人將向京開炮，今如遽遷回京，豈不笑話？大局在立法第三次之復會，則和談前途可慮，如和談成功將無立院之地位是豈一般立委所能受？故可斷言政局有變動則可，謂和談倚賴立院今會之成功則不可能也。

今日為余 44 歲初度，不意竟來廣州悄然度過，憶去年在京當有雁為余慶祝，誰知來年之今日有如此之變遷耶？

3月3日　星期四

晨至白雲機場送鑄秋登機回京。

院中雖無一長官負責，余仍照舊處理公文，且依舊忙。國防部派人來索在穗人員伙食津貼 12,000 元，然無名冊，據云有數千人之多，余以為該部一切不遵院令，要錢則來，且所有到穗之文職人員不過 2,000 人，彼一機關即數千人，豈不使人詫異？

立法院劉副院長與延副秘書長請吃晚飯，余託詞婉謝。

夜偕仲西等步往下九街買香雲紗女衣料四件，每件約折合光洋 3.5 元。因港紙漲價，較初到之翌日買就多花約 5,000 元。

3 月 4 日　星期五

主持審查加強修建黃埔機場。原請十一餘億，近以港紙加倍粵省府亦要求增加預算，審查會中均反對，故仍照原請數通過。

二月份調整數，各省尚未接獲本院撥款通知，今特催主財二部趕辦，一面並迅電各省市，告以總數。湘省李廳長筆漁來訪，當告以核定情形，望速洽請財部發支出書。

為雁買各物，今交筆漁帶湘，至慰。

夜請王毓蘭至海珠大戲院看粵劇「色膽奪王妃」，唱詞與對白雖不甚懂，然書面了然劇情兼有王作舌人，故亦覺有味，而服裝與佈景之堂皇富麗，頗足稱，十足富於南國情調。

3 月 5 日　星期六

第五組之全國公路工程搶修案審查會陳文虎亦推余主持，可謂太不負責任。既屬公事，余亦只好勉任之。結果以須廿二億餘元，當電京請示。

夜，念祖請聽清唱於長堤麗麗公司。屋雖小而設備極精緻雅潔，每一劇散有書面唱詞，致不隔膜，余對粵樂素來嗜好，今晚真是過癮。

同事遷穗後，公務既不忙，每天一意只望公家多發錢，今日仍不少假藉名目向公家借支者，人事會計兩主任商量及余，余以為不合理者決不能開例，離京時之惡風，如公開檢查庫存，大家公分公款，切記不可長。余雖未負主持穗院責任，既問於余，余不能不有所表示也。

3月6日　星期日

本擬乘例假之便，前往黃花崗，不意無伴，乃與仲西逛漢民公園，其規模且小過中山公園，實則不能稱公園。嗣往看「風雪夜歸人」影片，拙劣粗製與男女主角之不稱，令人作嘔，遠不及余在渝所觀之話劇有味。

來穗後，不可不一遊珠江畫艇，今夜無月而春寒料峭，遊人極少，先僱一划子遍訪佳麗，遊盡大二三馬路無一美俏者，悵然而返。所謂馬路，係劃河堤為一段，每段編劃艇為三行，大馬路二馬路之艇子姑娘，專講鐘點陪客遊河。三馬路之艇子則屬固定不動，船頭坐姑娘一人或二人著睡衣袴，專供遊人解決性慾者，其時間以一炷香為度，每次約金圓券 1,000 元（光洋五角左右），每一區域之船娘，守界甚嚴，不能越界兜攬生意，聞亦不能上岸作夜度娘。另據王主任語我，船娘無患痲瘋者，蓋俗語有「痲不下河」云云。院中一般同事，前往求解決者大有人在，真是膽大。

3月7日　星期一

整天工作雖忙，但午晚散值後，尚照例散步一番，逛逛馬路或吃茶。

隨王疇五至鳳凰酒家看幾位立委，偶遇吳立委雲鵬[2]詢問蒙古辦事處經費事，余立即告以應向國庫署逕洽，渠云明日來訪我，並希望我勿耍滑頭云云，余當即嚴厲駁正，此人流氓氣太大。憶在京求余為辦事處謀房屋，即送余黑子羔皮統一件為余婉拒，余素恥其為人。

鑄秋來電云調整待遇已通過，囑即行文，其內容較預算會通過者為少，設穗為 500 倍，而余得仍只 140 元港幣，數字（金元）雖加大，但港幣已由 380 漲至 850，故結果等於未調整。

3月8日　星期二

余本擬不種牛痘而適來院種痘之護士貌不惡，因之仍種了。

今日薪發約 25,000 元連原有 15,000 元，仲西還我 6,200 元，整個去換成銀元 17 元，每元折合 2,650 元，較之京滬仍甚合算。否則放在口袋中，一天貶值一天也。

得心文姪來信，知常宅最近狀況，事多不如意，頗令人煩惱，只有聽之。

鑄秋來電話云院長擬辭職囑代趕辦交代，而京滬經手用款之帳甚複雜，當電請其飭即清理，此間帳目立囑王主任迅為清結。

2　吳雲鵬（1904-2000），蒙古族，內蒙昭烏達盟人。第一屆立法委員，朝陽大學畢業。

又心文信說大姪媳已於二月廿六日（陰曆正月廿九日）下午三時平安生一男，為我家第一次添孫輩，至慰。

粵語固難懂，但文字亦有令人費解者，如街頭所見之「收買故衣」「恤衫」，外江老見之鮮有不驚異者，而故衣即舊衣，恤衫即襯衫，普通稱漂亮或美好多用「靚」字讀若「亮」。又商店宣傳勿失良機而曰「請勿走雞」殊可哂也！不能作用之鈔票謂為「濕柴」。

3 月 9 日　星期三

閱報，知孫院長〔孫科〕昨在立院宣佈已正式辭職，並經李代總統核准，而立委對於宣佈時竟報以熱烈掌聲，可謂諷刺已極。洎自彼就職以來僅二月半，毫無建樹，私事公辦，公事私辦，早就應辭！

總統府派人來洽修繕大元帥府備總統府遷穗事，余答以修繕經費院中自當照撥，不過報載代總統尚有令本院遷回南京之訊，似應先確定是否遷穗，再決定修繕工程。

本月份辦公費發，特往下九路購換現洋廿元。

廣州人好吃，什麼蟲類及動物均吃，如龍蝨並謂能滋補，一般售春藥街頭比比皆是，豈此間人性慾特強耶？

3 月 10 日　星期四

大局老不開朗，真令人悶損，新院長不知何時產生，公務員生活尤其行政院生活我真膩了，一俟新閣成立，余非設法離開不可。

來穗後尚未接雁一寫〔信〕，尤以最近沅陵民變，桃邑定受影響，使人懸念不已。早知如此，悔不該來穗，應在家多住些時，助雁照料。

工商部會計處與總務司請余於新陶芳酒家，粵菜久吃愈覺味淡，所謂著名之鹽焗雞，一若吾鄉之涼拌雞，其味尚不及其濃郁。雖然，酒館肴不佳，然較之院中之包伙，仍遠勝萬萬倍也。

3月11日　星期五

得華姪[3]信，知在長沙等於無工作，而部中俸薪又不能按時發，頗為進退失據，但又不可一日無事，頗思我另為在湘謀工作。

無事輒讀湘綺樓尺牘，甚感興趣！

夜與王疇五看清宮秘史影片，其佈景與演員技巧，均甚優良，真值得一看，在國片中尚為不可多得之影片。見歷史之重演西太后之固執失敗，反觀自勝利後政協失敗經過與乎今日之後果，國事之亂如麻，何亦非某一人秉政之錯誤！有清一代因一人之誤，其結果已使國亡族滅，而今日之禍患正方興未艾，尚不知來日作何結局，言念及此，誠不寒而慄！

3　冉懋芬（1928-1976），常德人，勺庭大兄冉輔廷之子。妻羅德珩（1919-1996）。懋芬嗣後滯留重慶，任教職。六十年代一家定居河北邯鄲。

3 月 12 日　星期六

昨得薰兒書，知學費不夠，今亦援例向院中請借子女教育費八萬元。

廣州港工程局邢局長起莘來訪談，並要求墊發經費，經即催辦於午後發出，下級機關待款急於星火，不似院中領款之便利也。

凌竹銘次長偕鄧益光局長來商成渝路本年度上半度經費事，允早提預算會解決。

晚，應珠江水利局朱局長光彩及李副局長肇祥之邀，宴於南堤之南園酒家，設備堂皇富麗而菜肴亦較他家可口，內有女侍某操普通語甚流利，在穗一般只懂粵語之氣氛中聞此倍感親切，惜客多未詢伊姓名。

3 月 13 日　星期日

天熱換衣裳，竟發現劍書上年六月十二日支票一帋計法幣 200 萬元，可謂荒唐矣，好在系屬悖而入，否則損失不貲也。

董那峰發起院中之黨部，乘今日例假備車前往致祭黃花崗烈士墓，並推余主祭，余以處此時際正逃名之不暇，萬一新聞記者予以記載反為不美，黃花崗予雖未到過，擬改於本月廿九日前往。

內政部周鐘南約往包惠僧[4]辦事處，午飯，予並乘機理髮，旋又過其友人劉視察家玩牌，晚飯後始歸。

4　包惠僧（1894-1979），中共一大代表，湖北黃岡人。黃埔軍校政治部主任。1927 年脫黨，入國府軍政官職。1949 年 11 月北上投共，任國務院參事。

報載，何敬之為本院院長，立法院昨日大會正式通過，譬看戲，此又重換新戲，不過以目前百孔千瘡之經濟財政，誰上臺也無辦法，其塌臺恐為時間問題。

3月14日　星期一

羊城氣候變化亦甚大，昨天已著單衫矣，今日午後雷雨交加後，街頭又有著海勃龍大衣者，予衣夾衣微覺有寒意。

久不得雁來書，頗為想念，茲得其七日來信果不出余所料，為沅陵事件而害怕，致無暇給我寫信，夫妻命運相同，應禍福與共，但雁離我後，幾次均擔驚受怕，設余在家，伊亦膽壯矣。

為三哥〔冉揚庭〕工作事，今日特函李筆漁廳長向省田糧處蔣處長催請發表，如不獲就請渠即在常桃稅務機構予以位置，余素不推薦稅務人員，但為自己兄弟謀事，亦不能不破例矣。

上午主持山東省外流亡學校經費案審查會，決定由部辦，學生員額不許再增，經費先墊撥一億三千萬，預算書交主計部核。

3月15日　星期二

今天抽空往沙面農林復興委員會訪問蔣夢麟[5]先

5　蔣夢麟（1886-1964），字兆賢，號孟鄰，浙江餘姚人。教育家。哥倫比亞大學博士。名重士林。曾任浙大、北大校長。1945年任行政院秘書長，冉勺庭為得力助手。後任農復會主委直到台灣，致力工程建設。肝癌病逝台北。

生，談天甚久，據渠對中共未來之觀察亦若十七年北伐成功後局面一樣，統一管理全國政治以中國幅員之大，決無許多幹部佐治，中國人畢竟是中國人，多少重感情，講中庸之道，一至全面勝利而高級人員入都市物資享受後，不知不覺發揮人類自我心，如入大洪爐求其不被舊勢力所溶化不可得也。此點與余素所持論同。渠並云因中共亦無強大有偉大氣魄之領袖人才，如蘇聯之史太林。故求統一，尚需相當時期。即有史氏一類人物而蘇聯之有今日，中亦歷若干年，犧牲若干生命換得來，故推測中國之治定遠，必須很長時期之混亂云。此外，對於院事亦垂問甚詳。余並與樊際昌[6]先生談甚久。

午睡時，同人呼起往白雲機場接鑄秋，旋即回院，張岳軍與吳鐵城另一機將續至，余不耐等偕王叔增等先歸。機場中得晤朱季青兄，談甚歡。

前院中同事陳啟釗請於半齋川菜館晚飯，吃粵菜多，改吃川菜，自覺味濃可口。

在航空公司試磅體重，得 65 公斤。依每公斤折合 2.20451 磅，約 143 餘磅，較之 34 年還都約增三磅。斯時為冬令，衣著大衣，實際約增六磅。

3 月 16 日　星期三

今日舉行 48 次院會，亦即孫閣最後一次會議，關於院中命部撥款各案，尚未補辦手續，今均一一列表補

6　樊際昌（1898-1975），杭州人。農復會秘書長、蔣夢麟追隨者。1920 年留美，北大心理系主任、教務長，西南聯大教務長，行政院副秘書長。

請追認，其中發現本院於二月十日曾在滬支用機密費一億一千萬元，從來無案，據央行報告，係交孫少爺治平一億元，交張肇元一千萬元此種浮支款項，駭人聽聞而余告鑄秋後，渠亦甚氣憤，連呼「焉得不垮！」

寶琛內調法部事，今日乘趙韻逸[7]出席院會之便，余又代請，彼囑速來信一定照辦，現為時猶未晚，適馭白已由湘來穗，當與其共同署名，致函韻逸。一面並函復寶琛。

官場習氣，南京又漫延至廣州，凡有請托，必先請吃飯，如今浙贛路孫寶融與樊伯滋兩人請余於大三元酒家，人既不熟，余當即婉謝。

馭白回院而余住所已生問題，偕王疇五上街找旅館，非太黑小即是太貴，雖云由公家付款，余良不忍糜費公帑也，仍然與馭白同住一房。

3月17日　星期四

近日內閣正改組，各機關為移交計，紛紛來請款。有合理者，自當呈准撥發，但不合規定者，則紛請吳副院長批准，既有長官負責，余又何必多事、力爭？

孫院長支用機密費一億一千萬元，今日報載監院已提出彈劾，並云為其子取出分存各商業銀行，此時諒係中央銀行職員所揭發，可知「若要人不知」真是「除非己莫為！」

---

7 趙琛（1899-1969），字韻逸，浙江東陽人，日本明治大學碩士，法學家。1948 年高等法院院長、司法行政部部長，台灣大學教授。著《刑法總則》為法律界推崇。

交部凌次長偕鄧益光局長及江萬平會計長來訪，為浙贛路成渝路請款事，外部董次長霖偕總務司長馮宗萼亦為該部經費超支事。銓部馬國琳亦為考試院經費事，真無暇應接，而公路局王副局長為經費案亟求余再為呈請核批，並坐候甚久。

百忙中，復雁一信，恐其怨念余也。

夜，偕疇五逛高第路，人云此路物品較各街廉，實亦不盡然！惟售衣料與皮鞋店甚多。

3月18日　星期五

下午次長會報，幾專討論各機關經費結束及移交問題，鑄秋聞社會部將院撥之房屋租賃費由職員瓜分，並悉為陳紉秋所出主意，大為震怒，主計部並因此怠工半天要求援例。渠今日特再強調離京時之惡習氣遷穗後，切不能重演。昨日並由院特發之訓令致各部會，應專戶存儲，如已租得房屋並應造冊移交新任。

與仲栗、耿民討論到今日政府當局用錢之無度與浪費情形實在可怕，尤其我等經辦人更為痛苦，余已要求鑄秋解除預算會主任秘書兼職。渠已同意。不於此時解脫，倘新任秘書長又係熟人，更無法脫身矣。

寶琛內調事，今日承趙韻逸代部長回復說，一時無機會，如欲新添人，格於院令亦不便辦。渠既有困難，只好暫置之，一面函復之瓊。

3月19日　星期六

預算會主秘，今日鑄秋已正式准予辭去，甚慰。但在新秘書長未到以前，余允仍續負責。

交通部所請浙贛成渝各路公款及公路款與二三兩月份貼補費諸案，今日均一一代為辦妥，水利部修漢江堤工款七億元亦准。

因處理各機關請款公事忙，院中訴願會也無暇參加。孫內閣之訴願會尚係第一次。

余之進退問題，今與鑄秋詳商，彼雖認公務員幹久乏味，但當教員不是辦法，尤不贊成余回家。倘有意留粵，渠可為余在粵省府謀一顧問，余云苟盧作孚[8]出任交通部長，余擬過交通部。彼云值此殘破之交通方面尚不如在院好，余為自謀想在粵央行任一職，但央行無機會，一時未商得結果。

3月20日　星期日

例假，午飯後即偕仲西等搭公共汽車至黃沙轉坐划子往花地參觀文園仁香園醉觀園三花園，斷垣頹壁，均破亂不堪，盆景花木甚多，木瓜杜鵑玫瑰秋菊等均有。異者桂花與榴花刻同時著花，南國氣候溫暖所致。極為年盛時，此地定值得遊覽也。

余院雖在淨慧公園辦公，但只係一部分。中間已隔斷。晚飯後，特繞往一遊，內中亦無物，特有榕樹十餘

8　盧作孚（1893-1952），四川重慶人。民生輪船公司創辦人，家貧得小學畢業，卓著於礦業、鐵路、紡織、教育之實創。1952年被中共五反運動批鬥而自殺身亡。

株，棉五六株，極高大蔭廣之致。

餘暇輒在院整理歸家日記，一個月日記，今始整理完竣。

3 月 21 日　星期一

何敬之先生組閣，今天始確定名單，無一第一流人才入閣，七湊八拼，恐壽命不能久，該項電報到院時正電燈熄滅，似非吉兆。

交部招商局粵分局曹經理宴請院中各主管於大同酒家，一席之費，恐又不在少數，最低限供窮人一年糧！政府主管人員請客之風氣，亦由京遷穗，可慨已！

馭白式文向鑄秋言，思欲彷歷任院長離院例對各組科主管酌給獎金。余私語鑄秋此次不可辦，一因孫院長擅用公款一億一千萬元已被監察院糾舉，有共同分贓之嫌；二因過去僅少數分得，普給，各機關攻擊，照舊則院中未得之一般職員將要求，且每人實得有限，何必製造糾紛！鑄秋頗韙余言，但云京院已辦又如何！

今日召開之最後一次院會，以出席不足法定人數，改為談話會，但仍決定不少要錢案件。

今夜本擬往新亞酒店 602 號訪盧作孚先生一談，惜因時晚，不果。

3 月 22 日　星期二

院中房屋租賃費，主管今始造冊，預算會承辦院會飭庫撥發，以金圓券貶值，不及通案決定時三分之一矣。辦事人之顢頇，令人氣憤。

新閣人選已正式發表，計裁併之部會幾及半數。當時遷穗時不裁併，今將各部會職員遷移亂七八糟而反大舉裁併，對於職員之如何安頓與資遣，新閣將遭遇一極端困難矣。

鑄秋於午後五時召集全體職員致別詞。渠到院三個月，可謂任本院秘書長壽命之短者。

銓部次長皮作瓊、馬洪煥及考選部次長馬國琳請吃午飯，為余婉謝。人口局包惠僧局長約請晚飯，余恐打牌亦婉謝不去。

散值後與王疇五科長看裙帶風影片，頗趣。

徐葉秋來談南昌許卓仁藥酒故事甚有味，謂其藥酒治痲瘋有奇效，原因其少東貿易來粵，眷一女甚美，屢欲求合，女皆嚴拒，經再三強求，女始涕泣以告，伊患痲瘋，會許子多情，良不忍使其受染喪生。許感其德，云他日病發可來贛，渠將養活其終生。後女果因病發逃贛，尋得生，生闢專屋住之，女自思病不能生，屢求死。一日見巨蛇俯入許店酒罎，女以為是酒定毒，意飲毒酒可速了殘生。不料飲後沁入心脾，而遍身痲瘋反得轉機。尋續飲之，竟癒且貌若好女子，遂成夫婦。因之以藥酒馳名獲鉅富焉。

3月23日　星期三

窮極無聊，於義利之辨已不分，今日王念祖語我，少數同事如薛寄谷等請假回院竟亦報旅費達八萬餘元之多，真是寡恥。其情形全與余同，未聞余報銷一文。義不應得，雖多勿取。

院內鑄秋召集事務會報商討交代事宜，會後渠告王亮疇，[9] 囑渠出任行政法院院長，詢余意見，並擬約余擔任該院書記官長。余允考慮。夜同仁讌渠於北園酒家，渠即出示王院長電李代總統電稿，當攜回代為譯發。

得李廳長筆漁復電，對三兄工作事已辦理，並云如縣田糧分處工作如有問題，當另設法。深夜快函轉知三哥。

突接嶺南大學陳序經君約於本日午後四時往彼宅茶敘，陳為何許人，余已忘懷，而請帖竟將余名寫為林勺庭，可知並不熟識，否則，何能將其姓名弄錯？後詢友人始知陳君為嶺大校長。

3 月 24 日　星期四

院中已自廿二日截止發文，各方為緊急需款者仍紛紛來求補辦，爰擇其最急者如總統府臨時請款等分別予以補辦，其餘只好留待新任。此外各機關房屋租賃費案以係通案仍一一予以補辦。

過行政法院事，今日探尋該院近狀，似無甚興味，員額原共 50 名，遷穗後人數約 35 人，經費奇窘，若過去兼任書記官長而窮忙更無味也。鑄秋云即令明令發表彼院長後，彼是否就任亦有問題。

9　王寵惠（1881-1958），字亮疇，廣東東莞人。司法院院長、外交家。出生香港，留學日本、美國，獲英國大律師資格。任北洋政府、國民政府司法部長、外交部長。隨蔣介石出席開羅會議，聯合國制憲中國代表，參與中華民國憲法制定。中研院院士。所議之行政法院院長職，後由端木愷出任。

3月25日　星期五

得雁信，知前次所買之砵玉不合意，且有怨言，當復一函囑其寄回再買。男人辦女人差事，自難中肯也。當時若不是想趕孫繼武搭回桃源，我何必那樣性急？

午前與馭白開玩笑說藍業珍案已涉及他並於某刊物記載頗詳，渠當時甚為著急，亟欲尋刊物一閱，嗣告以仍屬報紙同一記載，渠始莞然。午後果監察院來電，請院派渠攜同原案卷飛京備詢問，渠正式找余研究應否前往，以法律責任言，與余毫無關係，僅一承辦人而已。

鄭達生兄請吃晚飯，備有江西臘菜，甚可口。

院中公文已停辦，廣州港工程局局長邢起莘帶病來院要求經費，余婉詞告以時晚，俟新任到再提前辦，渠猶感不滿，於鑄秋避而不見。

3月26日　星期六

王毓蘭語我，院中事務員名額之濫，無以復加，過去浦薛風家中之女傭吃院中事務員缺已屬笑話，吳鐵城之夾皮色拿手杖之侍役亦為本院諮議，玩弄政府官職如此，尚何吏治整頓之可言！尤有進者，何敬之發表院長並已在京就職，而此間吳鐵城副院長猶放起身炮發表薦任秘書之職員兩人，真是無恥！余真羞與儈伍！

孫院長離職給予同仁之獎金，今日竟發，共分1、2、3、4、5萬，余得5萬，預算會四專員每人原分配1萬，余糾正改為每人3萬，法規會兩編審每人1萬，余糾正改為2萬。如不改正直與書記相等矣。過去均暗自分送本人，此次預算會六組及法規會均由余轉，故余得悉其數目而予糾正。

去年京中競選總統時，有居覺生院長陪選，因有人戲撰聯徵對「蔣中正居正」，[10] 今日馭白語我，有人對以「毛澤東方東」或「周恩來徐來」，對頗工整，而均為中共張目，豈為播遷之先兆歟！

3 月 27 日　星期日

前天作書與雁，告以在穗生活近狀，有云很少打牌。不意昨晚為根常邀約往來瑞華君家，玩到夜十二時，以廣州秩序不良，余距院可歸，設余走彼等將無法回，因之博〔搏〕戰通宵，直至今晨十時余因有會始先回。天下事之不可料如此！自己亦不覺啞然失笑。

為改組後，本院及各部會交印問題，京院指示須送京移交，今日特召集談話會討論，並已由院電京指派專機一架來穗俾共同賫印送往云。

晚飯後，偕馭白、疇五逛馬路，買得刊物數種及美女畫二張而歸。久思為雁購一手錶，遍觀各鐘錶店名廠出品雖多，或價太昂，或不知其機件是否可靠故仍未購買。

3 月 28 日　星期一

京中老不派人來接收又不指定負責人主持，一切陷

10 傳此毛周對，乃四川名士梁正麟所撰。方東指方東美（1899-1977），安徽桐城人，哲學家，新儒家，台大哲學系主任；徐來（1909-1973），1940 年代女明星，李錦暉妻，後嫁湘將唐生明，隨夫投共，1956 移居北京，文革中因涉江青被迫害死。

於停頓，今日特代鑄秋電京催復。

晚偕馭白至地攤買得美女畫二幀，均極健美，畢竟是畫圖中美人，若真有是尤物，恐萬難一睹。

公務既停，在鑄秋處借得「子曰」刊物一本，內容多談掌故與舊文學，余極愛讀。

3月29日　星期二

今天照例放假，九時馬推事宗融來約吃茶，歸來，適遇鑄秋到院，討論院中同仁發薪之籌措，如有款，擬發 500 倍，但何日領得，亦頗有問題。鑄秋於公文之處理雖不願再負責，於同仁之薪餉，在新任未接以前，彼固曾言願代作主領發也。

真夫與鐵崖約至憲兵 26 團團本部午飯，以公役將通知未送到，致誤。

包惠僧為其如夫人扶正請酒，並約余作陪，余以酒力不勝，未待席終即逃去，蓋所約者均係鬧酒之輩，與其強而醉，勿寧失儀而避。

3月30日　星期三

廣州地屬熱帶，為適應身體需要，街頭喚賣涼茶者甚多，以王老吉最有名，據鄭天健秘書語我，湘川贛素嗜辣子，來此後，尤非飲此不可，我嫌其人人隨意可立飲太不合衛生，乃費千元金圓券買一包原藥歸，擬自煮飲，因原藥均為草藥數樣配合而已。又鄭秘書云涼茶並由華僑帶往南洋以及美洲行銷，功能祛熱云。此外，廣州出產西洋菜，似吾鄉之蘿蔔菜，而葉特小，其效能清肺熱，嗜煙者不可不常吃，憶亡妻彣[11]於民十七年在平患吐血病，梁節庵之夫人即介紹以素肉與西洋菜煮湯喝，余下課歸，常於東單菜場專為伊帶斯菜回，然亦未見何特效。

孫院長於今晚七時半假迎賓館召宴，本院及各部會高級職員話別，當場致詞，於國際未來之大局觀察，謂戰爭不可免，雖在西歐而東方之我國欲不參加而中立不可得，我國之東北經八年之抗戰向日本帝國主義手中奪回，旋即為蘇聯帝國主義奪去，非再經過一次國際戰爭，我國定無收回之望，侵略者必失敗。彼斷言其蘇聯定蹈日本覆轍無疑。於目前之和談，渠檢討謂抗戰勝利初期政協談商，政府不應迷信武力，堅持軍隊比例7：1，苟當時允許中共要求5：1，或不致兵連禍結，招致今日之失敗。[12]如中共今亦迷信武力以戰勝者自居而欲政府接受屈辱式的和平，其同陷三年前政府之失敗無疑云云，語頗中肯。

3月31日　星期四

少谷[13]復鑄秋電云倪副秘書長不日來穗。在未到穗

11 陳寬彣（1906-1932），1927年在北京和勺庭結婚，1932年患猩紅熱病逝。

12 國共1945年重慶會談，涉及政治民主化、軍隊國家化等議題。「整軍方案」是重要關鍵。經過美國調停，停戰協定、政協會議，1946年2月25日國共美三方簽署「整軍方案」，規定國軍共軍按照5：1比例組成統一的國家軍隊，即國軍140個師：共軍28個師。並無提及7：1之比。

13 黃少谷（1901-1996），湖南南縣人，行政院秘書長。北師大肄業，參與北伐、抗日，任國民黨政治部、中宣部部長，立法委員。遷台後總裁辦公室秘書主任、行政院副院長、外交部長、國安會秘

前即由馭白與我共同負責代行。同仁知有此電後旋即將聯名簽請借薪事請余與馭白決定，當召會計室王主任詢明情形並電話商得鑄秋同意，始允所請每人暫借 20 萬元，公役每人暫借 10 萬元。

總統府翁秘書長電吳副院長謂鑄秋之行政法院院長已任命矣。鑄秋即約前往晚飯。討論院事甚久。

真夫來穗，今午約往憲兵 26 團本部便飯，飯後，並同訪鐵崖夫婦送行。

新任財部主秘程大成兄語我，此次政府改組財部兩次長立法院均有部分要員聯名薦某某擔任，但新任部長劉攻芸均未置理，僅糧食部改為田賦署薦由田雨時接任，接受立委推薦云。

書長、司法院長。

1949 年 4 月（民國 38 年 4 月）

〔談判破裂南京淪陷，怨行憲太操切〕國共和談破裂。毛澤東拒絕李宗仁「劃江分治」主張，提出 8 條 24 款，無異於要求「無條件投降」。行政院聲明拒絕簽字。江陰要塞叛變，共軍一舉渡江。4 月 23 日南京緊急撤退。冉鵬在廣州負責解決首都撤退之需，院內無公事可言。金融惡化，公務員損害最大。勺庭認為國事敗壞，「行憲太操切」是主因。

4 月 1 日　星期五

昨晚振常又約往瑞華家玩牌，午夜擬歸來，忽聞附近發生槍聲，廣州治安素有問題，因之不敢回院。以後雖可往玩，應力戒達旦。

瑞華夫人約往留德同學會看跳舞（因余不諳），余與疇五前去兩次，而彼夫婦仍未至，乃至桂林樓一嚐桂林過橋粉，實則即以溫過之米粉另由客人傾入清湯內並以小碗盛薄薄生肉片一碟，先倒入湯內拌食之而已，其名過橋尚不及吾桃之雞絲粉也。

4 月 2 日　星期六

雁來函告菱兒患病，似瘧非瘧，又有些像傷寒，頗令伊憂急。

與京院通電話，催副秘書長早來接交並主持一切，於同仁薪俸則望京電此間央行墊撥，夜又與倪副秘書長通電話商洽處理一切。

晚飯後，徐葉秋來硬約帶彼與馭白遊河，經即前往雇得一艇子，船女僅十二、三歲，頗跳皮，懂普通語，並請往揀選姑娘，似此稚齡即印入多種惡社會之一切，其為生計出此，殊可憐，今夜之遊令人悵觸萬端，尋樂反惹愁懣，至無味也！

4月3日　星期日

今日例假，葉秋早即來約往遊小北某茶室謂係風景佳地，當與馭白三人前往，遍尋該地無著，無奈勉在一家小飯館名登峰樓者便飯，雖價賤，實感意興悄然。

午後，又應振常約往朱家玩，以明日兒童節，朱家孩子多，乃約冼厚豐、饒振常、趙伯平六人共為彼家小孩買糖果等物共 30 元港紙。午夜始回。

4月4日　星期一

胡春藻[1] 先生等組合之民眾實業公司，與農村復興委員會訂約以紗易谷，不料在湘交谷後而銀洋大漲，此間所交之紗不惟未漲反稍跌價，致虧者頗巨，其代表張希聖君特來找我望會予以補貼。當晚即往訪樊逵羽[2] 兄暢談，原則上允予補貼，惟不能定其數額。適蔣夢麟先生亦在，與談中共對城市管理政策之困難，及未來國家前途之多難，不無感喟！

1　胡庶華（1886-1968），字春藻，湖南攸縣人。教育家。清末秀才，公費留德，獲工程師學位。回國就職鋼鐵、軍工、農礦。後任同濟大學、重慶大學、湖南大學校長，1949 年遷香港，接受中共統戰北上，被國府通緝。歷任政協，文革遭殘酷批門，死於 1968 年。

2　即樊際昌。

三月份俸薪京院昨來電飭此間央行剋日墊撥，並指定余往洽領，余午前往找分行張副理，知院電甫到，並找此間總行負責人張處長，亦允先辦後補手續，並囑出納科周君午後再往提款。竊思各機關三月份經費均未發（財部正辦簽付手續），而本院飭庫提前墊撥，似有利用職權之嫌，實則穗院新舊青黃不接之際，既無長官印鑑，不能不如此從權辦理。於我個人意見少數機關儘管違法挪用公款墊發，而本院實不應出此。

三月份雖可發清，四月份如何發放？頗成問題，馭白主 34 萬以下者全發，34 萬以上者暫借 34 萬，余堅以為不可。既云借支，應一律以每人 20 萬為準，如所有歧視，將發生問題，高級雖略吃虧然較公正合理，會計室王主任贊成余意見，臨時又重新改算。

4 月 5 日　星期二

今日為清明節，粵人極重視並名曰思親節，且暗自休假一日，念遊子在外，幾25 年未於清明在家掃墓，值此節日，使人倍生感悵！

為華侄工作事，今日特函李筆漁推薦。

三月份薪發，同仁等隨即往市斟換港幣或銀洋。余以領到手較遲兼以公忙，於晚飯後始上街，結果每元吃虧 350 元金圓券，余係換銀元每元虧 200 元。余得薪 890,000 元，共約吃虧銀洋 5 元之譜。

4月6日　星期三

何敬之院長今日偕倪副秘書長[3]飛穗，當與院中高級同仁往天河機場迎接，因黨政軍各界前往歡迎者特多，因之晤及熟友不少。

張寶琛請調事，今日在機場得晤新接事之法部次長潘培敏，當重托伊設法，一面先函告寶琛。

午後由倪召集院中高級主管詢問對院中一切待決問題。

4月7日　星期四

協助端木處理院中移交事務，晚，又約同往沙面彼寓便飯，談及政府前途，真有人不勝茫茫之感。耿民夫婦亦在坐，而耿民已辭北國國庫署長，異常歡欣。

龐主計長[4]來院與余暢談政府撥款事，因論及政府前途咸表悲觀。渠云明末之最後一任相國為黔人，今何敬之院長為黔人，豈政府已成最後之一任內閣歟？言及各機關之凌亂無緒與種種不合理之現象，實無待中共之渡江，即已自呈崩潰，如劉汝明之部隊駐防皖省久，且屢待其部下不穩，今皖主席吝不昇彼而發表張義純，即為自造亂源之一。

庶務科趙科長澄自京來穗辦理交接事，據彼告余，

3　倪炯聲（1906-1982），貴州貴陽人，1947 年任立法委員，1949 年任何應欽內閣副秘書長，後任立法院秘書長。1982 年病逝台北。

4　龐松舟（1887-1990），上海人。出身望族，南京高等師範畢業。1930 年代入財政部，至糧食部次長，業績殊榮，戰後任主計長。1949 年辭職。赴台後復任主計長八年。總統府國策顧問。

副院長賈煜如[5] 到院後，向院中要煤炭三噸柴二千斤，真是上下皆貪，此種風氣可怕！

4 月 8 日　星期五

何敬之院長於今日起飛回京前，特召集院及所屬各部會司長以上人員訓話，詞多勗勉。以送行人多，余落得不送。

午後，約集國庫署主計處會商京穗兩地財務劃撥辦法，並例舉科目以資明晰。

會後，松舟特密商余同意，請余過主計處任主計官兼歲計局副局長。余以院中任職久，現狀多令人失望，不如過主計處工作且該處熟人亦多，當即慨允，不過望彼電徵黃秘書長少谷同意後方可發表，因院中舊人已寥落晨星，如余擅離，殊有拆臺之嫌，龐亦以為然。

4 月 9 日　星期六

三月份指數公表之時，余之收入為 1,045,000 元以當時港紙價值每元折合 3,000 元共可得 350 元，以港幣三元五角換買光洋一枚，共可得 100 枚。但到今日預發四月份薪港幣已漲至 9600 一元，光洋每枚亦漲需港幣四元四角，是全部收入勉值 25 枚光洋，實際不啻減去3／4之收入。

5　賈景德（1880-1960），字煜如，山西沁水縣人。清末進士，為山西府官職多年，屬閻錫山嫡系。入中樞，任考試院、行政院副院長，閻錫山內閣秘書長，遷台後考試院院長、總統府資政，病逝台北。

炯聲上午召集會報，關於院內各單位職掌之劃分，竟採公推方式，此為負責制，還無所不可，至於力主改組為處，全體均坿和，而余以有擴大組織招外界物議之嫌，力為反對，而馭白等亦堅順其意，使余孤掌難鳴，殊可怪也。此何時耶？政府之危如纍卵，遠者大者不之圖，而值此力事緊縮各機關之際而圖改名義，即令未增任何負額與經費，對外究易誤會為擴編，且分組已十餘年於茲，各界並不因為組主任而不予尊重！余擬再爭之，即爭不回，寄京請示亦斷不致通過也。

與鑄秋商討余過主計處事，渠亦贊同，特恐少谷不放余走而已。

4月10日　星期日

鑄秋與孝同今晨飛滬轉京，以其常來常往，亦未往送。

上午擬補昨晚睡眠，誰知院中太鬧，未得好睡。午後一時又遵新朋友王祥夫婦之約往河南彼府上之宴會，同行為仲西、振常等，王夫人手製之道地粵菜，極為可口，而煙酒亦選佳品招待。八時半始渡河返院。

4月11日　星期一

穗院既有人負責，午前倪副秘書長召集之談話會未參加，繼續處理公文，積壓將兩周之公文，不得不擇要先辦。

午後訪龐主計長松舟商討京中預算會之組織問題及秘書室與主計處公文連繫具體辦法，於在穗機關奉調赴京工作人員之待遇問題亦有所商討。

四時至外交部監交，蓋吳兼部長鐵城移交與代理部務葉次長公超，[6] 如傅秉常 [7] 回國就任外長後，仍須由葉辦一次移交也。

伍宇清兄突自台北來穗訪余，暢談至歡，彼因台灣航業公司業務處易人而辭職回湘途徑此。

同人們又可增借四月份薪每人 20 萬辦公費半數，余得 422,600 元，當請管澳前往買港紙，每元竟換至 130,000 元，入夜又跌為 115,000 元，公教人員之被剝削，真可憐！無怪粵人名錢攤為「剃刀門楣」（即進出均刮之意）。

4 月 12 日　星期二

宇清囑代換美鈔 115 元，當以銀洋較湘省為高，爰代作主以 327 元港幣購買黃金一兩，余自己亦購五錢，另購八分重戒指一枚。

岳母囑代購玉戒，以價值太昂而大小猶難合適，迄未購妥。今於購金之便，竟覓得一枚，再三磋商以港幣 45 元購成，按時價恰折合光洋十元。

整日雨不住，令人心煩。晚陳宗周夫婦請吃飯，全

6 葉公超（1904-1981），字公超，廣東番禺人。外交部次長、部長。曾遊學英美，劍橋大學碩士。曾任北大、清華、西南聯大教授。1954 年與美國簽中美共同防禦條約，1958 年任駐美大使，1961 年因與蔣有歧見被召回國，控制出國。國府外交棟梁之才。

7 傅秉常（1996-1965），廣東佛山縣人，香港大學畢業。資深外交家。孫中山外交秘書，1936中國憲法起草人。1943-1945駐蘇大使，1949年外交部長。避居法國，1957年赴台，任司法院副院長。台北、北京曾相繼出版《傅秉常日記》多冊。

屬潮州菜，味比廣州濃，十時而歸。

炯聲來穗主持院務，一切民主，連人事之支配等均採會議式，殊有未便。

關於余過主計處工作事，少谷今日自京來電話，堅囑炯聲不放余走，衡諸事實，余實亦不能離院，當允打銷前意。

4月13日　星期三

仲西等奉調赴京工作，定於今日起飛，余聞京滬銀洋價與美鈔等，乃將所有銀洋150元想分托渠與念祖二人帶京換購美鈔，亦企圖微利也。

午前即伴宇清購物，余亦購香雲紗等物托彼帶湘，因彼今晚夜車赴湘，故不能不趕急辦。

宇清需款，致昨代購之黃金仍需換卻，經再三考慮，余仍以所存美鈔換去（37元）並加銀洋25枚由余承買，反正比值不動，使宇清不受金店剝削，而余亦無損，且余之銀洋前以港幣3.45換進，今以市價4.5換出，亦稍盈利。

4月14日　星期四

今日為發各省市待遇調整後補助費，特親持文往國庫署，交朱銳科長速辦。

訪李筆漁[8]廳長，暢談湘事，於介松之辭秘書長經

8 李銳（1898-1978），字筆漁，湖南邵陽人，湖南省財政廳長。畢業於南開大學、留學英國倫敦大學。1949年留大陸，任成都大學教授。

過亦談甚久。介松剛愎自用，接人不以禮，此為其一生之大疵。自知而不能改，誠所謂本性難移歟！

時局艱難如此，而一般自命代表民意之立委，或藏在後方高喊繼續作戰及肆意抨擊現政府負責主腦人，或在京聞時局風聲稍緊即遠颺，或參加共黨煽惑軍部叛變不一而足，此種立委誠禍國而有餘，追源其始，蔣總統首先應負其責，我國本未臻民治國家程度，而竟不顧一一仿效，故漸變至此地步，尚何言哉！噫，他日何以善其後，真不堪想像矣！

4 月 15 日　星期五

中央政府之威信江河日下，甚至公然藐視，如長沙綏署以央行運走金銀赴穗而將經理扣留，昨廣州綏署又重演，緣此間央行奉命空運銀元至外地，此間當局以該項金銀為昔日收稅人民之存金（金圓券改制時）不能運走，竟派憲警在機場予以扣留，公然干涉中央金融調動，其影響殊堪重視，國家將亡，一切現象反常！

傍晚，炯聲率同全體高級職員前往石牌視察本院新屋，建築雖堅固，惜離市區太遠，交通不便，將來警衛亦成問題，余最愛疏曠，遠離市囂！

4 月 16 日　星期六

此間，大洋亦飛漲，今日已每枚可換港幣 5.9，買進並需 6.1 元。美鈔買進僅需 5.5 港幣，是此地已超過一比一值矣。當電仲西及念祖代為斟酌。

立法院簡直無法無天，在公文方面所見之不守法者約有以下三端（1）立委院中雖允照穗待遇已屬不合理，而該院在京職員亦一律照穗待遇。（2）本院各機關均疏散，緊縮員額至1／3，多者亦不過1／2，而該院幾全部未疏散。（3）本院所發各機關房屋租賃費，均限實際租屋，而該院則改變瓜分與同事。現本院規定向立法院負責，歷任院長對之，似均為媳婦之於翁姑，一切依順，令人氣憤。今商之炯聲，渠亦贊成簽明寄南京請示。竊思政府之壞至今日地步，原因固多，其由於該院負其責任者更大，故蔣總統本身過去亦有「七百多個皇帝」之語，可見其感頭痛！

瑞華家中來客，又約往渠家玩「啤牌」（撲克牌）。

4月17日　星期日

今日雨水太多，今日例假，午後與疇五行街，又被雨追回。此間不愧海口，一切舶來品應有盡有，尤以糖果種類多，乾淨而美麗，恐上海猶無此華麗，且多係走私進口者，價亦廉，今日買一玻璃瓶裝糖果，僅花港幣2元4角。

晚，聆疇五講各種跳舞之禮貌，並借得收音機一個，以無短波，能聽粵戲而已。

朱瑞華夫人欲余請看電影，今晚特約請彼夫婦及況、饒、王疇五三人作陪，同往大華戲院看「天倫樂」笑片。原擬至新華戲院看「樂府春秋」，幸臨時改變，不然，今日該院發生歹徒投炸彈，死傷十餘人，縱不受傷，亦當飽嘗驚恐矣！

4 月 18 日　星期一

借仲西來信，知托帶之 100 枚袁頭已於十五日代換成美鈔 92 元，並寄來金圓券六萬元。如按昨日此間行情，倒可換成 107 元美鈔，計換失 15 美元，真弄巧成拙。且勞仲西帶，真多此一舉，當將餘鈔三元並另籌得五元寄仲西，望換成大鈔帶穗。

黃金上漲不速，而現洋上漲極速，每兩只需光洋六十元，戰前亦無此比值，爰將所有之孫洋十元再加港幣卅餘元，換買黃金二錢五分。

4 月 19 日　星期二

來穗後，個人之收入與支用，今日特整理一簡表寄雁。

得三兄信，知達文病仍重，渠既得此不治之疾胃癌，徒苦生者，當於善後提詳細意見。

大兄主張華姪赴渝工作，余殊不贊成，不獨耗巨額川資而到渝後之工作並無絕對把握，故函華侄立來穗，雖待遇不高，但總可先得現得，較在湘省工作更好。

此間氣候，一吹南風，則氣壓低，地面回潮，身體極感不舒，初來時以為偶爾如此，最近常有此現象，頗使人厭惡。

4 月 20 日　星期三

寄雁口香糖三片，余心情與16 年前同，斯時伊正負笈滬上大夏，而余則在院工作，不知伊收到時作何感想耳。

中共限政府於今日答復，報載24款內容，不啻以勝利者自居而要求投降耳。設政府不接受，戰端將立即重開，可無問題。瞻念國步前途，曷勝殷憂！

4月21日　星期四

和談正式宣佈破裂，留京人員勢必來穗，因之，辦公與宿舍之籌租均成問題，適歐陽師長為此來商，乃一同發出視察可能租得之房屋，先至東山看劉紀文住宅，由劉夫婦親自招待，彼房屋及環境均合租作院長官邸，惜警衛不便，嗣再往石牌新院址視察，余當請歐陽注意，速建警衛住用之營房，否則治安既有問題，將無一個機關遷往也。回市區又另看了幾所新建住屋，均可租用。

枕上閱唐詩紀事消遣。

包惠僧來談，云頃晤張向華[9]總司令因論時局，張云敵人已至索命之時，尚隱居溪口，對於國事暗中操持，對內對外均欠光明，此言殊有理！

4月22日　星期五

來穗後，今午第一次在院洗了一次冷水澡，頗痛快。

戰端重起，於京中同仁之安全撤退問題，頗為耽

9　張發奎（1896-1980），字向華，廣東始興縣客家人。國軍上將。北伐、抗日卓有戰功。1949年任陸軍總司令，支持李宗仁。後定居香港，拒絕國共邀請。1972年赴台會見蔣氏父子。病逝香港，獲蔣褒獎。

心，蓋前此增派人員入京，余即反對，和談既無把握，而京中隨時有被中共擄去可能，何必多調人員以增加疏散時交通工具之負擔。

黃昏行街，得遇朱太太，與振常厚豐約往飲茶，閒談之下，得悉此間確有在尼庵宴客者，惟今日之女尼是否如昔花枝招展侑酒則未知云。

4 月 23 日　星期六

陳盛蘭與尤晴初為內政部裁併各機關遣散人員之經費如何籌發問題來商，余當謂最好一次發清，並望於四月底辦畢，款可飭庫撥出專戶存儲。當同往商松舟主計長，渠亦贊同余之主張，不過所顧慮者，即京院會通過之標準照三月份指數加二倍發三個月及每人旅費500 萬過低耳。將來難免不發生要求。

上午朱瑞華約請飲茶，午又是朱太太請便飯。

傍晚，得京訊，京中情勢萬分嚴重，而且極度混亂，是國軍已將撤守矣，北望京門，曷勝依依。如此政府早就應讓他人入京作主，念追隨政府 18 年，今又眼見再度淪陷，衷心至為難過！

疇五謂京中情形既混亂，致京電稿，應否照發，當與炯聲商可一律緩發，內有一稿，係倪電京請將余改為參事，[10] 因秘書名額已超出員額一名，不得不有此調整。

---

10 行政院之參事係高於秘書，有責撰擬、審核法規之職位。公務員分簡任、薦任、委任，參事享有簡任 13 職等待遇。

4月24日　星期日

院長副院長及一部同事來穗，余均未往機場迎接。首都陷後，心情極為不安定，雖例假亦整天蟄居在家，真不知何以如此沉重與不快。午後，勉強給雁寫一信，亦極感不妥，未發寄。

夜，天又炎熱，久不能眠，適振常儲有美酒，余飲一杯，一時萬感均集，真是舉杯消愁愁更愁！

竊思國事何以敗壞至此，其原因要不外（1）行憲太操切，人民本不夠水準，強之作主人，致國大代表立監委誰都可面責領袖，抨擊政府之無能，使領袖威望一落萬丈。夫國家之領袖應為偶像的崇拜，方使有威，今任何民意代表任意癡評，欲再望其發號施令統率文武百僚豈可得乎？（2）過分依賴美國，尤以整軍，一切仿效美式而國情不同，致未蒙改革其利而先受其害，再兼以指揮錯誤，致一敗不可收拾。至目前之政府，余以為應徹底改組成一簡化之軍政府，一切以軍事第一，重新佈署整理或尚有為。但事實上措施仍相反。政治仍龐大，軍事機關尤腐敗，所有不必要之四院仍舊，一樣為政府掣肘，猶如病人已入膏肓而拖一眾魔鬼隨行，其不同歸於盡不可得也！

4月25日　星期一

念祖回，前托換購美鈔僅換約27元，小頭13元未動，餘換成港幣44元，不惟未有好處，可謂尚虧折。退出南京如此之速，十八日航快寄仲西之美金八元不知收到否，渠已至滬候輪南來，對此未提，可能未收到該函，可見余時運之壞。

穗金管局局長周德偉來訪並報告近在穗執行情形甚詳，偶憶前晨幸未與瑞華等購買港紙，雖然，余實亦內疚也。

何敬之院長及少谷秘書長今日午後均來院辦公室，要公三件已獲解決，下值後，與少谷談大局及此次撤退南京情形事甚為詳盡，遠瞻國家前途，渠亦感嘆不已！兵既不能戰，而政治復如此一團糟，尚有何望！

4 月 26 日　星期二

托張希聖代匯常宅一點用費去，偏值近日匯兌困難，余悔管叔榮君前次返常未托他帶點金飾回家也。

松舟語我離滬買機票在此時局緊張下，亦有黑市，彼之少爺來穗，即用去黃金二兩始克登機云。

少谷為立委黃宇人在滬機場被扣事，與滬市府通電話，知滬上今日情況較昨天為緩和。

午後舉行次長會報，對於今後調整待遇事，改善辦法有新討論，仍不外發銀洋與照指數等方法，余意國庫既艱難，索興改按銀幣發給，不再細分官階，一律發國難薪，較為實在也。

未免常桃兩寓易手後麻煩起見，今日特請朱瑞華借我該公司信封信箋作函家中，告以改任該文化公司編輯，現職業已辭去云。

4 月 27 日　星期三

同學國大代表陳鑑波[11] 由滬飛此，今來訪，述及故都中共控制情形，自由大受限制，尤以待遇不足贍家，不問也。因之知識份子逃至滬上者約二、三千人云。又關於傅宜生〔作義〕[12] 之降共，初以為其部隊信仰渠深，不致解體，嗣由中共改編，由連長以上幾全撤換，渠受刺激而幾致得精神病。陳在傅部任縣長訓練，所云或可信。

4 月 28 日　星期四

謝仙庭[13] 院長請晚飯，來客有張知本部長，潘培敏、楊玉清兩次長，謝冠生秘書長，田雨時署長諸人，偶憶達文此時尚不知病狀如何？憶初入法訓所與余關係同，今司法各主管高級長官聚宴，余獲被邀參加，撫今追昔，不勝代彼感喟！

董載泰回，仲西對余款未交其帶來，殊使人懸念。

李永懋[14] 為民生公司借款 400 億事，今來邀同往見

11 陳鑑波（1911- ？），河北安平人。國大代表。冉鵬北京同學，行政院總體戰執委委員，曾在傅作義部任職。遷台後，任大學教授。著有《行政法學》多種。

12 傅作義（1895-1974），字宜生，山西榮河人。早年參與辛亥革命、北伐，任綏遠省主席，抗日五原大捷，備受嘉獎。內戰任華北剿共總司令，1949 年 1 月接受共軍改編，北平不戰而降。蔣介石日記載，1963 年 8 月傅密書「悉貢所能」四字與蔣聯繫。

13 謝瀛洲（1894-1972），字仙庭，廣東從化人。最高法院院長、法學家。留學巴黎大學獲法學博士。後任北大法學院院長，國大代表，台灣省政府秘書長。任台大、政大教授，司法院副院長。

14 李永懋（1903-1977），字愚生，四川合川人。立法委員。法政大學畢業，曾任職內政部、糧食部。1949 年參與廣州秘密「自由民主大同盟」為幹事。於台灣病故。

松舟，乃獲解決，作孚先生為此已焦灼三夜未眠，如再不獲成功，渠生命將斷送於此，言之殊哀惋！

又永懋語我炯聲之夫人各種穢史，可謂帷薄不修。前鑄秋為余言，初不之信，今果然！

4 月 29 日　星期五

許靜芸先生偕孝澤來為總統府請臨時費，當偕往見松舟，經商定先撥 50 億，僅及原請1／3，實在各機關幾無一不是請款租屋為其重心，舍此無業務與公事可言。

曹尊五即回長沙，特將為岳母、大姐及之珺所買之衣料及常宅家用款，特托其搭湘。另為姪孫購之奶粉二聽，則交張希聖君公司帶湘。

為受少谷及希聖之托為民眾公司向復興會要求補貼事，再往找逵羽，結果知會中困難不予補貼，實則人事未盡，中有人中途作梗。

晚為趕辦處理各處要錢案，至八時始獲散值，兼以天氣炎熱，真疲憊不堪。而粵省府為在滬搶購紗布事，等院電令，尤急於星火。

孫繼武來電問我彼應否來？並謂雁盼我歸。余與趙伯平商討，似未能代彼硬性作主，於余己身事，亦無法決定，徒歸無益也。

此間，郵電自今日起改收光洋，余查係並未奉命，與少谷松舟談及，均甚憤慨！

4月30日　星期六

李永懋來告，民生公司院借之400億，滬上已由公司向央行息借，此事徒勞無功。

教部吳俊升、翟桓兩次長來院要求經費，經面與少谷商定，陪同往主計處定期會商決定。

原擬今日召開臨時院會，又因劉攻芸[15]財長未到而改期。

晚，錢荔浦約吃臘菜，散值後，即前往。

15 劉攻芸（1900-1973），福建侯官人。央行總裁、財政部長。入上海聖約翰大學，轉美國留學，獲倫敦經濟學院雙博士學位。1949年不同意黃金美鈔運台灣、撥30萬美元給李宗仁赴美，為蔣不滿。離台赴新加坡，在新病逝。

1949 年 5 月（民國 38 年 5 月）

〔江南戰役潰敗，財政困局束手無策〕共軍渡江後，攻城略地，切斷浙贛線，佔領杭州、上海，國軍轉守舟山，華中白崇禧部，經張軫叛變，棄武漢而下長沙，力守粵漢路，據衡陽三月之久。宋希濂撤離湘西，常德空虛，程潛動搖，白部轉守廣西。何應欽辭閣揆，行政院財政危機。武職遣散三萬人。

5 月 1 日 星期日

例假，仍忙個不休，晨少谷來電話商公事，午飯後又來電話催辦美援會在滬船隻進出口問題公文辦妥未，當即查出委托同事速辦呈判。

下午四時臨時院會，渠又囑余參加，今日會中重要討論者厥為四月份公教人員指數之決定，外交方面報告，各國尚無承認中共跡象，不過政府一旦遷離大陸本土，國際上恐有更大影響。會後，陸續處理一些零星請款案件，均與龐松舟商決。

今日起已實行夏令時間，撥前一小時，驟行，頗感不便。

5 月 2 日 星期一

教部請經費四案，經約定於午後十時在主計處會同財部商討，當由教部瞿、吳兩次長率同各主管人員參加，均分別予以解決，惟疆土日仄，政府於學生之主副食等之廿餘萬人負擔，仍極重，如今後來者不拒，仍屬消極豢養，甚至反口斥罵政府，殊無意義而有害。

得薰兒來函，知達文[1]已於四月廿二日上午十時半（即農曆三月廿五日）逝世，值此時局與家中經濟情形，真不知何以善後！在達文一瞑可以萬事不管，而生者何以堪，五甥無一成年者，家雖有薄產又遠在陷區，數月來全由三兄一人支持，而彼自亦拮据萬分！雁近來信無法接濟，真不知如何辦。又達文服務司法界垂 18 年，一介清廉，今竟貧無以為殮，清官之不可為有如此！可勝浩嘆哉！

仲西回穗，於余委辦之件，竟完全帶回，頗慰！

克文來院，當與商談余之回家問題，渠意暫時歸亦無益，不如在此仍拖一個時期再看。

5月3日　星期二

得潘薰南函告知寶琛已以專員調部，當電告寶琛，一面函告。

少谷為民眾實業公司事，今又特請余往農復會找樊逵羽及蔡一鶚情商，彼等表示擬提出委員會討論。

夜，裁復各處來信，對於三姊一家今後之生活問題亦提出具體意見。

5月4日　星期三

列席院會，顧墨三[2]參謀長於各地軍事戰況作簡略

1 李啟慧（1902-1949），字達文，安徽太湖人。冉勺庭三姐夫，朝陽大學同學，1930 年法官考試及格入職法律界，至南京最高法院推事，與冉翳予育有三子二女。1948 年患胃癌，請准調湖南待命，回常德法院任職，4 月病逝。

2 顧祝同（1893-1987），字墨三，江蘇漣水人。參謀總長、

報告，但均在集中力量後撤。葉公超報告外交，邱吉爾為英艦事件曾親訪我鄭大使，明日英下院當有一場激烈辯論，美方亦將召集會議專門討論中國問題及政策云。

以關元計算公教人員薪水及保值辦法，今日院會通過準自五月起試辦。

鑄秋約余晚前往聊天，以細雨作罷。

王疇五以余體漸肥，特將其珍藏之風籐圈贈我一隻，云戴之可防中風。

5 月 5 日　星期四

今日補發七成薪，余得 1,400 萬元，午時疇五告奮勇代余往大街換港幣，誰知由 20 萬已狂升至 55 萬一元，渠未能作主買。入夜每元竟狂升至 100 萬元，當即與少谷松舟商量，政府不設法壓抑，立即使整個金融崩潰！經院長決定今晚六時半召集劉財長及松舟諸人商討。

軍事情形已惡劣，政治復一團糟，再加以金融如此混亂，誠所謂加速崩潰是也。

5 月 6 日　星期五

四月份薪發放時，僅值1／10，則公教人員自感困難，低級職員更無法存活，今日院中特召集次長會報討論辦法，經一再詳加商討，為臨時救濟及實惠及公務人

國防部長。曾任江蘇省主席、1946-1950 年陸軍總司令、陸軍一級上將。

員計，爰決定仿二三月份例，每人發膳食補助費港幣30元，公役每人20元，財長劉攻芸則以政府直接發外幣於政制及明令均不合，殊應考慮耳。於遣散人員則加發三個月，計港幣90元。

5月7日　星期六

希老之褒揚令，今日得朱孝澤查寄為總統府公報（38、1、28日），知已明令發表，其全文如下：

> 行政院參事孫希文性行忠清才識優裕。早歲留學東瀛參加革命，歷任廣東福建省府委員兼秘書長廳長，均有政績。嗣於抗戰期間長黔省民政慎選縣長，澄清吏治，安定後方，厥功尤著。近十年來任行政院參事，襄贊謨猷，整理法規，多所獻替。乃因積勞病逝，良深悼惜，應予明令褒揚，用彰忠藎。此令

憶希老物故後之眷屬安頓問題，余原主來此，嗣渠夫人主遷杭州，子濟中、女濟平均在杭市府工作，本望可苟安，不意杭州今失守，現全家不知逃往何處，思之焦灼！

昨日會報結果，少谷囑余前往主計處商洽技術問題，財部汪子年程大成尚有難色，梁仲栗大為不滿，聲色俱厲，時至今日，局面如此，實不應再掩耳盜鈴自欺欺人也！

5 月 8 日　星期日

瑞華夫婦本擬約請今日往遊荔枝灣，臨時又中止。

荔枝已上市，每港幣一元可購得二斤，但味微酸其色則鮮紅，今日應市漸多，一元已可購二斤半，余對此殊無特殊興味，不知前人何以如此酷嗜！

5 月 9 日　星期一

南京撤守，淞滬緊張，與政府有關及政府工作人員紛紛南來，今日古希、劍書及鼇芝[3]先後均來訪，除古希將眷安置桂林外，鼇芝、劍書眷均攜來，但詢及此間一切，又不禁為之後悔。

鑄秋約往商討前任庶務欲動用已移交之 5,000 元港幣事，余力主既專案移交新任，如前任正當合法之開支，應交新任辦理，此一 5,000 元公款，新任退回前任處理為違法，前任收用亦違法，鑄秋韙余言，並將余退彼之私章收下銷燬。

陶越參事語我，政府近擬申訴聯合國凡以暴力獲得之新政權聯合國應予否認，嗣請教於王亮老，渠意不可，因現政府十七年北伐亦係以武力得來也。

5 月 10 日　星期二

與少谷談大局，知政府免不了第二次遷移，彼時情

3　譚鼇芝（1906-1972），常德人。勺庭中學同學。總統府印鑄局印刷廠廠長。遷台後經營印刷廠，虧損結業，1972 年病逝。長子學泓，得勺庭信愛，赴美入紐約州立大學，曾參與保釣運動，妻謝美琳歷任紐約州眾議員。

景之狼狽，殊不堪設想。關於湘教界組織之民眾公司虧本請農復會貸款事，今日代少谷書函該會擔保，此事或已告一段落矣。

得雁佳電速余歸，一時於此歸的問題，頗費躊躇，現狀余既感憤懣，明知其無望，又焉用再拖，故決作計歸。

晚訪劉任夫[4]談頗久。並便探視仲西夫人。

5月11日　星期三

今日院會時，於政府消極的無限制收容流亡學生頗有異議，其餘通過經費案多起。

午後下組討論院會交議通電各省取締以銀元收費及拒使金圓券案，並討論武職人員遣散案，決定暫遣散30,000人。

最後討論各機關發薪問題，據國庫報告如照關元為計算標準，中央公教人員以23萬人計，每一關元以今日403萬牌價計，共應折發230萬億元金圓券，是任何印刷機無力生產此天文數字之鈔券，此外，論國家負擔尚有士兵400萬人，官佐50萬人，公費學生20餘萬人，技工工友十餘萬人，總共月需銀元1,200萬枚，據劉財長報告至少須裁減一半方可負擔。余料經濟崩潰，實已迫在眉睫，而偏安一隅之國家竟有如此龐大無限制之負荷，焉得不潰！

---

4 劉士毅（1886-1982），字任夫，江西都昌縣人。總統府上將參謀長。早年入保定軍校，討袁，留學日本軍校，北伐14軍參謀長、中央軍校教育長。

5 月 12 日　星期四

晨未起，任夫參軍長來訪，詢問為李德公佈置辦公室請經費事，余當告以准發港幣四萬元，極為歡欣，一時後，並自來取公文。

午後，臨時被五組請出席主持審查會，半小時而決，蓋主食費問題（海南增編保安旅）不發實物即發代金也。

午飯甫訖，少谷匆忙來，囑擬電稿，召集西、南各首長及議長來此商討金融糧食問題，因開會在邇電文亟需發出，故特為忙碌。

近日立法院復會，擁童院長冠賢[5]與倒童兩派短兵相接，潘朝英屬反童者，在會中復遭某立委攻擊渠曾向何敬公敲詐 15,000 元美金不遂因而反何。潘因之來找少谷欲收回原函，今日居然自京運來原卷中找出。少谷商於余，原函絕不能退回，少谷云助人為快樂之本，擬發表談話為之掩飾，藉以免影響何對于斌主教[6]之友誼，潘為天主教徒且在教廷獲得爵位，今竟以詐錢為人攻擊口實且牽及于主教。因之在穗教友亦群起而攻之，渠極感狼狽，聞不獨放棄倒童且已數夜未能安枕！憶此

5　童冠賢（1894-1981），河北張家口人。立法院長。留學日本、英美，北大教授。隨顧孟餘從政。1949 年 10 月辭立法院長。係李宗仁支持的第三勢力核心人物，未幾移民美國。終於加拿大。

6　于斌（1901-1978），黑龍江海倫縣人，天主教樞機，南京總教區總主教，隨國府遷台。1960 年主持輔仁大學在台復校並任校長。曾任國民大會主席，1969 年由教宗保祿六世榮升樞機。精通 11 國語言，為民國外交貢獻良多。1978 年於羅馬去世，全球 94 位樞機主教參與追思彌撒禮。

人於張岳軍先生任院長[7]時為天主教在滬設電臺事，曾一再來嚕嚦，結果雖勉獲特准，究以營利收入（政府限制不許營利）少而自動關閉，其人品之下，余早知悉。

5月13日　星期五

近日思歸心切，故時時為歸去打算，借王疇五之現洋20枚，今夜擬購買還他，以無伴，結果每元只需六元一港紙，亦未買還。

同事以五月份薪水不發，直有菜錢缺乏者，今日紛紛要求，爰由公將房屋修繕費先墊發四月份膳食補助費。以政府庫存情形，收支既不敷如此之鉅，不久定有如舊北京政府時代各機關發薪不出，全部變成災官！

5月14日　星期六

真夫[8]來訪，談甚久，於渠與余今後之出處問題，亦有詳細研討。隨那峰送車票來，更使余動歸思，至歸後又如何，余亦無遑計及。

午，應古希電話往鄂省銀行晤面，誰知憲兵司令部談靜仁、楊家書、曾子洪諸人均在，在京之一般舊雨，於是又復聚首。

四時，隨少谷往綏署開會，徐可亭、盧作孚二位對

7　張羣（1889-1990），字岳軍，四川華陽縣人。西南軍政長官。政學系元老，1947年任第九屆行政院長。任黨政、省市、外交要職無數，係蔣介石的重要幕僚。後任總統府秘書長。

8　張鎮，號真夫，常德人。廣州保衛戰之衛戍總司令部副總司令（李及蘭總司令）。黃埔一期，1940年起任憲兵司令。還都後任首都衛戍司令。和勺庭有20多年同鄉同學之誼，常相晤談時局與個人前途。

當前之財、經、糧三端頗有意見發表，而梁仲栗說話尤痛快。蓋今日再欲人民出糧，應該使人民知續戰之意義與其本身之利害！

5 月 15 日　星期日

雖例假，為準備明日開會各事，故依舊到班，且相當忙。

關於余告假事，少谷批囑緩一週再起程，一面請那峰函交部改期。

晚，無悝，閒步街頭，購得荔枝一斤歸。

5 月 16 日　星期一

午前列席湘桂二省糧食金融會議大會，聆湘桂二省代表報告地方近情甚詳。

三時，舉行分省討論，討論湘省問題，於糧食供應數額太大，而中央分文不付，所有應付之經費，自三月份起連金圓券均無，迫得人民使用銀元，中央尚誣湘省拒用金圓券。因此，湘省三代表筆漁、子航及黃甲怒吼了，詞嚴義正責問中央當局，最後始允先交50 萬銀元，勉告結束。

夜九時，討論桂省事，首由少谷說明白先生今日長途電話意旨，因此很少爭論，承認下半年度徵實徵借為徵一借半，散會時已至午夜矣。

5月17日　星期二

午前，又列席第二次大會，根據小組商討結果均順利通過。會後與伯球議長[9]討論湘局及眷屬安頓事甚久，渠亦贊成余不遷，實在余遷後無法生活也。

午後，舉行台省大會，陳辭修意力主維持台省現有制度，中央最好少出花樣，故亦無多大問題，惟台省代中央墊付之款達 3 萬餘億台幣，望中央請還甚急。

5月18日　星期三

午前舉行川康滇黔四省大會，由四川陳述地方苦況後，岳軍先生怒吼了，他認為過去一套老辦法不足以應今日之危局，國家至此地步，拿不出辦法來，就只有垮臺！憤慨已極！攻芸甚為受窘！

午後分組討論時，余則清理京中攜出各積案。

九時舉行院會，因特別戒嚴，討論至十二時，勉告散會，會後，敬之（何應欽）又約集首長在彼辦公室密談一小時始散。聞悉討論遷川問題云。

5月19日　星期四

昨日院會來不及討論之經費案，今日特召集會議繼續審查，各方索款太鉅，而劉攻芸部長亦不明示能負擔多少，致均感失望，尤以本月發薪問題，至今不

---

9 唐伯球（1891-1960），字以行，湖南桃源縣人，省參議會議長。力行工業救國，促建實業。內戰中倡湖南自保，與程潛合作投共。後任湖南政協副主席。其子唐鴻烈，趨父之路，在香港附共喬冠華，聯合 44 人通電「起義」。後任中共國務院參事。

決而且勉獲以關元折發港幣六角，亦尚不能定案，真是財長無能！

午後，川康滇黔各省小組會，四省提出對案甚多，財部無法接受而本身又無好辦法拿出來，故向育仁議長慷慨陳詞，中央如無好辦法，即覈實節流，則人民血汗換得之糧，決無法支持政府，並歷舉實例以說明。雖切中時弊，仍無結果而散。

5 月 20 日　星期五

唐明帆來告洞庭軍墾之困難與現狀。

午後，李德公召集各省來穗之議長及廳處長討論徵實問題，於世界大局與今日我國之關係有很詳細之剖示，於中央之管制亦多舉實例予以指責。

秦紹文語我離京時晤奇人劉某，指點南京必不能守，頃在穗又得晤劉某，云一月內將有某人出挽回大局，此人必獲外援，並云廣州定可守得住云，秦云迷信不足信，姑妄聽之！

夜，猶參加院中房屋分配之討論小組會。

5 月 21 日　星期六

得孫繼武十一日來信與華姪自長沙來信，知桃源最近尚安謐，頗慰。

院會討論監委招待費時，少谷當場並將我之顧慮各理由提出報告，謂此可發。對考委大法官本院政委及一般高級職員又如何？事實上又不得不援立委發給。午後，克文來商立委借薪疏散事，少谷感慨言曰，今日吾輩何嘗辦國家事，蓋猶為政府辦理治喪會中一名幹事而已！

夏夜無俚，開風扇讀「三國志魏志」消遣。

5月22日　星期日

例假，仍辦公，且與少谷商討要案。

晚與濟濤至紅棉酒家品茗。歸來，處理應了各事，蓋余既思歸家一行，不得不先有所準備也。

5月23日　星期一

致雁函，告以歸心已決，實則仍在徬徨，但念及夫婦情重，余何能不一歸耶？

列席田糧財經末次大會，因討論糧案問題，健生、百川、作孚、航琛諸先生均被邀參加，討論至八時仍無結果，交付審查了事。

古希與劉先雲請吃晚飯，席間，聞敘及鄂詩人《魚山集》第九卷之預言詩，歷述清末至今各史實，無一不驗亦大奇事。劉誦原詩，惜當時未予抄錄。云李德鄰先生僅當權三個月，今年八月大局方可好轉，不知能驗否，姑誌之。詩人姓熊名開元。

飯後，古希勉欲遊河，以戒嚴須午歸，故未一嚐艇子粥。

5月24日　星期二

午後四時繼續與少谷談商，余歸意已決，望彼同意，彼於萬分莫奈何之情形下，勉允余請求。

駁白為余茶點餞行於中美食廳。不僅不勝依依之感，實不知再會於何日於何地也，言之黯然！十點歸來，少谷召參加討論施政綱領草案，句斟字酌，直至午夜二時始竣事！

5 月 25 日　星期三

今日院會討論施政綱領又咬文嚼字一番，不過五人內閣合組之戰時體制，原則已通過，差可一新面目。

華臺長語我，穗滬電訊已斷，情勢甚惡劣，但另據鮑靜安〔行政院發言人〕告我，則尚可支持兩週，總之，頗念人懸惴也！

古希得知余明日起程消息後，今午特為余祖餞。少谷則再三叮嚀望余早回。

夜偕濟濤、疇五購買必帶物品。返院，猶將未了之公文一一處理。

5 月 26 日　星期四

臨行，各方猶不少來接洽者，最急人者，當余檢點行裝之際，陶彥威組主任來密談總務方面事，嘵嘵不休，余亦未便明言余即將離穗也。

疇五等極熱心，不僅為余幫助，清理行李，料理提早開午飯，又為余調車，親自送行。並懇切送余江西瓷碗四個，盛意可感。

自下午一時準時開車，車行尚速。

日日混過，今日在旅途中得靜賞暮色，不覺欣然。

同車之藍太太為余說亂離生活，為之淒然！

5月27日　星期五

正午12時半即到耒陽，停車竟達七小時之久，滿以為過衡陽更必誤點，不料午夜過衡時僅停一小時餘即繼續開行，可見亂時交通工具之時間，不能由人支配與預計也。

入夜，車上仍無燈，室小人多，兼以兒哭，令人極為心煩。自思此行為誰，歸家後，當與雁詳細算賬也。尤以在耒時僅食麵一碗，嗣以食物不潔，直餓至夜九時始買一碗素飯吃，亦不知車行至何站也。

5月28日　星期六　長沙

過株州滿以為車必耽誤甚大，事出意料，反無多滯，即繼續北開。至長沙竟誤一小時，始獲進站。

關於華姪工作事，余仍主回署，並付旅費，供其速行。

寶琛告我以應變計劃甚好，好在人犯已全疏通，責任極輕，隨時可以離開也。

澤楚來談，當先以筆漁所托事，渠夫人臥病醫院而兄近在酉陽被害，廳中事責又重，不勝其愁戚者！

寶琛語我，最近長沅公路上，寧鄉車站附近，有姜亞勉部劫車，手錶水筆及現金在所需要，華姪當為余準備包藏一切，以防意外。吁，行路難，余今日深深感覺矣！

5 月 29 日　星期日

清晨，華姪送我至東站，甫上車即開行，誰知第一次過渡〔湘江〕即遇軍車太多而延至正午十二時方得渡。

午後三時到寧鄉阻水，車不得過，乃乘划子至寧鄉車站。猛憶寶琛昨夜之語，心怦怦然，適遇王植卿亦被阻於此，多一友伴，膽為之壯，且站上有駐軍，料亦無礙。正御行裝，有聯運車揚言開常德，乃心為之動，乃思可先到，計亦良佳。爰另出票身上車西行，誰知不到益陽車站又遇水阻，車不得行，而天又晚，桃花江大水氾濫，同車客人有冒險渡江者，余得悉今天淹斃過渡者 11 人消息，為之心悸，乃決定即宿於之小飯舖內。

此行，深感旅途之苦，余為誰耶！遙憶在穗個人生活之自在，真不堪比矣。

5 月 30 日　星期一

阻水於桃花江，而美人杳不可尋，旅中苦悶，更可想知。延直午後四時，始退水，車勉得渡。

與植卿在小飯舖用膳，並自備肉一斤，縱談回家後之生計，不禁迷惘。

過江住德勝旅社，聆桃源王君等新自共區逃歸，為述解放區各種近狀甚詳。

5 月 31 日　星期二

天明即起，水已大退，急忙僱小舟過渡至停車處，見候車人均在，站上負責人未到，致遲至八時始開車，中途散兵欲攀車者，頗有咒罵聲。處處所見，足見政府主管機關辦理不善。

沅水亦大漲，於大雨中過渡，頗為狼狽。既到家，心已大慰。

藹如、少棠知余回，紛來問訊。余感身倦，故睡甚早。

1949 年 6 月（民國 38 年 6 月）

〔**剪不斷理還亂，隻身告別常德桃源**〕李白策劃粵桂聯防，保衛廣州，台北蔣介石另有腹案。立法院高票通過閻錫山組閣。行政院要求各部門疏散三分之二，優留重要主管，准予攜眷。湘局緊張，勺庭獲秘書長黃少谷准回鄉行，常桃親友反對他滯湘。流連四十天，一籌莫展，體驗戰亂民情苦況，終於忠孝兩難，永別故鄉。

6 月 1 日　星期三　桃源

今日為舊曆端節，常城習慣仍頗重視，開桃之輪船亦停駛，致無法上桃。

在家過節，並約植卿、沛荇及藹如夫婦來同度佳節，不過受時局影響，人們心理上均感覺不快與自然耳。

晚飯後與三哥訪少棠，適彼在家陪客打牌，乃往天聲戲院看文華班白蛇傳應景之本地劇。三哥多年不睹此，今夜亦伴余。

華姪媳欲隨江百揆夫婦赴渝，以大哥川資未寄到，特與三哥商量，由三哥先付光洋 20 元。

6 月 2 日　星期四

昨前兩夜沒睡好，致余今晨不知醒，嗣被女工催起，忙趕至河邊，幸輪船尚未啟掟，約隔一小時餘始開，又因水大，抵桃時已是午後三時餘矣。

才別百天的桃源，今朝歸來，一切如舊，而人們則莫不心情沉重萬分，適王其柱請家人吃晚飯，余臨時被約參加。

6月3日　星期五

冒雨回看梁議長，暢談頗久，於當前之幣制紊亂情形，問詢極詳。

親友知余歸，均紛紛來問訊，並告余地方一切痛苦，一言以蔽之，戰爭之禍而已。

6月4日　星期六

風雨連朝，氣候為之陰寒，溽暑得此，人雖好過而大水殊為害匪淺也。

回桃又重聲請身份證，並為家人均重填。

悅弟夫婦約吃飯後，適宋縣長[1]轉來疇五今日自穗來電，云閻百川繼任院長並詢余何日回穗？老友關心令人心感！

6月5日　星期日

回家後，無所謂例假，惟連朝淫雨不停，令人悶極。今日猶下個不住，幸之蘭夫婦約去玩了一天，彼住前西街，為新屋，較清靜也。

顏副議長昌隆與昭宜[2]來訪，余力勸顏下省出席會

1 宋旭，字靜山。原在東北任職，遭共軍俘釋回鄉，1949 年夏出任桃源縣長。7 月，共軍佔領桃源，宋旭逃匿外縣，復被緝捕押回桃源，「被公開槍斃」（作家周立波孫女周仰之記）。

2 楊昭宜，女，桃源中學校長，畢業於北平中國大學，1943 任校長。抗戰勝利後，改名為桃源縣立初中、繼任校長。勺庭長女懋荃入讀桃中。現校名為桃源第一中學。勺庭 1951 年日記載，友人告知傳桃中校長楊昭宜被害。

議，於桃邑之目前困難與人民痛苦，尤望其陳述與力爭請求解決。不過交通為大水所阻，彼是否能成行，殊難料耳。

歸來即擁被而臥，睡極甜。

6 月 6 日　星期一

經再三考慮，決定暫不去穗，經即快函趙伯平、王疇五等代為續假。並告以常桃近況。

繼武約吃晚飯，去甚早，街上已有部分為水淹，植卿家即因此不能不上樓，余往新碼頭觀水，只見汪洋洪水，奔騰下瀉，不知淹沒幾許禾苗與屋宇，兵燹已不堪，何能再蒙水災！

繼武出示昨日本縣大中日報云余疏散來桃，忽接院電促歸，可見政府將死守廣州云云，真是完全臆造，此時惟恐入山不深，今該報登此，殊令人氣惱，實則桃邑太小，余歸誰不知？不登報亦等於登報，何況無惡意耶？笑置之。

6 月 7 日　星期二

孫繼武約請晚飯，以阻水，立伯、是鍔在鄉未能趕到，即之蘭亦以上橋隔水未至，頗為寥落。

本擬今日下常，河水太大，輪船停班。作罷。

老友莫文德來訪，知其鄉不靖懼匪勒索，避居來城，實則亦有廿二年不晤面矣。

6月8日　星期三

宋縣長與梁議長來約共往訪劉師長光宇，[3] 談常桃一切駐軍及補給問題甚久。

立伯與是鍔約吃午飯，並遇沛荇夫婦約吃晚飯以酒醉，任何東西未吃。

6月9日　星期四

天晴，而河水仍暴漲，余往河干觀水，見河面上下滿是樹木屋具之屬隨水漂流，不可勝計，並據人告，有撈到整棟屋宇者，其門牌為安江。可見為安江山洪爆發無疑。

遇鍾逢鍔君，話舊已25年不見，蓋自中學畢業後即未相逢也。

殷本懋[4] 偕劉師長光宇來訪，閒話政府幣制甚久。嗣之蘭一再派人來接，當往晚飯，並正式為之珩介紹王是鍔君之為人。

得疇五來信，知對於往穗車票事備妥，並告我院中現況。

6月10日　星期五

沅水已大落，人心為之一安。

---

3 劉光宇（1912-1994）湖南澧縣人。陸軍大學將官班畢業。抗日戰爭參與湘西會戰，升19師師長、100軍中將副軍長，駐紮常德桃源。程潛投共後，率部與共軍苦戰，敗退雲南，經海口，抵達台灣，受蔣介石三次召見，病逝台北。

4 殷本懋，桃源人，原任國民黨桃源黨部書記長，1948年任桃源縣長。後入100軍任政工處長，10月在廣州曾與勺庭相會。

今日特偕是鍔在仙妹家盤桓一整天。飯後商及余之問題，渠等仍贊成余離桃也。

夜，雁偷窺黃色書刊，頗擾余清夢。

6 月 11 日　星期六

宋三姐夫婉約吃晚飯，一時臨時參加真卿諸人，竟有兩桌之多，幸駐軍移走一部分，否則真無法容納。

真卿昨自常來，云常城秩序不佳，李志成宅荷槍軍人往劫，論名望彼隨鐵崖一科長而已，而弄錢之聲名則頗大，故遭人覬覦。

夜與周愛典閒話，恨未多帶西藥歸。

6 月 12 日　星期日

在桃平日消息已多阻礙，此次阻水，更覺閉塞，偶爾傳來一謠言，余當判明其不確，倒是耳不聞心不煩。

桃邑地小，無一正當娛樂場所，故每日在各親友處玩鬧外，無一出處。今日又在之蘭家玩了一天。

6 月 13 日　星期一

是鍔父子今日正式宴請介紹人，為向皇甫之珩求婚，因之在士誠家又鬧了一個下午。

雁又因感冒而病，特請真卿來診，入夜服藥後大汗不止，實則此次受涼由於余之疏忽也。

6 月 14 日　星期二

得炯聲來電催余歸，余寒電當日可到，可謂快矣，余以政府前途，即余去亦感苦悶，不能不再三考慮，故未即作復。

晚，因正式代是鍔求婚，與趙蓉卿姐同登之珩府拜訪，又被留款待晚飯。

6月15日　星期三

龍庚三先生來談，適正出外理髮，當往邀真卿，又遇彭百川自鄉來，並約士誠來家陪龍。

午後，仙妹等來，又鬧了一個下午，晚飯後始辭去。

昌銘與其昌來談甚久，外傳昌銘昨晨因婚姻問題服毒之說，知為一時衝動。

6月16日　星期四

昌銘為余借來「中共人物群像」，所寫各人均不翔實，且多已故者，足資消遣而已。

整天陪雁在家養病，此為回桃後最清閒之一日。解寂寞者，之珺不時來談天而已。

6月17日　星期五

是鍔與之珩依余選擇之日期，於今日在民眾食堂訂婚，因王皇兩姓在桃均係大族，故雖不普遍邀請，亦到賓客百餘人。

晚，之蘭岳芳等又發起為余餞行，一桌坐主客十七人，余既未決定成行，又何送行之有，無非假借題目，熱鬧一番而已。

6 月 18 日　星期六　常德

與王真卿下常德，不意輪船應差而停駛，乃過河擬搭汽車，得知阻水亦停開，當探詢川湘及湘黔公路行車情形，知仍暢通，且可逕售龍潭[5]通車票，東售晃縣通車票。

候二時餘，無來車跡象，乃渡河返家，於渡船中遇販魚苗者十餘人，知其魚苗來自湘潭，每一萬頭獲穀六石，所獲有限，且極辛苦，而漁食須以鹹鴨蛋黃充之，尤為余所未聞。

下午之蘭等來，又為之珩之婚期問題大開玩笑。

6 月 19 日　星期日

帶回之兩打畫片，雁恐為孩子們所見，發生笑話，爰即時焚卻。

午與真卿結伴下常，誰知候輪船開，竟候至三小時之久，頗令人不耐。到常後則三哥又已偕薰兒上桃。當邀藹如、少棠來家談甚久，知常城及鄉下兵禍尤為嚴重。

6 月 20 日　星期一

清晨心文姪伴送往趕輪船回桃，不料輪船又已開行，旋渡河至南站搭車，以阻隔二公里水，遲至十時始

5　位於酉陽縣之東的龍潭古鎮，山清水秀，人口 5 萬餘。有近二千年歷史，500 餘古民居，280 座四合院。抗戰時期成為國民政府金融、紡織、汽車、軍工的搬遷地，人口增為十萬。龍潭是冉鵬祖籍之地，現已隨酉陽、秀山劃歸直轄市重慶管轄。

開，到桃邑已正午矣。途中檢查二次，亦可見出門之難。區區幾十公里，而竟如此困難。

三哥[6]課長事，余決定贊成他就，並請岳芳代為紹介。

夜伴雁看京戲《紅娘》，桃邑有此演出，已屬難能！

6月21日　星期二

回桃後，簡直無正當娛樂，每天僅以紙牌消遣，因在外工作邑人均回而四鄉又不靖，均紛紛遷居縣城，故均感閒散與人多，故一聚即達三桌之多。

岳母昨晚看戲歸，忽被蛇咬，今日請一蛇醫來，為之畫符水，敷草藥，入晚果不痛，腫亦漸消。

6月22日　星期三

昨晚得叔增與疇五來電，知余六日快信已收到，並告余遷移期尚未定，盼余即回。

皇甫昌銘與姚女士今日訂婚，男方特請余為證明人，因在家舉行，未有若何儀式，僅請本家戚友，約三桌客而已。

---

6 冉啟賡（1893-1969），字揚廷。勺庭之胞兄（勺庭三兄弟，尚有大兄輔廷）。時入桃源縣稅捐處任課長，政府解散，揚廷乃攜婦下鄉務農，度過土改。文革中以「歷史反革命」之名被鬥爭，不堪折磨自溺田窪而死，兄嫂亦自縊而終。揚廷留有二子，懋莊、懋蔭（字心文）。

6 月 23 日　星期四

疇五又來電告余續假已簽准，並奉批催速歸云云。

何姨媽請便飯，歸後，皇甫長青來談，據雁與之瓊語我，伊為皇家女子中最能幹之人！

6 月 24 日　星期五

疇五又來電告在穗眷屬可用機送渝。[7]

昌鑫約往他家玩，一混就是一大半天。

6 月 25 日　星期六

偕雁往桃中參觀其校舍落成禮，在一個小邑之縣立初中，能有規模宏大之校舍建築，殊為難得，而昭宜之苦心經營亦可想見。

午後參觀該校運動會，並看荃兒推鉛球比賽。

夜，不待堂會之京戲之演完，乃攜雁先歸。

6 月 26 日　星期日

今日無事，在家與遂悅其柱玩紙牌一天。

6 月 27 日　星期一

內堂弟道熾今日約吃晚飯，連日天雨，真使人悶損，亦只好去消磨半天。彼家雖在城，實等於住鄉環境，殆與鄉間無異。

7　行政院 1949 年 6 月，為穩定軍心，允諾政府遷移，高級部屬可以攜眷乘飛機隨行。

余為昌銘證明訂婚之姚小姐，今在道熾處由昌銘引見，年齡才十八耳。

6月28日　星期二

宋靜山縣長為十九師劉師長餞行，特約地方首長作陪，余亦被邀列為第二主客。席間於該師住雲岳鄉開拔時之強桃谷米與拉壯丁，亦有談及，劉認為亦為事實，不過彼認為鄉保避不見面為主要原因。

殷本懋語我100軍約彼任政工處長，彼遲疑不決，問教於余，余云最好靜居一個時期。蓋余輩既非軍人出身，不宜幹此工作也。

6月29日　星期三

三哥自常來到差，並下榻稅捐處。

馮本桂來，雁以家中招待內親與女客留彼晚飯不便，而馮旁觀紙牌興又濃，雁為之著急，余戲謂雁不喜歡馮家人，彼亦付之一笑。

郭最元夫婦於抗戰時雁避住他家極盡照護，此次彼夫婦同來桃邑，不可不略備便飯招待。

6月30日　星期四

內姪乃香又請吃晚飯，一面為縣田糧處簡處長餞行，余以晚到，頗受諷刺，因之多喝幾杯致歉。

馮本桂同學昨天來，空坐一些時而去，今天又來，適真卿亦自省歸，當款留晚飯始辭去。

1949 年 7 月（民國 38 年 7 月）

〔**蔣桂戰略分歧，戰鬥內閣之困擾**〕閻錫山將軍以戰鬥姿態組閣，中央財錢拮据，資源在台灣，各省離心。蔣介石組建國民黨非常委員會，欲統軍政大權。蔣和桂粵將領缺乏信任：李白決意穩定華南；蔣則以鞏固台灣為重。內閣內外交困。調整待遇，僧多粥少，支出達收入三倍。策劃金圓券改銀元券，亦難啟行……冉鵬洞悉決策內部困擾。

7 月 1 日　星期五　桃源

王其材夫婦約吃晚飯，全家均往，室小人多，潮濕又特重，頗感擠悶。

今日假滿，與雁商決，仍往穗一行，在家亦甚感苦悶也。

7 月 2 日　星期六

真卿又來談，並為雁送 Duraciliu in oil (i. c. c.) 藥針來，又留待玩了一下午。

殷本懋與張善繼共請晚飯，飯後，即歸。

劉其昌君來為轉學湖大事相托。

7 月 3 日　星期日

真卿來談，並為三哥送保證書來，旋應王沛荇夫婦之邀約，往彼家，一玩又是一整天。

晚，正式決定明天起程，並與三哥岳母討論一切，並要周愛典君開藥單便中好在穗代購。

7月4日　星期一

本擬今日離桃起程赴穗，而真卿早即來留多住一天，並謂在常既須耽擱一天，明晨坐汽車下常於我原定計劃無違，旋即由道悅[1]與其代購妥明晨汽車票至此，決定明日走。

真卿所賃屋在西寺坪雖屬購實等鄉屋，風景頗美，彼餉余等以盛大之擂茶，晚飯又是盛謂，頗令人不安。

玩了幾天，頗感疲勞，歸來即睡。

7月5日　星期二

晨，由周愛典君與悅弟送余過河，上車即開，客僅三人，不啻專車一部。在車上滿以為如到常早可趕上開長客車時，當逕換車，不意仍阻水，不能進站，一再換乘小船二次始到站，知長沙班車已早開，爰購妥明晨車票始返家。

次過常均來去匆匆，未及訪候璵舅，[2]故到家即囑文姪〔懋蔭〕探詢璵舅未進城，乃偕藹如雇小艇直往柳葉湖，舟行稻田上，感水災之重，殊為珍念！

璵舅夫婦殷勤留飯，並得晤及述初之母及竟成之父。談鄉間疾苦極久。兵災水災情形甚為嚴重。桃妹體

1　皇甫道悅（1915-1993），桃源人，皇甫道安胞弟。原在長沙任公司小職員，1948 年時局不靖，家有田產，不愁生計，便攜妻兒五口回到桃源三陽港守業事親。道悅生性溫厚，下田勞作，與佃農和睦相處。1951 年土改狂暴，逆來順受，其母（勺庭岳母）被鬥投水自盡，未能防止，有倖救活道安姐於師古潭之自溺。其後一家忍辱負重作賤民三十年，四子女自小失學務農，艱苦備嚐。

2　即戴子璵。勺庭這次過常德拜訪璵舅，亦會見其女桃本，無限感慨。詳見 2 月註。

仍健潑而其夫婿姜輔弼則仍瘦病可憐，悵觸廿年前情，真使人無限感慨！

於夕陽中返棹回城，情景幾置身於玄武湖上矣！到家後，命薰兒請澗泉來坐談，余詢問彼穗中一切，因渠甫由穗疏散回籍也。

於三姐之子女安頓問題，余主清靜二女甥[3]隨彭婠宸校長此次上永順住省立八師，大甥〔成之〕暑中隨么妹[4]往石門就讀。

7 月 6 日　星期三　長沙

晨，由文婭與薰兒送余至南站上車，臨時換車胎，延至九時半始開行，出站即經水而過，約半華里之遠水深二尺餘，頗險也。

車行甚速，一時即達益陽站午飯，回憶五月 30 日在益阻水情形，其遲速情形，誠不可同日而語矣。

離寧鄉卅華里，車又拋錨，耽誤一小時，始繼續開行，因姜部已攢跑，客心甚靜。五時即安抵長沙，一天車行，晚飯後，洗了澡，又恢復了疲勞。

與寶琛暢敘一切，至午夜十二時，始就寢。

3 李清之、李靜之，常德人，勺庭三姐冉翳予（1904-1981）之女。大女婿任周恩來專機組長，民航總局顧問。二女靜之從事近代史研究。大甥李成之已故世。

4 冉愚安（1909-1979），常德人。勺庭的胞妹。小學教師。丈夫覃道忠（1902-1967），湖南石門人，石門中學教導主任，曾劃右派，死於勞改中。有子覃業遠，曾任職貴州都勻話劇團。

7月7日　星期四

晨，承賀主任代余將車票交涉妥，故決定仍車行，坐飛機來往電報需時，不如即坐車。

往財廳訪龔澤楚托省銀行代余發一電致院中報告已至長沙即回穗。旋往訪竹君瑟濤，嗣訪郁本則知已於今日回常。

與寶琛納涼閒話在桃鄉釣魚捕鴂等之農家樂趣，令人頓萌回桃之念，自念年逾不惑而童心如此不泯，亦復好笑！余能任性歸耶，不顧親友恥笑耶？

7月8日　星期五

晨由賀君送車，本應於九時開出之快車，以今日開始整頓軍人無票乘車，延誤六小時，至下午三時開始行，過株洲又停二小時，入午夜始達衡陽。在衡停誤若干時，余已入夢鄉矣。

7月9日　星期六

今日天氣，較昨尤熱，車停時更感窒熱，幸沿途行車尚安全。余坐頭等臥鋪，不覺擠，三等則擁，尤以公車頂坐走私者，以查票嚴，此等人貨均須補票。值此烈日之下，整天踞坐車頂，雖為利，實不啻以生命換取，殊堪憐憫！

余出門從不遺失或丟失東西，過長沙忘帶新洗澡毛巾，車過衡陽，雁早勸棄置之布鞋乙雙，黑夜中不識為何人誤攜走。

7 月 10 日　星期日　廣州

黎明車抵達廣州東站，沿途以所因幣制有異，下車僅餘囊昔帶回家之港紙二角，光洋又無處換。只得花一角搭公共汽車，下車後攜行李步行返院。

到院浴盆有現存清水，當即洗澡，二天在車上之塵熱與勞頓至此為之一爽。

午後，朱瑞華為余洗塵請逛荔枝灣，在海角紅樓茗坐甚久，回憶三天前猶泛舟柳葉湖訪戴珙舅，三天後竟置身荔枝灣頭，幾令人恍疑似夢。

歸來便訪關佩恒[5]學長，談大局甚久，渠現任蒙委會委員長。

自閻出長本院，雖例假，午前亦辦公，故得機謁賈倪[6]正副秘書長報告湘西近況。

電雁告以平安抵穗。

7 月 11 日　星期一

今日即開始工作，而一如舊昔事多。抽暇給岳母一長函告以時局與擬接雁來穗意旨。

暑期辦公時間，午後改自四時至七時，並臨時參加修正院內編制案討論會。

與冼厚望科長及孫濟濤上街購買各零用物品，知較

5　關吉玉（1899-1975），字佩恆，滿族，與勺庭同入朝陽大學，後留學德國。任糧食部長，當選國大代表、任蒙藏委員會委員長、財長兼央行總裁。與勺庭業務交往多。遷台後任國策顧問、考試院秘書長，政治大學教授。

6　即閻錫山內閣正副秘書長賈景德與倪炯聲，賈倪二位是勺庭的直接上司。

余抵穗之物價幾均漲一倍。

7月12日　星期二

閻院長按時到院，八時即主持院中事務改進會報並囑各主管核計劃及經費均須覆實，切忌討價還價。此公真可謂宵旰勤勞矣。

午後出席次長會報擴大疏運會議，討論內容幾均為官僚自己打算問題，甚至有人謂眷屬疏運至渝而其夫留穗設時間過長有乖人倫，似亦應考慮云云，真堪噴飯，彼直忘政府已在危亡中掙扎矣！此次大規模疏運眷屬，余真反對，徒為官吏樹立一特殊階級，大失民心，後果不堪設想者！

夜又給雁一長信，望她一人先來穗，事實上，又恐不會來也。

7月13日　星期三

晨未起，賈秘書長即找商公事。

為湘省五萬元水災振款，欲於明晨飛機帶長沙，當奔走了一大半天始獲成功，救災如救火，本人飢如己飢之心理，余迨至晚，方進膳也。

7月14日　星期四

自回穗後，異常感覺落寞，不知何故，不似以前工作情緒好。

蔣先生今突到穗，午前，並到院，今後大局轉變恐有新方向，能否扭轉頹勢，國人寄予最大希望。

晚為饒振常[7]祖餞，又約往瑞華家玩了一大半夜。

7 月 15 日　星期五

越是離不開雁，她愈來信惹我，使人情牽。

振常今日飛台，余遷居他屋，生活始稍安定，蓋到院數月，住處始終未獲滿意解決也。

秘書長赴湘宣慰湘災，今日仍未歸，因之，許多要案待理，尤以請款案，過去為渠所核准，現財部查詢是否閣所親批始允撥款。

7 月 16 日　星期六

復雁一函，仍望伊來穗小住。

得訊，宜昌與寶雞均撤守，贛州亦有陷落訊，似此軍事上無把握，大局前途望其好轉，殊難。

王科長介一偶拾商人牙慧即據以作密報而閣批交組查，似此無常識之情報，不應多事也。

整日得暇即閱陳布雷回憶錄，雖係私人生活筆記，以其扈從領袖多年，於政治上之個中實情，獲知不少。此種紀實文字，甫於其逝世不久即予印行，於當今在政治上之黨人，頗有不利。如直書汪荻浪[8]之不學，「敵乎，友乎」一文為其所作而以道鄰之名發表，於汪、徐均有影響。汪名日章，浙人，過去曾任本院簡秘。

---

7 饒振常（1907- ？），湖南湘潭人，行政院參議，簡任秘書，中央銀行秘書、台灣銀行主秘。其書法作品，常在大陸拍賣行出現。

8 汪日章（1905-1992），浙江奉化人。巴黎美術學院畢業。1933 年進入蔣介石侍從室，復任行政院簡任參事，1947-1949 任杭州國立西湖藝專校長。著有回憶蔣宋文章。

7月17日　星期日

例假，上午辦公，居然仍有不少的事。

午後，即感覺無俚，往何處去？天氣又熱，真不知何以消遣。設雁在此，可帶她到處遊遊，一個人真是沒趣。

報載宜沙失守，軍隊仍不能撐住，戡建前途，真不敢樂觀。

7月18日　星期一

九時，參加救災審查會後，旋列席75次院會，聞徐可亭先生報告統籌收支情形甚詳。並謂在渠任內於軍費及公教人員俸薪決不欠發一文，可謂負責之財長矣。

院長指示除軍費外，所有政務費每月不得少於九百萬元，因之龐主計長遂將政費每月需要之大致情形報告。關於公教人員待遇基數以20元計，最高以64元計，現有公教人員14餘萬人，警察與技工約六萬餘人，公役5萬人，共約26萬人。至少月需640萬元，如覈實以八折計亦需480萬元，要求增為一千萬元，以便支配，當由院長認可。惟待遇牽涉到武職人員，張岳軍、徐向辰兩委員均力爭，秦紹文次長與顧墨三總長亦均報告，准尉僅有八元，上將才25元，與文職未免太懸殊。朱騮先副院長原尚以主計長所擬之標準嫌低不足養廉，因之亦無話說。結果由主計長再詳加研究，余在院亦數度承辦調整待遇案，國家財力既有限，委實無法兼顧文武人員最低生活也！

關於蔣總裁此次飛菲與季里諾總統商定之防共聯

盟，雖報經本日院會接受，飭主管部迅速進行，然葉代部長公超之報告則以菲總統所宣傳者與我要求者不符（軍事同盟菲因與美有盟約關係不願簽訂，只允經濟與文化之合作），而韓國之反應，更為冷淡，殊為可慮也。

晚，華姪來坐談甚久。

7 月 19 日　星期二

毓蘭語我，李煥之[9] 參事告他，自京滬撤守後，陳立夫對國家前途毫無信心，悲觀較李尤甚，李為陳之親近，此言當不誣。

晚，與唐勳南監委在真夫司令家便飯，縱談湘局，大軍雲集，湘民負擔奇重而湘人不能自主，且同時〔室〕操戈，蕭作霖、鄧介松等居然亦在湘潭「頓桿子」即上山落草之謂，令人扼腕！

同事阮席珍知鐵板數，今日特為余推算如下：

丙午庚寅庚子丁丑得家人之大畜卦。得數
6749 先無慈母縫針線惟有嚴親在後歸
實在先母於民十二年六月廿八日逝世，先父同年秋節日棄養
3243 兄弟四人易數先祥余弟兄雖有四人而四哥敬亭於民九年逝世，以壬寅正月初七知二哥早年不育。
7373 兄弟四人數存一貴
殆指余歟？一平凡之簡任官耳。
8187 結髮未從偕老願還言錦帳續鴛鴦

9　李煥之（1917-2000），行政院參事，遞補江蘇省立法委員，勺庭戲稱其為「CC 門神」。

髮妻陳寬彣女士於民國十六年三月廿一在平結婚，廿一年逝於北平，廿三年始與雁在常結婚。
12069 妻命宜配小方可到白頭
雁小余兩歲，寬彣則與余同庚。
7882 命有貴子前生注定
擅命理者，均云華兒芹兒命不凡，豈指此二子歟！
9095 數有五子四子送終
蒓兒 34 年隨雁回川，夭殤於沅陵途次，年僅四齡，現僅薰華芹莘四兒，且雁生莘兒後已施紮管手術，當不至再生育。
4504 敏而好學有資有久
余豈敢云此！
7663 賦性純和遵矩度
不誣
8362 忠厚立心天賦其性
余平生確如此。
4715 雖然未遂青雲志終須國學列諸生
豈異日有著作耶？
2074 願言孔孟師青雲有期
所言極泛。
8134 顧後光前非俗子，少年容易占高科
民十九應中央法官考試名列第五，民廿應第一屆高考名列第三。此語恰驗。
7921 運籌帷幄妙極惟精
余豈敢。
1540 官至布政恩沐萬民
官職與現不侔，亦無法相比。
7636 田連阡陌家業興隆
余服官迄今十有八載，仍兩袖清風。
6794 防禦之職數由前定
此職不知何職？毓蘭戲謂將作省主席。一笑。
2165 所型正大鄉人之導儀
現時尚未敢必。
7061「休嗟榮辱生平事，老景安閒逸興高」！
但願有此一日。

9597「有祿有財過晚景，無憂無慮樂昇平」
但願如此！
9279 若問陽年何日止，七旬加五是歸期。

出席院中事務會報，通過總值日及公開意見兩辦法，實亦無關宏旨。

7月20日　星期三

列席下午 76 次院會，於調整公教人員待遇案，院長堅持須俟對武職人員待遇有辦法後再決定，結果原案保留，按原案最低 20 元，最高 64 元，余可得 54 元。但武職人員依六月份標準，上將亦僅 25 元，連其他貼支共約 31 元，院長所主張甚是。

關於加給教授研究費，陳立夫、朱家驊、杭立武三氏均力爭提高，而萬委員鴻圖則抨擊甚力，渠以為政府今日之糟，大學教授實應負其責任，不僅平日攻訐政府，並公然為中共張目以至投降中共。院長指示過去錯誤甚多，今後應重擬改革教育政策。

以散會時已八時半，院長所提之「扭轉時局案」未及討論。

7月21日　星期四

今日得暇，以雁之生庚請阮君席珍排算鐵板數，許多阿諛詞句，固無關宏旨，而斷然說其應配丙午生庚之夫並須為余作繼室，則不能不使余驚奇。言其壽可八十，則較余尚多活五歲，設他日果有此一天，亦殊有趣，值此逃難心情之際，爰寄她以博幻想之安慰。

紀綱不振，貪污盛行，寄谷謂由於待遇低所致。余則謂全由於首長與辦事務者之互相作奸，即以此次擬議之待遇調整，特任官亦僅64銀元，衡其平日生活，何能夠用？無已則必私用一一出之於公，非貪污而何。又以本院代理庶務科長俞家璋拐公款港幣三千餘元赴港，明言不願回院辦交代，並云用公家此區區豈應追究？彼為首長代付公館費用當不止十百倍於此數。奇者，院中仍予以諮議局月支薪焉，非投鼠忌器而何！閻先生以扭轉時局為己任，以澄清吏治為號召，其親所領導之本院而無決心整肅，其失敗無疑。

附錄雁之鐵板數如下：

5077 3267 7894 10673 8139 7882 9697 10435 8528 6729 2614 7843 1416 7948 2134 7226 3775 1204 3426 7203。

7月22日　星期五

為彌補政府赤字預算，今日特由院公佈鹽稅改從量計徵，並趕發新聞，故余甚忙。

主計處在渝租得六十餘間房屋，需款一萬餘銀元，秘書長嫌多，囑余詳加審核，並云主計處為核減一切機關請款案件，今如自身不覈實，將何以服眾！余允詳查現有職員人數與主計處自擬之在渝租費標準再行核定。

天熱，懶得出門，在家閱明方鵬著責備餘談，摭評史實，頗多卓識。

與馭白在涼臺閒話，知阮君為排之鐵板數，言其妻命當為己酉，排其妻命謂夫命當為甲辰，亦大奇事。夫全數自一千號至一萬三千號止，縱命記憶亦難，書云邵康節著，則不能無疑，異日當考證。

7 月 23 日　星期六

晨參加 77 次院會，靜聆討論扭轉時局案財政章，曾有激烈辯論，有主張目前動用老本不必堅持用二年者，悻財長徐可亭說明收支情形甚詳，而於不合理之支出，則極感慨！

晚，請古希吃排骨麵，飯後，又偕往訪陳啟釗兄詳談。古希告我武漢近事甚詳，中共統制方法一以意為之，殊可哂也！

7 月 24 日　星期日

余五月廿三日鄂省府劉秘書長先雲所語我之魚山集，茲在周君簡同事處，得見原詩，題為「擊缽吟」，共十首，並謂見魚山集卷九。周君曾為此遍查四庫全書總目等書，均無魚山集，豈近人所偽托歟！考中國名人大辭典載「熊開元，明嘉魚人，字魚山，天啟進士，由吳江令行取給事中，坐事貶久之復起，選行人司副，時首輔周延儒姦貪，開元極論之廷杖，遣戍，唐王立任為大學士，旋棄家為僧，隱蘇之靈巖以終。」劉君曾語我，魚山集曾被人在故都發現，因之此詩留傳鄂人之口云。茲錄原詩：

1. 負扆垂簾事不殊，居然依樣畫葫蘆，
   朝辭京洛夕豐鎬，屋社由來豈再蘇。
2. 汝南四世貴三公，竊位乘時聊自雄，

東海鰻驪工獻策，前途豈料隕諸馮。（袁世凱）

3. 關東大盜勢力張，屢向潢池恣跳梁，

末路蒼黃成一蹶，遼陽城外月如霜。（張作霖）

4. 空懷萬古又長春，竟見兒曹有替身，

十五年華如轉瞬，天雞啼曉海揚塵。

5. 金陵王氣有無間，三妹青溪去復還，

堪笑桃渡千尺水，何人能唱念家山。

6. 攬攬黃巾更赤眉，風吹落葉悵何之，

枉從西北遷東北，看爾橫行到幾時。

7. 天水空教聚貨財，尼山不肖亦堪哀，

早知樹倒猢猻散，剝削膏脂何苦來。（宋孔二家）

8. 玉李盤根十萬春，祖功宗德又深仁，

蔣山花落剛三月，飛上天衢洽比鄰。（李代總統）

9. 孰使銅山應洛鐘，競看四海變東風，

補天終待榛苓手，玉露凋時日再中。（未來）

10. 赤縣神州洗甲兵，烽煙一掃慶澄清，

雙雙寶馬香車返，從此中原無戰爭。（未來）

九首之榛苓手指詩經「山有榛，隰有苓，云誰之思，西方美人」，殆指美國援助歟！日再中，日本出兵再來中國歟？姑妄解之以為將來考信。

7月25日　星期一

胡立吳參事今日代表總統府到院監交何、閻兩任交代事宜。訪余詳談，言及共軍猖獗，有家不能歸，慨嘆良久！並一再自道在中政會服務廿餘年，為共黨最忌

恨，因之更不敢歸耳。吁，亦大可憐矣！

振常思欲在台總裁辦公處兼差，囑余函介少谷，今日特為作函介紹大意於少谷。

閱報知澧縣於前日情況即不明，常桃定形緊張，不知雁等刻已疏散未？念之耿耿！

瑞華特燉牛鞭與附子片，余以其熱補，未敢多吃。今已夏末，而羊城仍時興放風箏，與吾湘及江南氣候異也。

7 月 26 日　星期二

侵晨即起，參加院務會報，由院長親自主持，此種事務之改進，應由幕僚長代為負責處理。

古希來談，張伯常篤倫此次本不想辭鄂省主席，因一再虛偽謙辭，白長官信為真，致改任朱鼎卿，事後頗為懊悔。又古希語我，魚山集卷九所載之詩，鄂教廳長王文俊確查得原文，恨未能借閱一讀。

7 月 27 日　星期三

閱港報知故鄉常德已陷敵，薰兒蔭姪及三姐全家不知如何應變，既無劇烈戰爭，恐地方未遭糜爛。

余先民院長與汪首席來訪，知寶琛廿一日尚未離省，殊可怪也。余過長沙時，渠預定十二日左右返桃，何延至旬日之久！

午後，列席 78 次院會，顧墨三總長於軍事報告不惟無佳訊，且與報紙所載一樣，於湘省之方向恐猶不明瞭。會中對於東南軍政長官公署之組織，辯論均激烈，均嫌編制過於龐大，職權多干涉一般政務，結果未獲通過。

7月28日　星期四

晨八時院長召集會討論扭轉時局案，本院各主管應注意及進行事項，頗多指示。事前，同仁等均測度將討論本院如何疏運之問題，至是始了然。

此次中央銀行公告各種鎳幣一律照面值通行使用，不及一日突又公告停止使用。此舉當引起社會不滿，致貽朝令夕改之譏，羣相責難。今日院長召集會報時，已有人報告，午間又得川省王主席方舟、黔主席谷紀常〔正倫〕來電，報告成都、貴陽兩地物價狂漲等影響，請收回成命。余當以央行雖勇於認錯，不一日即改正，然值此極力建立幣信之際，此舉雖不能謂其有弊，至少事前考慮欠周，輕舉妄動之責殊不可諉，簽請徹查。五時又專車往訪龐主計長松舟，承告緣始，謂此案發生在劉攻芸任央行總裁時，延置未辦，徐可亭到行後始舊事重提，以副總裁徐柏園熟悉經過，當指交徐一人研究。徐以央行庫存鎳幣約有 1,300 萬元，如公佈當銀元之輔幣行使，不啻國庫頻增 1,300 萬準備金，實即頭寸。上星六請示徐部長，徐未加深思，當即批准。柏園鑑於過去改幣洩露機密案等流幣〔弊〕，當秘密由彼一人執行，迨翌日星期日登報，央行各處負責人及財部各單位主管亦始知悉，究不知為何人所辦也，且均嘖言，期期以為不可。

松老被召，亦大不以為然，力主推翻並即公告停止。至於當天之收兌，經想種種辦法加以限制，如每人限兌 20 元，不兌予銀元券而予以輔幣券，並指定一處之央行可收兌，故結果始兌出 1,600 餘元，是國庫損失尚微，然於人民對於甫建立之幣信大受打擊矣。如今日午前，銀元每枚值港幣 3.3，而銀元券則值港幣 2 元，入夜，斷升至三元。

綜觀此事經過，徐〔堪〕部長實處理草率，第不思鎳幣為改行法幣時之產物，其本身價值根本不能與銀幣比值，此其一。當年發行額聞達一億四千餘萬元，即以穗市一地而言，即有三千萬元之鉅。今欲圖庫存之 1,300 萬元變成頭寸，而大膽公佈收兌，試問央行何來如許銀元兌出，此其二。過去流行之薄種鎳幣極易偽造，設大量偽造將何以防止，此其三。此類與金銀有重大關係之舉措，竟冒然決之於一二人，殊屬荒謬！又松舟語我，徐此次重上台後，用人方面多不當，而步法亦自亂，為人尤易衝動，將來恐不免失敗。於政府大局作想，此次改幣，實不容再失敗也。就余每觀其在院會發言，即有趾高氣揚，盛氣凌人之態，滿招損，驕必敗，其前途可預卜之矣。渠個人之失敗不足惜，其奈影響國家前途何！余深憂之！

得薰兒 22 日來信，知常城已萬分緊急，但家人均一未移動，靜、清二甥女亦未遵余意隨彭校長赴永順，三姐一大家留常，不知如何辦！真急人！

近一週來，天氣炎熱異常，今晚下雨，爰偕華姪上街購物，以謠言今夜恐有暴動，故歸來甚早。

7 月 29 日　星期五

繼武所得之疏散費，今晚特將港幣變成硬貨，一便攜帶，二免貶值。

閱報知 26 日常城淪陷之訊不確，唐鴻烈來告，知在常城作戰者為宋希濂之第二軍。唐並語我，白長官之桂軍精銳已向桂境撤退，守衡僅一軍人，似無作堅強抵禦之圖，萬一衡陽棄守，則穗桂均將不保，殊可慮也。又陳明仁真除湘省主席事，唐已得程頌公覆電全出於程意，明日即可提院會通過。

7 月 30 日　星期六

列席 78 次院會，以其續討論星三之普通案件，故散會頗早。清查國家資產委員會之組織雖通過，如將來負責人無剛毅之精神，則其結果又等於虛設。

星六異常感覺落寞，在資料室借得反動報紙數份聊資消遣，內容亦極空泛，可見對方統治下亦無政績可言也。

得雁 19 日來信，知代余執行之珩介紹人之任務前往報日，同時接之珩來信，告余婚期已定八月二日（農曆七月初八），並為寄回身份證。念常桃近正烽火連天，喜期不知如何度過，亦憾事！

7 月 31 日　星期日

賈煜公今日找余，告以提升董載泰、朱靜一兩薦任秘書為簡秘，並分兼二組長，高科長崑峰亦升調簡秘。同時告余屢以核閱公文發生疑問，遍找組長不著，事後輒忘其欲詢之要點，意頗悻悻。余告以余住院中，甚鮮外出，尤以辦公時間為然。

報載常城已真撤守，國軍退守沅江南岸德山等地，是桃邑將亦不保矣。念及兩處家人安全，使人坐臥不安，尤悔此次未堅決帶雁來穗也！

最高法院庭長朱得森[10]老師來訪，余以疏懶，兼以無交通工具，故師友處平生極罕趨候，今反承下顧，為之悚歉。

公路總局緊縮機構，為保留大哥工作，今日特由董秘書那峰函總局沈局長圻注意，明天擬由自己再函總局副局長王節堯，此時公務員雖可不作，然在渝苟棄官不作則住所將生問題，何況華姪無力仰事耶？

10 朱得森（1887- ？），湖南慈利縣人。1906 入京學法律業滿，學部考試最優第一名。參與辛亥革命，至抗日戰爭從事大量司法與教職，勝利後任南京最高法院庭長，至 1949 年撤退到廣州、重慶。後留大陸，1951 年任湖南省政府參事。

1949 年 8 月（民國 38 年 8 月）

〔**程潛靦顏投共，白皮書恣意棄蔣**〕共軍攻占武漢上海一線，進逼華南。常德桃源七月底淪陷，程潛陳明仁叛變投共。白崇禧取得湘南青樹坪大捷，殲林彪部萬餘人。美國發表《美中關係白皮書》，指國民黨無能失民心，美國只能袖手旁觀。影響甚劣。毛澤東誣指內戰是「美國人出錢蔣介石出人殺死數百萬中國人的戰爭」。

8 月 1 日　星期一

報載烽火已近桃源，並有已陷落訊。由常至桃僅六十華里，且無險可守，其淪陷為旦夕間事耳。家人不知作何計劃，仍住縣抑暫遷鄉，為之焦急！然親友不能移動者太多，亦不知何以為計！

倪副秘書長近與煜老〔賈景德〕隔閡甚，幾至難以共事。倪謂余曰賈公對其忌刻，渠現做一秘書工作而已，言下，頗眷念昔日與少谷同事之融洽不置。

李慎齋約有關單位主管宴會，余以渠甫升警官學校校長，不應亦如官場習氣，兼以思念家人安全，心神不安，婉謝未去。

今夜為七夕，穗市民頗重視，名為拜七姐，念與雁於此佳夕不僅與余在別離中，而正值匪陷桃邑之時，使人萬分憂急，萬分難過！思及月前家居恩愛，尤無法排遣！自慰！

8 月 2 日　星期二

院務改進會報席上，馭白及閻小泉科長正式建議院長重新考慮遷渝問題，及同仁等遷渝後分地辦公之困難。閻院長指示遷渝大計已決定，未便以匪近圖攻川而變更。至同仁所感之困難，當負責解決。

宋宜山[1]委員來院，余叩以湘西戰局，渠雖為宋希濂將軍之代表，其所得情報仍與報載無異，惟對常城劃屬宋白兩戰區管轄，則深感不合理云。

憶今日為是鍔與之珩內姪女預定之喜期，今桃邑報載已陷匪，不知彼等逃往何所矣！念念！

8 月 3 日　星期三

西藏近發生事故，藉口防止共黨，將政府派駐藏人員一律驅逐出境，現已撤退至印度。今日79 次院會特提出討論，外交部代部長葉公超慨過去自欺自之政策應予糾正。蒙藏會副委員長周昆田僅能說明事件經過，交通部端木部長傑則以國力不勝力主軟弱應付，倒是政委王師曾闡述中藏五十年關係及近年事實之利害得失甚詳。一致均主穩重。

余生平最嫉機關首長以公帑請各有關主管筵宴，此

---

1 宋宜山，湖南湘鄉人。留學英國，曾任國民黨中央組織部處長，立法委員，宋希濂之胞兄。1956 年中共統戰台灣，蔣介石曾選居港之宜山赴北京探底（另一同意受命候選者陳克文），宋 1957 年夏密晤周恩來、李維漢後返港，向蔣報告中共和統四條件及對大陸欣欣向榮印象，蔣閱後怒示，不准宋再入境台灣。宋希濂（1907-1993），黃埔軍校一期，留日深造軍事。歷任師長、軍長、華中剿匪司令。共軍渡江後，宜沙戰役，敗於林彪四野，撤至湘鄂山區轉入四川，12 月被共軍俘於大渡河，1959 年特赦出獄，1980 年赴美，出版自傳，1993 年病逝紐約。

風氣復員後南京尤甚。余以院中任職久，且院地位崇高兼掌財權，此種酬應極多，格於面情，明知違背初衷而不可不到，為週旋起見，雖藉故不到亦必函謝。不意政府南遷後，此風氣亦隨之俱來，但余十有九次婉卻之。如今晚廣州港工程局長邢起莘、福州港工程局長周德鴻聯名宴請於大同酒家，余堅謝未去。國事至此，不能忍心再隨流俗腐化也！

真夫司令來談，知程頌公[2]已密返長沙水鷺洲，電話陳明仁主席商談求和，陳未往見。中央派鄧文儀黃傑二氏接程來穗就考試院長，亦尚無結果。煜老與余言及，亦代程惋惜不置！又真夫告我楊任夫利用憲兵部公欵圖利及緝拿未獲之經過情形甚詳。

8月4日　星期四

今日之朝政，仍無積極改進之新氣象，尤以人心之頹靡為最可慮。百川院長所寫之「扭轉時局方案」可謂對政之良藥，惜其仍不能行，亦可謂一籌莫展。欲除此積弊，首應厲行賞罰，難世不用重典，何以樹立威信？如最近之禁止行使外幣，等於具文，處處仍表現政府之無能。又如逮捕中大學生嫌疑犯，竟有監察委員反對者，民主與軍事多少在內容方面不能不有抵觸。試問如此一事不能辦，則此戰何能再打下去！余與毓蘭主任等

2 程潛（1782-1968），字頌雲，湖南醴陵人。國民黨元老，一級陸軍上將。多年掌湖南軍政大權。參選副總統落敗，與李宗仁主張國共和談，破裂後，密謀陳明仁、唐生智投共，湘省遂「和平解放」。行政院予程潛以嚴斥並通緝。甫任省主席之陳明仁亦被通緝。程、陳之叛變，為華南戰局重大轉折點。

每一談及，輒為之嘆息！

竇純祐持劉維織移交孫越崎任冊來索余監交人會章，因得悉經濟部頃得長沙電，程潛在湘省恆已主局部和平，共軍明日進城。以程在黨之歷史與值此風燭之年，何必再變節事仇。中央畀以考試院長地位亦非不重，竟仍叛變，可惜，可惜。適勳南來余叩詢經過，渠亦不悉，只知其父伯球議長亦由芷江被嬲往長沙云。雖然，在此逆轉之軍事局面，能使湘人少流一份血亦佳。

8月5日　星期五

台灣訓練新軍，常城青年考取百餘人，今有蔣峨誠君來訪，余多勗勉。

程頌雲投共，政府已明令通緝處辦，今又以陳明仁主席亦隨同叛變，今日院中特於下午五時舉行第81 次院會討論此事，由顧墨三詳述陳叛經過，但是否被部下脅迫，尚不甚明白。因之，會議上有人主分別先免職再查辦者，惟王師曾[3] 所述三點意見，殊足採取。（1）程為黨國元勳，今投敵，應由府院發表文告，歷敘委屈及經過事實。（2）陳明仁政府甫真除省主席而兼重要軍職，本人中央社尚發表其忠誠，今忽謂其叛變，應由國防部詳述經過，昭告各軍將士。（3）目前文武意志薄弱者太多，尤以對方之軍民一切受敵封鎖，應由政府分析國際大局及戰爭目的與將來希望及遠景，派飛機散

3　王師曾（1903-1983），四川涪陵人。中國青年黨領導人之一。北京大學法科畢業，制憲國大青年黨代表，1949 年 6 月出任行政院政務委員。赴台後，任青年黨秘書長。

投。結果，一切軍職既被解除，白長官力言其叛變事實，仍通過撤職通緝。

川財廳長任師尚來訪談川省財政情形，並望繼續補助三個月，余允協助。

晚，在路上遇勳南，知其父尚留邵陽，未隨程赴省。

8月6日　星期六

院中此次升三薦任官朱靜一、董載泰、高崑峰，亂世一官已無足重輕，一般均淡視之，而張科長震寅偏熱中，想升簡任，在外找洪蘭友謝冠生函煜老，結果以在院年資淺作罷。今又來求余設法，余亦愛莫能助。

接薰兒來信（七月廿四日），知家中恐慌已極，雁攜諸兒已避往王立伯鄉下學校，縣府已搬家。此次一大變亂，婦孺輩真苦矣！設余仍留家，刻亦不知避往何地矣！

一雨便成秋，昨今兩日天雨，晨夕秋氣甚濃。

8月7日　星期日

美國政府五日公佈的白皮書，[4] 今日各報已摘要記載，並紛加批評。中國局勢壞至今日，領導者固應負重大責任，而羅斯福雅爾達會議出賣中國要為其主因。就

4 即美國務院 8 月 5 日發表長達 1054 頁之《中美關係白皮書》，為美對華政策失敗辯護，指責國民黨無能，而共產黨日益強盛，美國現只能旁觀。此書發表對國府衝擊極為沉重，幸而 1950 年 6 月韓戰爆發，美重視台灣戰略地位，乃派第七艦隊協防台灣，改變海峽局勢，白皮書的影響隨之淡出。

白皮書之內容觀之，僅係縷述五年來中美關係之過去事實，但美政府表示，中共如不侵及中國領域以外，則美國仍默認中共合法。此層予吾人印象最劣也。

例假，除午後理髮外，閱海藏樓詩集消遣。鄭孝胥愚忠清廷，思想毫不足取，且可謂民國之敵人，但其詩則激越清新可誦，固不必以人廢，且所述作，多為近六十年政治有關人物，余均一一了然，故尤易懂解。

8月8日　星期一

煜老前日私詢於余，謂百川院長擬就現參秘中物色一能代渠見客者。余當對以此才殊難。一須中央人事熟悉，二須應對得體，三須知院長之交遊與個性，欲於未兼組長之參秘中勉可任此者，僅振常秘書一人而已。而渠以家累遠之台北，恐不能回耳，渠首肯者再。並謂過去閻某年入京，冀某任其交際處長（冀貢泉之父）。冀為一純粹讀書人，某日王士珍老先生[5]來訪閻，冀亦以普通賓客待之，辦理一切通報手續。夫王聘老在京之人士誰不知其地位，於閻為前輩，且有師生誼，何能不倒屣迎。嗣閻得知，大斥其冀不曉事而親告罪焉。今日果囑炯聲去一電促振常返院，可見參秘中無人才。

重閱宋蔡絛鐵「圍山叢談」，雖故飾乃父京之罪惡，而掌故及記載文字之暢達則不厭讀。

立法院正副院長童冠賢、劉健羣聯名宴請於南園，

5 王士珍（1861-1930），字聘卿，直隸正定縣人。武昌起義後，任袁世凱、段祺瑞的陸軍部長、參謀總長、內閣總理。享有北洋傑士之名。

於余均無一面之識，此種徒耗國帑之請客，余生平最惡之，故不去且不致謝。

8月9日　星期二

煜老復邀各組催辦檢討扭轉時局案，財部覆文到，當予詳核。

黔高院長李學燈同年來訪，謂黔司法界請應變費30萬銀元。夫今日之黔省，離戰區尚遠，何亦能索欵應變，余當告以核准困難。

馭白決送眷返祁陽，余為買餅乾二件送行，並勸彼考慮目前似可不回籍為宜。

8月10日　星期三

院會例會以百川院長感冒而今日停開一次。

院中人事之新編制從今日起實施。靜一調升組長後，原任科長由余調升但文遞充，原預算會宋海清、陳果曾兩編審及熊烈科員均不願隨任但部下，余允各從其願，派任何單位工作均可。在目前一官無足重輕之際，想不到尚有此人事微波也。

經部此次呈送修改組織法，而將人事室擴為人事處，余以緊縮中簽擬不准，而煜公大不為然，認為有違人事獨立制度，雖由渠改定而余終不以為然。

8月11日　星期四

十時，代煜公主持外匯審查會，仍以從嚴為原則。至九月份應付之聯合國會費 140 萬美金以關係國家信譽與地位，需欵數目亦鉅，另請院長批准。

新疆麥加朝聖團代表十一人以語言不通，特由立委阿不都拉代為奔走接洽，關於護照及外匯各事，今日均已代為洽妥。

新聞處鮑處長靜安[6]語我，關於美政府白皮書發表後，渠曾訪晤美駐華公使克拉克，據談該項文件全係對美人民而公佈者，美援華政策仍不變，望中國人民對於該項白皮書勿過於重視。余詢以外傳我政府亦將以某種秘密文件公佈之說，鮑云絕無其事云。鮑並云美政府對蔣個人成見仍極深，如現政府仍由其掌握，則絕對難望有美援。

8 月 12 日　星期五

秋燥異常。晚應古希之約前往便飯時，汗流浹背。渠出示方子樵在桂扶乩問時局詩，言將來纏戰在衡株耒一帶，桂子飄香時即望有辦法云云。可付之一笑。

自常德、桃源淪陷後，[7]家訊杳然，念及雁母子安全，每天無一時安靜。值茲大亂時代，真是有為何生今世之感！

6　鮑靜安（1902- ？），滿族人，生於北京，1925 年北京大學畢業。英語優異，歷任路透社、中央社新聞主任，國大代表，1949 年行政院新聞局長及政府發言人。遷台後，任國際關係研究會副主任（政治大學國關中心），行政院顧問兼敵情研究室主任。1965 年退休。

7　1949 年 7 月中，林彪四野在宜沙戰役以 50 萬兵力擊敗宋希濂部 10 萬兵，佔領慈利，國軍西撤，中共 38 軍 113 師 7 月 27 日輕取陬市鎮，28 日桃源失守，29 日 38 軍、49 軍佔領常德。宣布喬曉光為地委書記。桃源縣被接管後，李鐵峰為縣長。

8月13日　星期六

下午列席82次院會，討論白皮書之答覆問題，費時甚久。實則美政府仍在去蔣，我方如不針對人的方面設法，齗齗於白皮書有何益處？又秦紹文報告，據諜報毛潤之已在平患重病斃逝，大家以其來源不甚正確而不置信。又今日院會閻先生仍以病未痊癒而由朱騮先〔朱家驊〕主持。

財政二年計劃，特指示但科長七項意見，囑其重新整理。

無悝，閱聊齋消遣。

8月14日　星期日

例假照常辦公，而余組且真正有公事辦，尚不斷接見來賓。

同鄉史佩銘逃難來此，今來訪，過去不識，談鄉情有頃即辭去。渠告我在衡陽時，傳聞鐵崖已出任程頌雲之財政廳長云。我以為如不被迫，渠將不任此！

8月15日　星期一

閱港報，知唐勳南〔唐鴻烈〕亦在港參加黃季寬等44人發佈宣言抨擊政府，大概均受此次白皮書影響，因白皮書美明確表示不願援助現政府也。[8] 惟中共是否

8　1949年8月13日在香港發表的〈我們對於現階段中國革命的認識與主張〉44人簽名，包括若干國府高級人士：賀耀組、黃紹竑、龍雲、李默庵、胡庶華、唐鴻烈、劉建緒、劉斐等，中共幕後策劃之此宣言反蔣媚共，受程潛通電「湖南宣告和平解放」和美國白皮書之影響，和99人簽名之「七七反共宣言」叫陣。

容納此等投機自私份子，余則不能無疑，如其容納參加，則其變質而非國共矣。

閻先生手令索取有關政府歷欠各項內外債資料及各省稅收折合銀元若干。當與財部主管分別囑其覓送。

8 月 16 日　星期二

院內業務改進會報又因院長違和停開一次。

十一時李炳南堅約往財部主計處代為活動請應變費與預撥黔省司法經費事，歸來已是正午。忽李永懋、錢嶽喬諸人臨時約望半齋午飯，以人熟情不可卻，兼以距離過近，勉為前往。錢眷住北碚，余極思將家移住北碚，治安好，生活低，學校有。苟余願往，作孚先生並允代余電盧子英代覓住屋。緬懷昔遊，彷彿似昨，而人事則非！

午後，因參加稅務機構提成費案審查會，致臨時召開之院會未克列席，結果聞專討論簡單對美白皮書之覆書聲明，散會極早。

電話甫由芷江邵衡等地歸來之真夫，得悉沅陵近狀，謂桃邑已成真空云。

8 月 17 日　星期三

英政府不惜破壞本國信用，昨日強制徵用中航公司啟德機場，國人驚異。實則英人之老奸巨滑，早著名於世界，設今日政府強盛，渠又何敢欺凌。該公司受此打擊，不僅營業受影響，對政府之空運將亦感莫大之困難！

王農村今日語，立委阿不都拉此次對政府補助麥加朝聖之十一名旅費每人美金 300 元，內中新疆維吾爾族九人各得 300 元，對其中回族二人則僅分給每人 250 元，此種細事亦作弊，中國成何國家！

8 月 18 日　星期四

秦紹文次長來商軍糧分配問題甚久，余當根據財部會商報院，結果允再簽請示。

真夫約請吃晚飯，亦以公忙未去。

華姪冒雨來謁，謂明晨即飛渝。余告以在渝如另有工作，不妨辭公務員另就，因現政府實無遠景與希望也。

8 月 19 日　星期五

克文來約往陸羽居飲午茶，並商談公事。對於第四期復會事，余告以院中已決定請其暫緩召開，一面請主計處速辦文，午後六時前送渠。

龐松舟先生今又鄭重約余過主計處任主計官兼歲計局長，余以該工作余不能擔任，當予堅辭。值此時局，現職是否願繼續下去，余日夕在念中，何必再轉機關！故余決不加考慮。即婉謝。

列席院會，對新疆之嚴重問題有所決定。

報載吳鐵城已中止赴南韓突提前返國，余當即詢靜安，渠云吳攜眷赴日常住，茲回國或另有因，否則不至提前回也。

8 月 20 日　星期六

同仁們已奉調赴渝在即，紛紛鼓動要求向當局預備薪水，各組主任代為請求。煜公先允再借一個月，午後再呼籲始允不分大小，每人允借 50 元銀元券，分三個月扣還。實在本院地位不同，不能開例也。如余是煜公，寧掛冠而不允此種無理要求也。

煜公詢余意見，謂松舟意欲余出任歲計局長，余當告以經過，決不願就亦不能就。嗣討論可亭之七月份收支報告，渠一再指示婉為措辭，但必須文中有硬以折服言大而誇之可亭。並告余前次承辦徹查鎳幣事，可亭頗不滿，謂政院亦不信任彼，經煜公婉為說明方無誤會。

8 月 21 日　星期日

百公召余研討淨白陣營案，[9] 指示甚詳，於審訊一節須得其人，告余過去彼之經驗。侃侃而談，毫無長官之拘束。

〔鮑〕靜安語我，蘭州今晨城內已聞槍〔聲〕，此一西北名城恐危在旦夕云。

午後參加同事周煥君與陳小姐婚禮，不甚熱鬧，且感乏味。

孫繼武之存金一兩，余恐臨時行動有變化，今日特託馭白夫人帶渝保管。

9　此原是閻錫山防守山西時，對付中共大肆滲透顛覆的「肅偽」政策，尤在太原被圍期間曾厲行反諜。

8 月 22 日　星期一

指示可亭之七月份收支報告，文稿由余親自草擬。處理鎳幣案亦照余意核定。

梅嶙高邀余等審查設計委員會組織，余貢獻意見甚多，均多照余意見改定。

8 月 23 日　星期二　舊曆七月廿九日

百公自己主持會報，對於院中瑣務亦句斟字酌，余以為浪費精神，有失首揆禮制，無怪近有人譏其專做紙面工作也。

新參事陳林渠請吃午飯於太平舘，余以為無一面之緣，婉謝未去，且既未來訪見，徒有錢而遽以酒食餉人，禮貌不周。

傍晚，突接今日午後三時半華姪自渝來電，云大兄[10]病危，囑余返渝，當稟告煜公，承允給假四天，隨即訪孝同接洽機位，一面收拾行李。

同事語我蔣總裁已到渝，午後二時餘曾來院訪百公談約七分鐘。

8 月 24 日　星期三　閏七月初一

天未明即起，適疏運車開來院，當即馳赴白雲機場，到達時天尚未曙，迨七時半，李孝同兄當代為接

10 冉輔廷（1887-1949），勺庭大兄。酉陽龍潭出生，1923 年應軍長李燊之約赴貴州發展。1926 在宜昌主辦彝陵日報，勺庭為之撰稿。後任貴州民政廳督察，參與建築川康公路，重慶市第五區民政局工作。

洽，臨時將余增加 148 號機內。

八點起飛，九時 35 分過柳州加油，約停半小時即繼續起飛，十二時一刻即安然降落白市驛機場，見中美 001 號機已出現機場，知蔣先生今日亦已到渝。

四小時乘機倒不辛苦，一小時半由機場進城之汽車殊為勞苦，到院即有工友廖金山告我大哥已於昨日午後七時病逝於城中中央醫院。余聞之大驚，手足竟緣慳最後一面，嗚呼，痛已！急忙奔至上清寺 273 號寓宅，知華姪已至醫院料理。余隨即偕大嫂奔往醫院，幫助華姪並指揮棺殮事宜，並訪鄧崇津夫婦商討選地安葬及唪經與開弔等事。

星象家均謂余 43 歲時方正式交大運，何今春有達文之逝，今又遭大兄之喪，而常桃又於上月廿九日淪陷，至今音信渺然，好運固如此耶？星象之言之不足據信有如此！

8 月 25 日　星期四　重慶

前聞吳紹文先生葬於李子壩，但不知其處，而李子壩距市區近，不獨祭掃便，萬一他年移葬故里，搬運下河亦易，乃決心擇葬於該處。因苦於不知其處與手續，乃昨夜商定由道正[11]今晨前往九龍坡尋找符君來，一同前往，蓋符君即經手葬吳君者。候至午後，一時仍不見

---

11 皇甫道正，勺庭內弟，皇甫道安之義弟。思想左傾，棄學欲往延安未果，時在重慶羅斯福圖書館工作。道安移居香港後，有通信。告知曾劃為右派，被發落到川北旺蒼縣煤礦勞改，未婚，晚景甚為淒涼。

至，不得已，乃偕堪輿劉 XX 先生步行前往李子壩。在中途，心中忽覺李子壩地總不好，而一心轉念，葬於新開市龍井彎行政院公墓。一因院中公地擇地容易，二因過去同事及親屬葬於該地者約十餘人，三因錢芳萬家於斯，年年均有人照料，縱令他年要遷葬回籍，反正均需用交通汽車，僅多一段路而已。但既與劉先生來此，不妨上山一看，原來是重慶義地，論理不取費，但偶見抬一棺來葬者，至窮亦被守山者索去二元五角，另尚有一角租鋤費（據云山為劉湘所有，現由其副官劉某代管，假名已封山，實即收費）且其叢葬之所，風水環境一無所取。適符君飛奔而至得識吳墓，亦於叢葬中，乃廢然而返。

決定葬於龍井彎後，明天日子亦好，乃至院並訪鄧仲浦交涉交通工具，以便明天赴葬，後天開弔，並命姪趕辦登報赴〔訃〕告及放大遺像等事宜。

炯聲語我 28 日與彼一同返穗，臨夜又走訪子潤，於彼明日飛穗後代辦飛機票事。

8 月 26 日　星期五

侵晨，君亮之吉普車即按時開來，當偕劉堪輿並偕道正及其友人劉君一同直往新開市龍井彎行政院公墓。揆別三載餘之新開市山景依舊，誰知余重來而葬兄耶。追念前情，曷勝愴痛！

爰就全墓地，由劉先生選擇一地近滕若渠參事墓之左下丙山壬向，余亦認為頗適宜。山頂地雖多，然嫌其高，左右均露，一無可取。

移時，錢芳萬約其叔弟荷鋤來，當即由劉先生舉行破土禮。隨即掘穽。午後十二時餘棺運到，啟靈上山，下午一時正式下葬。既用堪輿，一切從俗，即請劉先生主持，念四十餘年手足，一旦撒手，此次飛來，竟未獲臨終一語，眼見黃土掩埋，萬事皆了，不禁心傷淚灑！

隨靈送櫬上山者有大哥身前摯友艾先生及鄧仲浦夫人，並由吳復年兄派院中警士兩名護送，尚相當慎重。今雖平安葬大兄於新開市，了卻一件大事，然整日被曬，回家對鏡，余已曬成紅蝦矣。

8 月 27 日　星期六

今天為孔子 2500 年誕辰，誰料為大兄在渝羅漢寺誦經開弔之日耶？典祭者多為兄五區局同事、華姪、田糧署同事及院中同事，共數十人。送輓對者有楊森市長、李寰秘書長，李並親到致祭。此外值得一記者，即閻院長致賻金銀元 100 元。

寺中曾定素席二桌，菜極豐富，原說明每桌單價 12 元，可以 8 元付欵，因接洽人不力，結果仍付為 12 元。此中未免浪費 8 元。總之家庭有此等喜喪事，用錢不能繩以常規也。

本家冉熙光臨時來弔，縱談宗族事甚久。

午前在院接洽機票，知炯聲又已不走。余以在渝事畢，兼以穗中事忙，決心仍於明日返穗。

夜與仲浦在較場口吃茶，縱覽渝市商場，其繁盛遠非抗戰時可比，唯人心仍各有一種重憂在心頭而已。歸來並分別囑咐娣嫂今後之做人及姪今後應節用諸事。

8月28日　星期日

九時前即趕到珊瑚壩飛機碼頭中航公司，約一刻即乘大客車前往白市驛機場，行 75 分鐘始到。見場來去飛機多係運貨包機，而余等擬乘之 122 號客機延至午後二時始達機場，當即匆忙上機，十分鐘即起飛，約三小時半即平安到白雲機場。回憶候機及一段汽車所耗費之時間，竟兩倍於機上時間也。

返院即沐浴，身體為之一大舒快，但靜思五天來渝行經過，直如做了一個惡夢。噫！荒唐的人生！毫無意味的人生！

8月29日　星期一　廣州

今日開始上班，四天來處理各事，得一一明瞭。靜一邀余共薦陳果曾升補第九科科長，當即蒙批准，陳來院亦已有六年。

余帶來之大麯酒，今日在瑞華家餉友人，一時到客七位之多，以其難嚐四川美酒。

渝市府組織院中已核定，今日特電告鄧仲浦其中修改要點。一面將全文託人帶渝。

8月30日　星期二

晨出席院內會報，對本身所管事項，均有辦理說明，對不知院中情形而好發言者，余亦懶為解答，因余素不願多發言也。

田雨時署長來，當將華姪向公家不得已借欵經過相告，彼慨允就力之所及設法幫助。

陳漢平同年來訪談央行情形，余未多言。

8 月 31 日　星期三

列席 86 次院會，知於外交方面另有新策動。但是否可收效則未敢必。臨散時，顧墨三總長報告今日穗港各報所載粵省高信等公開要求懲辦渠之呈文，渠辯解甚詳，然百公未作結論。王師曾倒說明多係出於情感衝動，似宜從疏導著手，頗有見地。以余觀察，戡亂至今日之無功，顧不能辭其責，實應引咎下台，以一新耳目。

煜公念余清苦兼以近遭兄喪，特由百公私貼銀元 300 圓。余告以在渝時承院中賻贈100 銀元，此時未便重受，經一再婉謝未准，只得勉受。

1949 年 9 月（民國 38 年 9 月）

〔粵桂聯防瓦解，廣州告急兵臨城下〕入秋，共軍西北攻勢，攻占蘭州、西寧、銀川，擊潰二馬部隊，陶峙岳鮑爾漢不戰而降，新疆歸共。湘粵戰場，白崇禧軍遭圍擊，退守廣西。雲南龍雲聲明反蔣擁共。粵桂湘防線斷援瓦解，廣州危於兵臨城下。行政院部署遷移重慶，粵港顧孟餘等謀組第三勢力政黨，偃旗息鼓。

9 月 1 日　星期四

調整待遇案奉命往商主計長與財部，一時仍無好的意見，財政既困難，而軍事機構與人員又不能大刀闊斧的裁，有何妙法解決此問題。

久不晤鑄秋〔端木愷〕，今日特在松老〔龐松舟〕處相值，縱談甚久，渠並約我過其寓所新亞酒店午飯。此次渠出任財部政次，據云係可亭〔徐堪〕擬出國出席會議請其代理部務，實際徐藉此脫身也。惟請求出國事，百公已再三懇切不許，恐難如願以償。

馭白今飛渝，二組事託我代理，故工作增繁，為保釋李沛文案即頗費處理困難。此事緣受監院來文謂其將農械有移交中共企圖，善後會及俞鴻鈞均有函為其關說，謂其為中大農學院院長，雖其父濟琛投共，但渠從不過問政治。衛戍部受本院令扣訊結果，似亦不甚嚴重，爰決定先予交保釋。

9月2日　星期五

民國38年軍糧會議時，徐可亭與陳初如言語衝突，當場紛求辭職，而百公任主席，一語不發。此一怪現象，設介公任院長，當不致有此情事發生。據余所知，可亭近以財政拮据，處處受刺激，官興闌珊，時時求去，故今日亦借題發揮耳。

國代陳伯驥接受港某企業公司之聘赴澳任分理，乞發護照，而朱騮公[1] 逕予批准，煜公似為不快，以其未經合法手續，並私語我曰，我亦曾任副院長，落得吃碗閒飯，何必自擔責任。近監院攻擊政府濫發護照，本院處理不得不格外慎重也。

閱報，前天空軍往襲常桃，並在常桃河中炸沉渡船汽艇云云。住城家人定飽受驚恐，令人念切！

9月3日　星期六

九時，臨時奉派參加軍糧小組會議，一再爭執與研討，迨一時始散會，當即在長堤小舘用膳後始歸。

楊裕芬司長一再活動出國，今日又持銓部公文來請求，並謂外匯已洽妥由外部補助二千美金，並由炯聲證明葉代部長允在國際宣傳費項下動支。及余商諸煜公，始知事又不然，不得已只好仍將原文交外部核覆。此君過去在渝屢屢代表銓部到院商洽公文，為余與希老所不

1 朱家驊（1893-1963），字騮先，浙江吳興縣人。行政院副院長。留學德國美國、地質學家，教育部長，浙江省長，中統局長，中央大學校長。籌建造原子彈計劃；領導中研院，建立院士制度，1948 年選出 81 名院士，入閣錫山內閣，隨之遷台。

喜，因其有招搖嫌疑。

9月4日　星期日

顧墨三被控案，交余研究。余當囑張震寅兄研擬。（一）如認為所控全激於情感，對於軍事上之措施多所誤會，飭由國防部妥為疏導解釋。（二）如認為所控近實，當此力行整飭紀綱之際，應由院嚴正表示予顧以相當之處分。總之，此事應明有結果昭告大眾也。

報載渝市大火，並燒斃千餘人，可謂浩劫。友人有無受難，刻尚不得而知。朝天門與千廝門一帶，素來少有機關，多為一般民居。

9月5日　星期一

闊別八年之吳德馨突來訪，始知過去隨尚希賢任長春市府參事，並被俘至哈埠受訓，現輾轉至包頭察省府工作。此君過去如好好在院工作，至今至少亦做簡任職，何至流離如此。可見事在人為，並非有定數也。

報載昆明突然政變，余程萬[2]部開至開遠。午後詢諸新聞處，知為傳言，而實際情況如何，迄未獲得詳報。總之，國家多事，隨時隨地均生意外！

古希午間偕鄂財廳長熊裕來訪，當約李孝同併至美真居午飯，將自渝帶來之茅酒餉彼等。

2　余程萬（1902-1955），廣東台山人。抗日名將，1943 年任 57 師長指揮常德會戰，8000 兵浴血苦戰僅剩 83 人。張恨水著《虎賁將軍》紀其戰績。1949 年率部駐防雲南，盧漢迫其投共，余不從，脫逃，出香港。後死於九龍盜匪夜劫家中。

報載傅宜生已脫險至歸綏，余以之叩詢吳德馨，知確有其事，但其子仍留平作人質，故傅並非自由冒險離平者。

9 月 6 日　星期二

院中會報，於檢點各直轄機關業務事討論頗詳。

趙伯平離院赴港另就工作，於同事又少一伴，為之惄然！

午後，代馭白主持立監委有犯內亂罪嫌時，應如何不經立監院同意而加以逮捕案小組會，一致認為憲法解釋問題，而大法官根本無法開會，此案無從辦起，故主併入整肅政治案內辦理。

對立院施政報告，煜公又條諭交我辦理，是平白又添上一種臨時工作矣。

今日為余來穗第一次感覺最熱之一天，靜坐亦汗出如漿。

9 月 7 日　星期三

午，炯聲兄告我百公奉蔣召臨時飛渝，是以四時之院會由朱騮公主持。會中對中航公司遷移設備貸欵案辨論極久，結果召徐柏園[3]至，責其迅行設法，實則此事誤在端木文俠，設三月前即從院中孝同建議，何至有今

3 徐柏園（1902-1980），浙江蘭谿人。財經家、金融家，中央銀行制度開創者。曾留學美國，任四行聯辦總秘書長。遷台後任財政部長、中央銀行總裁。冉鵬 1963 年曾應徐之聘，在外貿審議委員會主持制定《外匯貿易管理法規彙編》。

日之嚴重！

會後，松老語我可亭之顢頇與央行收支兩抵不敷甚鉅之詳細情形，真令人扼腕！在徐個人打算，滿以為出國出差一走了事，或萬不得已辭職了事，實在在今日之財政局面，既不許出國又不許辭職，彼固未料及此也。有人奉令向央行索欵，動輒發牢騷，此可解決問題耶？

晚，李直夫顧問請吃潮州菜，院中被邀同事有十餘人之多，飯訖余即遄歸。

院會前佩恆告我，孔庸之[4]此次於于主教過美時向彼訴苦，謂彼之財產全在國內，存美者僅敷彼夫婦短期留美之生活費，如時間延長，彼尚需向國內友人捐募，舉國所稱之豪門尚如此，其他欲派募愛國公債，豈非緣木而求魚耶！

9月8日　星期四

整日大風雨，氣候陡涼，有如深秋！據悉係颶風過境。

午參加院中設計會，對整飭紀綱案，余主張有權者應嚴厲執行並應另組調查檢舉機構。

夜，無悝，重閱聊齋與紅樓夢二書消遣。

4　孔祥熙（1880-1967），字庸之，山西太谷縣人。美國耶魯大學碩士。富商，妻宋靄齡，為蔣介石姻親。曾任工商部長、央行總裁、財政部長、行政院長。1930 年代推行法幣，建立銀行體系和對資本市場控制。1947 年赴美定居，病逝紐約。

9 月 9 日　星期五

百公午後二時餘抵穗，據儲子潤秘書往接回告我，李德公本已到機場，誤以蔣公來穗，得悉為百公一人回，匆即折返，並囑記者勿發表新聞，實則即為接閣而來，亦不能謂有損元首尊嚴也。過去林主席常接蔣公，人皆云林好禮，不聞有惡評。

道正忽托林小姐帶來茅酒一瓶，並托款 300 餘元港幣囑代購收音機，經再三打聽，始知此物帶出境至為麻煩。

自到穗以來，即思為雁買一手錶，常以手頭拮据作罷。近既獲意外獎金，於今晚以銀元券 36 元購得 14K21 石女錶一個。不知我雁將來喜歡否。

夜九時召開 88 次院會，可亭為決議案文字又與朱騮先大肆衝突。總之，此公對財政毫無辦法而專靠吃老本，實已幹不下去，故遇會借題發揮，以不幹相要挾，徒見其無能與不智耳。會中張岳公報告此次滇變[5]始末甚詳，並稱昆明為將來最後退步，其重要性可以想見。對於解散省參會及學校，均經會一一詳討決議。會散時已午夜十二時矣。

會前佩恆委員長特至余座前私曰，勺庭氣色定有喜事。余鄭重告以但求平安，何喜之有？並詰彼幾時學得

5　「雲南王」龍雲參與香港反蔣投共聲明後。9 月，蔣召滇省主席盧漢赴重慶，許以重諾，授百萬經費，要求逮捕共黨分子。盧漢返昆即照蔣意敷衍之。此即張羣報告之滇變。及至 11 月，重慶失守，蔣有遷昆之意，盧漢早與中共暗中聯絡，拒之。隨之宣布「起義」，五華山掛紅旗。國軍反抗甚烈，至 1950 年 2 月，陳賡、宋任窮部佔領昆明。

看相來。余私忖豈余又將有另調歟？彼今有此暗示耶？

9月10日　星期六

午睡後，適鑄秋來電話約往晤談，始知彼決心辭任財部政次，並乞余代為發表新聞，並與余商目前財政問題甚久。特在港購贈余襯衣兩件。

散值後，百公特召煜炯二長及余指示加大地方職權案內之財政劃分問題，余當提出劃分時有種種問題，如省區有貧富，中央文武駐省人數有多寡，將來待遇定不一致，且劃分後之軍令與行政權如何統一亦值考慮。百公云所慮極是，惟中央財政已至山窮水盡，非另闢谿徑不可，所遭遇之問題與困難定多，只好走著再說，逢水搭橋逢山開路罷了。

今夜左眼皮跳，不知主何吉凶，心中頗為忐忑。

9月11日　星期日

昨夜沒睡好，今日雖值例假，午前仍照常處理公事。關於百公囑研之問題，與但煥章科長詳商，並一一提出具體意見及向有關機關索取資料。午間散值時，又當面請示百公。

午夢方醒，古希又應約來，乃同往瑞華家晚飯，夜十時始歸。

9月12日　星期一

指導科中速準備向立法院報告決議案執行情形，一面促但科長往主計處商取劃分地方財政數字，故十分覺忙。

周昆田副委員長來急電，請發在迪化中央機關應變費 50 萬銀元，當與財部及央行洽商，始知無法飛送，而且包一飛機前往需三架飛機送油料，前周等赴迪化之飛機即花四萬美金。駐新國軍有八萬人，中央機關及其眷屬約三萬餘人，此約十二萬人，現蘭州被陷，西寧危急，入關極不易，事實上將來非流落南疆不可。

濟濤請在城隍廟寧昌小店吃晚飯，潮州菜而價甚廉。久聞城隍廟有某測字舘最靈，但舘多無有識者，余乃選一呂品碞者測字，占得「庭」字，問家中情形，渠云甚為平安，而曾一度迅走云，白花港紙二元，買得精神安慰。

9 月 13 日　星期二

李愚生委員來，特為作孚先生贈余 Hamilton 手錶乙隻，令人惆赧。

黄局長雪邨託朱孝澤來接往彼家晚飯，並有錢荔浦會計長在座，至夜一時，始派車送余返院。

9 月 14 日　星期三

本身工作够忙，而煜公常以非余主管之事交辦，因之更形其忙矣。

今日 89 次院會，公超報告美援及美協助我封閉海港之誠意，頗表樂觀。對於徵稅處罰之執行機關問題，竟決議仍送立院審議，於國庫因耽誤之收入損失殊大，惜綿仲不知其影響而未力爭即付實施，殊可嘆！

古希約往看粵劇，以天太熱而中止。

9月15日　星期四

國稅署張導民署長來訪，並送來綿仲為昨日院會徵稅罰鍰問題補具說明請救濟，目前似無交院再改之必要矣。

為準備立法院報告各事項，十時特請炯聲召集各組分別商討當決定分辦辦法。余以為此時立法院開會已不識時務，院中多此應付工作，尤覺無聊。

西北自蘭州西寧撤守後，馬子香[6]均紛紛不願肩負巨任，致形成無政府狀態。朱騮先函百公以據權少文委員建議請設法，而此函亦交余辦。余當簽請交西北指揮所徐永昌主任注意辦理，不知上意如何。

9月16日　星期五

渝中友人托購手錶等物，尤其道正弟托購收音機，雖有孫君濟濤代余奔走購買，而設計包紮辦理檢查準備等手續亦極繁，且院中第二批調渝人員明晨即成行，趕辦尤為忙迫。

導民為送資料來又談頗久，並話及居覺生[7]幸未組

6 馬步芳（1903-1975），字子香，甘肅臨夏人，回族。1936年與兄等馬家軍擊敗中共西路軍。任青海省主席，西北軍政長官。共軍佔領蘭州後，棄戰流亡中東麥加、開羅。1957年任國府駐沙烏地大使。入籍沙國。

7 居正（1876-1951），湖北黃岡人，字覺生。早年反對孫文聯俄聯共，「西山會議派」要角。任立法院長十餘年。遷台後創辦淡江大學。篤信佛教，坐化而終。

閣，苟成功真誤盡蒼生。渠以 74 之高齡，一切行政均極隔閡，何能肩此戰時重任！渠並擬任導民為副秘書長，幸差一票未通過，不然，則中樞早遷避矣，今日尚能留此言戰耶？

晚又在雪郵局長家便飯，據渠告我，白健生曾面告渠，苟中央多派空軍，於此次衡陽大戰，白有極大把握云。以兵源與火器，國軍現均佔劣勢，此一戰能否必勝，殊令人擔心！

9 月 17 日　星期六

煜公語我，此次蘭州撤守損失不大，而撤守後，因馬子香不負責，所部潰散極多，現僅餘騎兵萬餘人，損失極大。今國防部猶配以十萬軍額之糧餉，至為詫異。余云應責成國防部再評核報。

關於本組應供之資料，今日均趕辦交出，為之一快。

古希與熊覺民（裕）請於南園，均係院部主計處有關主管人員，席間綿仲[8]又與余洽公事甚久。

9 月 18 日　星期日

今日再語炯聲於院中經費人事最好不過問，免與煜公磨擦。彼極言絕不擅權，在十元以上之動支，亦未作主。彼認為少管少負責，何況煜公與少谷之性格大異耶？

8　楊綿仲，財政部次長。

昨夜商定立院決復會，故今日又加緊催報告並準備事項，於經費之核撥，令稿已判行，並由荔浦會計長坐索代寫。

穗中於桃源軍事從未得正確消息，報載常矛盾。如昨日報載國軍在鄭家驛獲勝，共軍撤往常德，今日又載官莊仍有接觸，在明地勢之鄉人，即知其消息不正確也。

9月19日　星期一

近來工作忙，以今日較閒。閱聊齋金和尚一事，其描述門庭之闊，尤以狀皁役之多，則非身歷北方大城市者，不知其形容之妙。南人縱令僕從如雲，而規矩則異也。

古希來云，有人新近自長沙來，謂長沙一切如舊，武漢所有之惡劣情形在長沙均未發生，且程陳北上赴平過武漢時受歡迎之盛，頗難形容云云。

農復會蔣夢麟介其預算，云美人 Albert G. Swing 來見煜公，知為該會由梧運回之棉紗 500 件，政府勒令繳統稅共 2 萬餘銀元，爰據中美雙邊協定請免稅，云當奉派隨往財部與楊綿仲次長交涉速為解決。

9月20日　星期二

港報載，楊杰[9]昨在港被刺斃命。按楊此次在港策

9　楊杰（1889-1949），字耿先，白族、雲南大理人。習武滇軍，留學日本，陸軍大學畢業後，為蔣介石愛將，升中將上將。駐蘇聯大使，出訪歐美。後反蔣，加入民革，策動雲貴川反叛與盧漢

動反政府，因盧漢態度明朗化而遭失敗鎩羽，回港尚不及十日也。以今日之文武高級官吏氣節言，認政府已無望、息影或歸田可矣，何能為虎作倀？且政府演成今日之殘局，彼輩曾膺重寄者不應負責耶？故楊之在港被刺足可使留港之投機份子喪膽！

9 月 21 日　星期三

一雨氣候轉涼，冷水浴略感浸膚！

報載沅陵陷落，晚詢唯石，知彼得邱益吾處消息不確，如沅陵不守，則邵陽芷江均危，且進而衡陽亦感突出矣，於軍事上影響殊大。

馭白告我彼見今日港報立委王又庸等 53 人宣言反政府，並有戴修駿[10] 在內。

為古希進行省委事，今晚特走訪劉任夫兄未值，留片告以所求，或不至拒絕也。

9 月 22 日　星期四

晨起，又訪任夫，知未起，嗣自府來電話，囑余代擬電稿，當與毓蘭商擬飛函送往，旋得電話已照譯發。

馭白語我為院會通過任命湯恩伯為閩綏靖主任事，府方認為人選不宜，未予發表，此為府院磨擦之始。馭白又云孫哲生為響應美方，擬另組第三黨，各方尚無反應。其名為民主自由黨。

投共。應邀出席中共政協，在香港遇刺身亡。

10 戴修駿（1891-1969），字毅夫。湖南常德人，留學法國，獲博士學位，北大教授。法學家。

今日各報已證實沅陵撤守，今後湘戰局當有大變化。

夜讀外交部譯贈美國最近發表之白皮書。

9月23日　星期五

近來政治上暗潮仍甚嚴重，大有寧共滅亡，而私權不可不爭，如李德公對百公之不滿；立委一部份想倒童而爭院長；軍事方面亦如此。此外中樞已感力微，近更加甚，處處怕負責任，怕碰省府釘子，是今後政治尚堪問耶？

齊雲青來訪，知戴毅夫不獨留滬未遷，對其已離之婦又復重圓，何其無絲毫丈夫氣耶？

夜續讀美方之白皮書竣，覺其觀察中國政局與人事之清澈，頗為佩服，而我政府處處均以殖民地自居，倚賴外力為最可恥！如軍事方面所報告為不誣，則蔣某為第一號之誤國罪人！吾人今獲機會能讀此坦白報告書，可知今日局面之形成，實有由來，可嘆！可嘆！

9月24日　星期六

齊雲青自港來，今午約宴於大同珊瑚廳，女侍王某眾譽其美，其面像頗似荃兒，令人倍思家。又席上外交部某君語我甘乃光在澳以經費拖欠，窮得賣掉汽車，專來廣州請客，亦可謂異矣！

晚在瑞華家收聽北平傅宜生在政協致辭之錄音廣播，令人感慨萬千！

9 月 25 日　星期日

可亭報告接收央行後重大業務情形，可見前任劉攻芸之昏瞶胡塗，如有法紀，應嚴加懲處。

今日報載美英當局正式宣佈蘇聯已有原子彈，世界震驚。今後於世界之鬥爭與人類文明之毀存均有莫大關係，恐將愈接近戰爭矣，決不至往好的方向走也。

9 月 26 日　星期一

雨時攜滇省徵實部辦完稿來院求見百公，適百公不在院，與余暢談，覺院中不代部負責任，語多牢騷，實亦無怪其然也。

古希帶鄂省張篤侊與林某來見，陳述鄂省財政苦況甚詳，余就所經辦者，一一為彼解釋。

夜偕孫濟濤、王疇五、朱靜一往看電影，此為自湘二次返穗後，第一次涉足影場。

9 月 27 日　星期二

余酣睡中被工友喚醒，始知今日照例之會報仍舉行，當即下樓參加。關於余組已報告之事務，已由但文代為報告。此會開了二小時始散會。

孝同自港歸，與彼談今後轉換工作事，渠亦無甚主張。

央行呈報各項公文，余於今日均辦竣。近來科中人少事繁，不能不由余親撰也。

夜，偕靜一往白雲茶園聽清唱，每一段後即舉行猜字中獎遊戲，與普通買獎券辦法意義同此，不過立即舉行立即給獎耳，亦可見粵人之嗜賭與花樣之多。

姨嫂不懂事，今日來信向余要錢，並告余前留之廿銀元，已打金戒一枚云。同時華姪告我金戒為大兄之遺物，足見其藉詞索欵，大兄之弄如此無識女人，當 27 年在筑初姘之時，余即力責其不當，徒貽家庭之累，今果然。

9 月 28 日　星期三

復劍書一函，已有熊覺民廳長為其作保，余未便改作保人。至請余代向熊辭財廳主秘事，應由彼自己面商。因熊刻不在穗，即將赴渝轉鄂西任職也。

致趙伯平一函，仍望其代為在公司方面進行工作，因近愈感公務員工作之無味。

王力航廳長來訪，告余擬在湘西大規模主辦雜糧增產，以備明春軍食之不繼。余告以各方面貸欵之困難，尤以軍事上之不確保，縱有萬全計劃，焉從實施耶？如目前芷江已受威脅，萬一不守，試問何從辦理增產工作？對宋希濂部之放棄沅陵，湘人至為憤慨云。又王等各廳長及李樹聲秘書長本為請經費而來，今反聯名請客，余婉辭不到。

9 月 29 日　星期四

毓蘭語我，財長將換關佩恆去做，適關來院，余與談大局，渠牢騷較余尤大，如語余勸募黨人派公債，立夫與賀衷寒即公開反對，而立夫之公開捧歌女吃女侍，可亭之宴無虛夕，每宴之有女侍侑酒，一菜（鮑）之費輒需銀洋 140 元，毫無吝色，真是亡國現象。此外如蔣李之間不和，如國防部長之爭，廣州守衛部隊之互調等，均無法得解決。彼並嚴重告余，近幾天如協議無結果，恐將有大亂發生，言下深為憤激，衰敗之局已至此而爭奪之意氣不泯，覆巢之下有完卵耶？此次整個西北局勢之失敗，不為其殷鑑耶？當局明知而犯之，余無以明之，明明為氣數已盡可也，縱檢史乘，何代之亡，莫非如此！

夜，在雪邨處所得之李德公方面消息，似又不如佩恆所說之嚴重與悲觀。

9 月 30 日　星期五

今日非常委員會聞已通過佩恆任財長，俞鴻鈞任央行總裁，參謀總長及穗市長亦分別換人。適佩恆來院，余叩以此事，云事前不知，今雖聞此說，但如何能幹，頗成問題。

入夜，頓感無俚，馭白來談了一些大局，仍是牢騷多。

1949年10月（民國38年10月）

〔中共建國，政府山窮水盡還重慶〕十月，廣東不可守，各部後撤。國庫清空，欠付五千萬銀元。韶關失守，銀元黃金大跌。共軍直逼廣州。行政院縮編餘40人。還重慶後，陷入極度混亂。中樞機關無法辦公，猶如「難民收容所」。財政山窮水盡，地方亦無救援。獲台灣27萬兩黃金。月中廈門、廣州陷落。倖勝金門海戰，共軍慘敗古寧頭戰役。

10月1日　星期六　廣州

列席第90次院會，於公超所報告我在聯合國控訴蘇聯事經過甚詳，顧墨三辭參謀總長今日院會已准，並由部先派蕭毅肅暫代。穗市長改派李揚敬，是改隸潮亦告一段落矣。

雪邨[1]約吃晚飯，並聞立吳語我，鐵崖於程潛之第二次通電中亦列名。

10月2日　星期日

雖例假，上午辦公，而真有公可辦，如函請立監兩院會同推派委員一人出國勸募公債，伯公命改為秘書處稿，於文字方面即頗費斟酌是也。論事，自應以用院函為宜。

秋熱雖厲，幸住室整天風涼。近日自感氣候太

1　黃雪邨，湖南湘潭人。總統府二局局長。桂系要員，曾任李宗仁機要秘書，長於書法。1950年赴台探望白崇禧，後留在台灣。

燥，乃往瑞華家囑代購飲王老吉涼茶，住穗久，不可不飲此也。

10 月 3 日　星期一

北平於前日宣佈正式成立新政府，蘇聯即於今日宣佈予以承認。午後五時，伯公特召集臨時院會討論對策，由公超報告經過甚詳，對將來之影響與駐蘇外交人員之撤退亦有較詳之敘述。經決定發表正式聲明與蘇聯斷絕邦交。我國地處兩惡大勢力之間，剛竭八年之力將猛於虎之日本拖倒，今日又來了凶殘之熊，尚不知何年方可脫其羈壓也。雖說氣數，又何莫非人力之不及哉！

晚，儲子潤請看影戲，生育寶鑑。

10 月 4 日　星期二

因各首長應付立委忙，今日之事務會報停開。

伯公對立法院之應付，毫無經驗，諸事忍順，一如童養媳之侍翁姑然。如不合理而較一般公職人員優遇之立委歲公費，渠即拒絕付院會討論而逕予批准。

蔣昨離穗飛台，那峰告我係負氣出走者，近來累傳意見不一致，於茲更信云云。適秦紹文來院，私叩有此事否。渠謂蔣不主白之部隊調粵，而保衛廣州兵力實不夠，意見不同，可見前途極為危險。竊觀史乘，歷代之亡滅者，未有不因失著而敗全局，且有明知不應為而負氣為之致大局失敗，亦比比皆是。今日之局又何若不然！噫！

煜公與余研討湯恩伯任閩綏署主任而惹起之府院問題，囑余與雪邨會商如何疏導，實則此全為蔣李之爭，區區幕僚何能為力哉！雖然，苟許靜芸仍依舊列席院會，則易溝通此問題。當告炯聲速為彌縫，以免立院正式提出質詢，無從作答。

10月5日　星期三

朱孝澤親來接往雪邨家吃晚飯，雪邨語我，蔣李二人間意見之不同，根本各人所接之報告大相逕庭為其主因，且多有不將真實性之報導率直告蔣者，其言頗有理。

李愚生[2]又贈余衣料一套，受之有愧，非受不可。

10月6日　星期四　中秋節

南國飄零，度此佳節，使人萬感交集，恨不能放聲一哭，消我胸中塊壘。尤不堪回首去年今日，都中家人團聚之樂，不圖一年之間，骨肉有大兄之喪，玉戚有達文之逝，友兼師之孫希老亦於此一年中長別，且目前有家歸不得，故鄉淪陷後，消息莫明，無法通訊，令人焦思萬分！故正午煜公念同人孤寂，特召宴於其邸中。余不圖強作歡笑，而大量的痛飲，歸來即睡，直至散值時節始醒！

晚，啟釗約余與馭白前往彼家便飯，宿酲未醒，略

2 李永懋（1903-1977），字愚生，四川合川人。立法委員，1949 在廣州發起「自由民主大同盟」，第三勢力核心人物之一。

為進食，閒談有頃即別。

每誦東坡水調歌頭，輒為之飄然，不意今夜無月，四更睡無眠，起來仰觀，仍是浮雲籠罩整個天際，足為今日國家現狀之象徵，第不知閨中望見月否？天涯伊人，此夜之感喟想更較余為多也！

10 月 7 日　星期五

松舟與佩恆來院商歲計問題，據佩恆密語予，攻芸移交之外匯 2000 餘萬元，可亭任內全用光。現國庫應付而未付之欵約 5,500 萬銀元，庫存一元均無，不知如何下手。噫，佩恆真膽大哉！可謂好做官矣！

傍晚，秋雨霏霏，愈感落寞，乃約靜一往看梅蘭芳由舞台搬上銀幕之「生死恨」。梅伶與姜妙香均老矣，除細聆其唱詞可聽外，其他一無可取。余以為不如將其精采幾段拍入劇本中之某一幕，倒覺生色。完全將舞台演唱法映上銀幕則毫無道理。

遇儲家昌於街頭，余詢時局如此，立院尚開什麼鳥會。渠告我正預備倒童及與克文不利諸問題，真是該院不解散，亡國而有餘。國事敗壞至此，原因固多，要之由於行憲為其最大之主因，因行憲一切醜態原形畢露，紀綱廢弛，黨派明朗鬥爭，尤以使政府及領袖威信掃地，致中外抨擊，因之中共得以乘隙宣傳，人心大去。故余一再言，國代立監委輩實為亡國之首要！

10月8日　星期六

近兩日內，軍事情況甚緊，尤以昨天情報云曲江、衡陽我軍均撤守，人心浮動，因之市面金融亦紊亂，銀元及銀元券與黃金均落價。今日92次臨時院會時，對何時遷渝辦公及手續等有極詳細之討論，於整個軍事局面，一言以蔽之，兵不够調配而已。至對院長出席立院大會報告之內容與技術，亦有研討。

午後，同事們驚惶，集會要求先離穗，余拒絕參加，因尚未至須離穗之嚴重階段，且院中當局一再保證安全撤退，此時何能自亂步驟，予外界以最惡劣之印象，但陳二科長亦受余意見影響未參加。

10月9日　星期日

濟濤決定後天赴渝，不急且略覺有價之物，決先託其帶渝，餘即完全棄置，亦無足惜矣。所謂處平時如戰時，此之謂歟！

吳德馨近離穗心思更切，在此流落，古希明日飛桂後連住所均發生問題，今特請子潤提前予以機票，大約明日可以成行。

10月10日　星期一

晨往綏靖公署參加國慶日慶祝紀念，由李德公訓詞，緬述自辛亥迄今中途所經挫折與打擊，不勝感觸萬端。

會中得晤真夫，頃談甚久。對於大局及故鄉情形亦多談述。

歸來炯聲又約集會議，極力主減少人員，再四斟酌核減結果，僅得留40 人。

10 月 11 日　星期二

晨，子潤即告我，總統府及本院定今晚全部撤退，煜公到院，亦囑速為準備，當即收拾一切。隨又得訊，今晚不能走，適民航局蕭立坤來，詢悉渝柳無夜航設備，決不致夜飛，又謂已排定用民航隊明晨送院中人員至柳州後再回穗運總統府衛隊逕飛渝，後天再運余等自柳飛渝云。

上午伯公已飛台，同事均紛紛準備行裝或上街購買物品。晚偕靜一至瑞華處辭行。聞穗市銀元券大跌，僅值港紙一元五六七角，同事不少換購帶往渝者，此全由於戰事影響。

10 月 12 日　星期三　柳州

天未明，即令全體同事齊赴白雲機場，以事先無人接頭好，致八時始起飛，越二小時方到柳州。

念匆忙撤退羊城，何時再重到，不禁令人感慨繫之！

生平未遺失東西，廣州號稱扒水筆之城市而余之水筆迄未丟失，不意在柳州大意，於午飯歸來在旅社門口與毓蘭買柚子之際，突被歹人扒去，立即發現而人已無踪，殊為可惜，豈亦過柳州予余一深印象歟！

余等住柳州河南，聞此地煙賭娼公開，社會之惡習與貧乏，一望即知，柳為桂省重鎮如此，可慨矣！

10月13日　星期四

天明即是濛濛細雨，下個不停，入午更為淅瀝加大，誠令旅人增加愁思，而道路泥濘，任何地方亦不能去，終日蟄居旅邸而已。

客中無憀，輒與同仁等暢談今後國家前途，有以財政相詢者。余告以更艱難，更無辦法。尤以三個半月來徐可亭之吃老本為最僨事，同仁聞之無不憤慨！

柳州秩序與社會習氣真壞，同事周煥鎖在房內之大衣，公然被竊，而居停竟謂不能負責任。任何城市無此現象也。

晚，航空公司來告，運余等飛機836、808兩號已飛來柳，明晨派車來接往機場飛渝云云。同事等聞訊，莫不高興！

10月14日　星期五　重慶

天甫曙，汽車即來接，八時正，起飛，十一時即平安抵白市驛機場，下機，始知渝市已苦雨好久，今天始放晴。

由白市驛進城，沿路均掛旗貼標語歡迎李代總統。憶上次來渝，正值歡迎蔣總裁，亦頗巧合也。

到院後，一切亂糟糟，滿院盡是眷屬小孩，憲兵與警察，到處是人，何嘗是一個最高行政機關所在，直是難民收容所，大雜院而已！同仁等稔知此次佈置費本院領取最多，先遣人員來渝已兩個多月，何以一旦移渝辦公，而情形紊亂如此，不是辦事人無能，即是中飽。大家紛紛議論，嚚罵，真不成體統！

余與毓蘭主任等臨時在院長辦公室開行舖。

10 月 15 日　星期六

今晨為工匠人員驚醒，昨夜風大，亦未得好睡，仔細思量，此次跟來山城，何苦來！恨未能與孝同同飛港也。

同事劉志暢科長與周君亮秘書長以余等無住處，堅約往其公館暫住，余以公家應為余輩設法，何能擾彼私人！一律婉謝，故今夜仍宿院長辦公室。可笑者，公家為余等所新置之木牀三張，轉瞬即被人搬走一張，其無秩序與紀律，可謂無以復加！

住處既無，而辦公室亦無，晨起至晚即為遊民，好在市上飲食一項較穗為廉，三人一餐僅費銀元券一圓罷了。

鄧崇津約明晚便飯，余亦婉謝。

10 月 16 日　星期日

漏夜趕修，始將二樓各辦公室與會議廳收拾好，午後三時即召集93 次臨時院會，主題即在討論加大地方職權與委託地方財政收支二案。經過三小時之詳盡討論，勉獲原則通過。憶此案伯公前召余研究時，余即將執行之困難與後果陳述，——今日會場各委員所提之異議不出余所述範圍——伯公當時謂今已山窮水盡，財政已無路可走，若勉走此路，執行的人或可獲一線生機，否則坐以待斃。對於所陳各點，彼亦認為確有困難，但現顧慮不得許多，只有遇山開路遇河搭橋，做著再說。

嗣徑將收支數字算好，又交與松舟研究，松舟語我，亦認為困難甚多而惡果有不堪設想者！

夜訪劍書暢談，旋過真夫處又縱談甚久，於此次廣州撤退，亦表痛心，於彼個人今後之前途亦感徬徨。

夜宿於會議廳會議桌上。

10 月 17 日　星期一

炯聲今召集全體同仁開會，商宿舍分配問題，至感無策，以眷屬宿舍一時不能裝修完成，佔住辦公室之眷屬無法騰出，仍屬無辦法。

辦公食宿均無定所，生活直如遊民，且極感不安。此種現象，為余在穗時所逆料，兼以辦事者無能，特加深其糟耳。

與疇五等往長官公署拜訪君亮若飛，暢述別悰甚久。旋偕那峰往視九二被焚之災區巡視，斷壁頹垣，燬區極為寬闊，想見當時之慘狀。

夜，攜被宿於朱孝澤處。

站立都無地方，煜公竟交公事囑余簽辦，余立即退回，豈渠尚不知余輩生活耶？可說胡塗矣！午後，炯聲囑余將昨日之決議案辦出，余亦以無地方對。彼再三央告在彼桌上辦理，乃立即擬辦。真不像話！

10 月 18 日　星期二

九時往曙賡參加渝市各界歡迎李德公及中央遷渝大會，賓主雙方到會者均多，首由楊〔森〕市長致詞，頗為扼要。德公則宣讀其演稿，甚平凡，蓋亦出於雪邨之急就章也。

伯公〔閻錫山〕致詞至為悲痛，余幾為淚墮，未述及其今後計劃，則嫌瑣碎。回院伯公又召集委任以上人員講話，歷述其今後同仁應注意之工作重點，於彼出任院長及兼國防部長經過甚詳。對徐可亭理財不善與失敗及其數字亦有概述，惜其仍未有嚴賞罰之決心。

在疇五處晚飯，至感窄狹。

據傳言漢中情況不明，胡宗南之綏靖公署撤至廣元，果確，則渝市又將受驚矣。

夜宿長官公署招待所，極為幽靜，惜有臭蟲。華姪來談家事，對姨嫂之安頓問題，余當以贊成伊回筑為宜。

10 月 19 日　星期三

晨與那峰至空軍招待所用粵點，令人頓思廣州不置！旋同往內政部訪何次長彤閒談，知粵省府此次倉卒擬遷湛江，船至而岸上已有部隊叛變而開槍，遂臨時改駛往海南島之海口。如船抵岸再變作，則自薛伯陵以下各廳處長整個粵省府人員將被俘矣！

到院仍是亂混混，極無意思。同仁三五聚談者，仍為房屋問題。余戲謂有眷屬住院者曰，強佔辦公室不遷，定須公家設法，可謂「無賴無聊」，公家辦事人員只圖中飽，至今猶不能解決，可謂「無恥無能」！

晚訪鄧仲浦於求精茶舘，下棋數局始返大溪招待所宿。

10月20日　星期四

晨起，與炯聲、那峰等吃包餃，那峰今日已往內政部到差。此時轉機關，實亦無多道理！

到院，炯聲召集會商院中派人往港監督各機關處理存港物資問題。劉愷鍾建議即係自薦，余與馭白靜一極力反對，萬一須派人，擬密呈萬不能派劉，蓋彼之操守亦難確保也。

過去在渝七年，從未一吃毛肚，以嫌其髒，今督郵街有漢宮者賣此，以乾淨為號召，余與毓蘭往食，覺其味鹹，潔淨倒比一般不同，實亦即故鄉所吃「爐子燉缽」耳。

10月21日　星期五

雁以前常語余四傑傳小說有趣，以事忙，從未得其書一閱，今日多暇，在書攤上獲一「三笑姻緣」，購歸閱讀。其內容雖亦寫唐寅文徵明祝枝山周文賓四人逸事，然趣味低紙〔級〕，文筆拙劣，實無一閱價值，不知「四傑傳」是否如此！

此外另購得張恨水八十一夢，燕歸來，春明新史小說三種，均係舊書，僅花六角錢。

往羅斯福圖書館與內弟道正討論姨嫂之安置與其要求費用等事甚久。

10月22日　星期六

辦公處所仍無著，仍只有遊蕩，因之生活極乏規律，尤以飲食一項，最為困難，或早或晚或過飽，且零花亦大，恐將來甫上軌道又將搬遷矣。

民生公司錢嶽喬本擬約今日往遊北碚，以董那峰去土橋，臨時改期。

夜，烔聲來談院事，並縱談歷史上亡國之例，今日之現象與之反證，實非亡不可，相與噓唏！

10 月 23 日　星期日

聞瑞華夫人來渝，特偕鍾南往訪，並將瑞華所帶之款面交。

靜仁約吃午飯，同席盡屬憲部熟友，歡情雖不減當年，而經濟場面則遠遜矣。初晤龍協庚夫人，實一不知趣女流，過去在京時靜仁與丁承榮常道之笑話，均信不誣。而協庚懼其威如此，亦可哂也！

函趙伯平託代購水筆一支，呢帽一頂。並請其便中訪勳南一探家中消息。

10 月 24 日　星期一

厚豐自其故鄉達縣來，亦稱地方受當地駐軍壓榨痛苦，人心極為疲弱。今日之川北情形如此，可慮也！乃約毓蘭等同進城吃豆花。

報載常城國大代表譚肖崖服安眠藥片自殺。余晚間詢諸立吳，彼謂此消息為彼所宣佈，而彼又係得自鄉人所傳述者。肖崖重氣節，渠不堪中共之刺激而出此，極有可能！

途遇李鈞夫婦，驚悉彼等係於桃邑陷落前而離桃者，告余中共至桃後，軍管時期極為自由，現在派糧與要壯丁甚為兇狠云。

炯聲交余核辦錢大鈞[3]致朱副院長私函為增修珊瑚壩機場跑道事，朱批所需經費九萬餘元飭庫照撥，余極不為然，一因該場係民營，擴修之費應由航空公司自理，何況國庫艱窘耶？且亦不能據一私函即予撥欵也。

10 月 25 日　星期二

劉熾暢與張伯常來，催詢西南長官公署政委會經費案，經遍查始知於撤退廣州時未退回主計處，當交劉親送往主計處繕發。

增修珊瑚壩機場跑道案，余將不能遵朱批辦理由語炯聲，渠亦無辦法。

特走訪殷本懋，探詢桃邑情形，始悉桃邑於七月27日先常城而解放。情形頗為紊亂，有逃至沅陵復逃回縣者，如梁縣議長述之及黃登省參議員，其經貴陽或由川湘路逃來渝者，幾無不遇匪而行李被劫一空。噫，戰亂之世，人民苦矣！幸者，桃邑當時維持秩序者有繼武〔前桃源縣長〕諸人，繼武受余惠重，於余之家小或可略為照顧！

10 月 26 日　星期三

近日心情之落寞，無以復加。讀松舟辭職書，所謂對政府服務辛勤廿載，於今落得一個國破家亡，妻離子

3 錢大鈞（1893-1982），字慕尹，江蘇吳縣人。西南軍政副長官。日本軍校畢業。13 軍軍長，軍政部政務次長，上海市長，赴台後總統府戰略顧問。

散，瞻念前途，毫無希望，人生到此，真堪痛哭！

華姪為家事來商，余對姨嫂亦無安頓妥法，似此家庭之不正常現象，只有聽其自然解決之一法。

10 月 27 日　星期四

每日雖照舊到院，仍是亂糟糟一片，除了抽煙喝茶談天以外，可謂無所事事。同仁交談者依舊是一片指摘聲，細察半月來以如此重要之機構，工作停頓，按之實際，亦無所謂，今院如此，其他重要不如院者，可見大裁特裁亦無關重要。所謂公務忙，實由機關多，多則生事與亂，機關少，自然政減矣。

作孚先生[4]約吃晚飯，余並忝為主客。永懋今日自港到，得悉克文等友人近狀，亦至快慰。

午前過江北新城訪伯琴夫婦，彼倆均較在京時憔悴，話及前途，均感茫然！

夜，靜一堅拉往復年家，余以被酒佯辭，蓋不願之處所，余不願停留也。

10 月 28 日　星期五

院中迄未恢復常態，今並有人密報伯公，煜老與余話及，並責余何以不告。余以事有主管，不應多所干預。渠當囑余傳語同事，不妨委屈三五天先行遷入，已另飭李科長速加賃房屋，賃妥即行調整，而同事仍以困

4　勺庭早於抗戰時期相識並景仰實業家盧作孚的獨立實幹作風，並有交往。

難多，迄無反應。

院中又組福利委員會，簡任級由馭白召集推定人選，馭白乃求有利一己，條派余與寄谷、靜一三人，余等以手續不合，聲明反對，故亦屬兒戲也。

五時半與靜一進城，應賈寶三宴約，於增稅縱談頗久。張導民近自港來，得悉羊城近狀甚詳，云中共軍捕去 1 千餘人，凡屬著洋服者一律捕去，海珠橋破壞在中午，死傷人民極多云。[5]

10 月 29 日　星期六

端木文俠〔交通部長〕來請事業費，見不著伯公，頗為牢騷，因伯公今日為 67 歲誕辰，避壽不見客，即院長同人亦卻往賀，據悉係避往煜公府中。

午飯後，即與毓蘭等在院候錢嶽喬兄來接，一時半果來，余以天雨路滑是否可前往北碚，渠云明日或天晴，今雨無礙也。不意車行至新橋山洞間之大轉灣處，汽車司機發覺油箱震失，乃下山覓得油箱，將車滑至新橋，余等改乘客車回城。此行極為狼狽。

天雨夜黑，余與毓蘭何往，乃決定便訪朱孝澤，並在彼處晚飯。

嶽喬告我此次佩恆在台索來黃金 40 萬兩，陳辭修扣去 13 萬兩，他實只得 27 萬兩，以之應付目前支

5　廣州陷落。林彪十月發動衡寶戰役，白崇禧率 20 萬眾退守廣西。廣州於共軍圍困下，10 月 16 日棄守。余漢謀、薛岳撤守海口，炸毀海珠橋，共軍及地下黨佔領市區，公布葉劍英為市長。嗣後，共軍強攻白崇禧主力，擊破桂粵軍會合計劃。

出，何濟於事！嶽喬近以財部顧問而任國庫署副署長事務者。

得陳樹榮自成都覆信，云余個人前往，住處不成問題。

10 月 30 日　星期日

連朝陰雨，今日雖為重九，亦悄然逝過。

九時那峰有車，當偕毓蘭共其同往訪何彤，縱談一切。據何云劉安祺部隊[6] 退入西江後，以地形不明及語言隔閡，劉部多魯籍，幾全部被消滅。彼並謂一個部隊老是往後退，終不是辦法，士氣愈低落，何能再用。彼為軍人出身，此語亦有道理。

有黃岡韓某，在軍界曾任少將，退伍後於新生市場開一麵食店名曰丘三館，取義丘八退伍而為丘三。友人周君亮、熊道琛均為之延譽，在山城頗以賣雞湯麵著名。今晨特與董王二君慕名前往，其味實家常所能辦，所謂從清宮提調李某習來，特藉以自昡耳。

午在鄧仲浦家吃麵疙瘩後，進城訪靜仁，適渠往張家應酬，余乃獨自往國泰看「春雷」影片。

得趙伯平覆信，知托購之物，均無問題，有便人即帶渝。

今夜睡特早，雨夜實無悝也。

6　劉安祺（1906-1995），字壽如，山東嶧縣人。黃埔三期，21 兵團司令。8 月劉部西江戰區失利，調往海南島和薛岳陳濟棠部聯防海南台灣線。總部設榆林要塞，兵力 10 萬。不敵共軍渡江，1950 年 4 月 30 日全島棄守。劉安祺部等空運台灣，後曾任陸軍總司令，三軍聯合參謀大學校長。

趙家焯昨今兩日來訪，始悉為進行遞補立委事，余當告以進行途徑。

10月31日　星期一

伯公到院所帶之機要秘書名夏風者，據悉在晉省追隨彼有十餘年之久，此次並不隨院離穗，查係民盟份子，可見伯公無用人之明。好在本院無所謂機要，否則將更僨事！

山城天氣因連日陰雨，大有初冬氣象，甚為寒冷。余今日亦著冬大衣矣。

1949 年 11 月（民國 38 年 11 月）

〔**蔣李攤牌桂系散，閻誠諾共赴國難**〕國府還駐重慶，開始川康保衛戰，苦鬥五個月。蔣李權力之爭最後攤牌。蔣飛重慶坐鎮，抵禦中共冬季攻勢。李宗仁飛香港，稱病赴美，遭港人痛斥，桂系解體。閻錫山特以兼任主計長之意，勉冉鵬臨危共度。30 日重慶失守。蔣與政府急還成都。

11 月 1 日　星期二

新任央行業務局長白懷民來院向煜老報告央行存港物資處理經過及可亭任內之不當開支情形，此君頗為精明而識大體。

靜仁請元甫[1] 便飯，並約余作陪，話及故鄉，令人感喟！

自今日起，正式在院包火食，日常生活之食的問題，已獲解決。

11 月 2 日　星期三

昨夜因戒嚴關係，即宿於靜仁家。故今日上午到院頗遲。

院中辦公雖尚未獲恢復正常，而各方面接洽公事者仍紛至沓來，亦頗感忙碌。

外傳 7500 萬美援如何如何，今日葉外長在院會報

---

1 李源溥（1906-1979），元甫，字匯川，江蘇沭陽人。留學日本中央大學。追隨陳立夫，任中央調查統計局第三任局長。赴台後，任內政部次長（職責國安情報與經濟犯罪）。國民黨中央委員。

告，始知根本尚無動用計劃，美方亦未表示如何支配，距支用前途至為渺茫。

11月3日　星期四

炯聲與余談及大局，彼之觀測，似台灣某巨公對政府取旁觀態度，大有任其拖垮之意，實在宿嫌未除之故。

吳復年一再約吃便飯，均婉卻未去，今晚特請吃炙牛肉，其意甚誠，未能峻拒。

近日讀百公答客問，[2] 於理論與了解均甚詳盡，惜事實表現全無，徒貽宣傳專家之譏而已。

11月4日　星期五

佩恆籌款無術，於各方面索欵，輒以拖或減之法而應付，其實與可亭之言誇而吃老本同一誤國也。

熊覺民來談，意欲活動財部錢幣司長，於鄂省財廳長，擬不之任，並告我巴東已失，鄂省府遷利川，龍山亦被迫撤守，今後川東之局漸緊，而政府似亦無佈署，至為可慮云云。

朱孝澤攜公文來，請伯公副署，即擬任白健民為央行副總裁，因白為健生之姪，現調升業務局長，而草山某公反對，茲改副總裁實為明升暗降云，而院長能否同意副署則尚不可知。

2 行政院長閻錫山 1949 年 11 月初在重慶以答記者問形式發表對時局的看法。

11 月 5 日　星期六

33 年春曾到北碚，上週末因車拋錨，中途折返，今日由錢嶽喬[3]另借天府公司小車再往，四時即平安到達。在錢厲休息片刻，即由作孚先生在兼善餐廳招待晚飯，並計劃明日全日遊程。是夜即宿兼善公厲。

錢厲為一西式兩層樓小洋房，另佈置一小花園，頗栽植有異卉，極小巧玲瓏之致。據嶽喬語我均為其夫人一手經營，而子女八人同在西南聯大畢業，亦為其夫人之主張。夫人為徐氏，望之即知為賢內助。

北碚之民眾會堂，建築樸實，每日均映放電影，而發音機一部極為明亮，作孚先生語我係在美定造者。對觀眾往看電影者，取費極廉，約為渝市影院1／3，一角而已。今夜我等臨時往觀，片為「麗日春宵」，甚佳，惜因盧氏宴請未克觀完全片。

11 月 6 日　星期日

晨起，即有管理局派定之黃秘書子裳在兼善餐廳招待，陪同早餐後，往遊公園參觀各處，並看菊展，回憶去年在京看陵園菊展則直如一夢！

參觀北碚醫院，由唐院長陪同說明，並解說院中一切現況，作孚先生斯時亦在院督同裝置新由美購回之手術台。其設備實不減渝市各大醫院也，惜無固定基金，頗為該院前途危。

旋參觀博物館，因所陳列各物均為余閱覽過，無甚

3　錢嶽喬為盧作孚北碚新城市管理層負責人。

興趣，惟新增之祿豐出土之蛩龍全部骨骼仿製標本，則極感興味，幾千年以前此種巨物之生活如何，何以迄今絕種？為生物學上極有興趣問題。

在北泉餐廳午飯，得食北碚名產之魚「江團」，味較鄂省肥魚肉細而嫩，蒸而沾薑醋食之，不減洋澄之蟹味也，而綠豆麯酒佐之，余不覺醺然！即午寐於農莊。

午後四時浴於北泉，溫泉一切如昔，而五年後之我重來浣滌，回首五年來之時局變幻，則不勝感慨！

晚，又是盧先生宴請於兼善餐廳，專蒸有江團魚，飯後，並邀參加聆觀聯合國文教會派來各國工作之卡通專家馬氏表演，馬為加拿大人，發明以筆寫於影片上即可發音，真可謂繪影繪聲矣！惜不甚精采。

11月7日　星期一

孝澤向余借錢，余以其賭而兼嫖，恐非正用，托辭拒絕。

晚，吳光潤約吃晚飯，及往，始知為劍書代約並非請客也，以時宴，即宿靜仁家。

回憶昨北碚之遊，覺北碚以一小縣市鎮，而不過十餘年建設斐然，現代化，當佩作孚先生精神與努力之偉大，不過余覺其一切事業均以其個人為中心，危險殊甚，似應制度化方可以垂久遠，否則人亡政廢之現象即易發生。嶽喬極以余說為然！

11月8日　星期二

昨夜午時百公遍著人尋余，今晨到院始悉，命余往佩恆處商平抑黃金漲潮，因人心為時局動盪，黃金已漲至 140 元一兩，余不在家，侵晨即找靜一代往商酌處理。

李德公近風氣更變壞，亦學某巨公過去作風，竟逕下手令與佩恆，索購置費 23 萬元。佩恆請示百公，百公無法，批交主計處核。此事亦頗感棘手，蓋上不遵法守，即增加主管人員工作困難。

局勢緊張至今日，始討論總體戰綱要，[4] 並訓練幹部，何其迂哉！

11 月 9 日　星期三

今日院會已將總體戰綱要原則上通過，但仍無具體決定，一般例案通過後，繼開秘密會討論二小時之久，所議何事，局外人揣測謂係搬家問題。

晚，與鄧仲浦在求精茶社棋戰，余居然勝彼，亦一奇事也。

11 月 10 日　星期四

劍平自台來，應百公本院顧問之聘，並語我經過，余告以不智。彼謂在台無工作，亦感苦悶。否則將往東南長官公署政委會服務亦無甚味也。

鍾雪筠偕同鄉邱雪舫來訪，知為其邀〔繳〕納紗稅

---

4 閻錫山有成功的山西省治與抗日的經驗，親自撰寫抗共總體戰之部署，利用四川優厚的社會自然條件，力圖扭轉戰局，交院會通過，頭頭是道，但時不待我，很難實施。例如每個大縣組織一師武裝，實行土改士兵授田。

不公而託余向國稅署申訴，星二晚請余晚飯未到，正自表示歉意。

上午煜公突囑代往兩路口視察房屋，余以為甚好，但出路不佳，恐非彼滿意也。此事煜公何以指定我往，因張岳公指定余與長官公署劉處長接頭故也。

夜，任望南約吃晚飯，余辭未到。

11 月 11 日　星期五

克文覆書，頗願意余前往港，因之考慮如何辭去現職問題，尤懼煜公留難。毅然決然的走，似又非大丈夫光明磊落行徑，真費躊躇。

午後，散值時，靜一臨時約往黃君家打牌，意欲余受創，結果余竟收復失地，頗令彼失望。

11 月 12 日　星期六

規定放假之中山誕辰紀念日，百公突下諭上午仍須辦公半日。

十時國府之紀念會余未參加，午後之臨時院會，余亦未列席旁聽。

幾乎整個在靜仁家玩了一天，二時孝澤劍平約未去，直連六時蕭松立晚飯之約，亦辭未參加。蓋余不願多晤熟人故也。

11 月 13 日　星期日

晨趕回本院，公務極多，而來洽談公事者，亦不少，故甚感忙碌。

午睡後，應孫君之約進城，殊不知場合不周正，余提議改至劍書家玩，九時半始歸。

余前戲以「蕩婦」射同事姓名一，今日靜一提出答覆，謂係「任大受」，余笑允射中。

原擬利用兩天休假，往遊南泉，誰知又匆匆溜過。

11 月 14 日　星期一

蔣公來渝，[5] 余在財部得知，當告知炯聲往接，而交際科偏說不確，致本院無一首長往迎，午後三時果到。

受鍾雪筠君之託，前往國稅署訪張剛毅詳談，張表示調查明白後，公平合理處理。

趙伯平為余帶來之帽與筆今日均收到，至感滿意。兩物質不甚佳，處茲亂世，有用的即不錯！

劉熾暢約吃晚飯，飯後在彼府上放映電影，收聽廣播，詢家庭正當娛樂。

11 月 15 日　星期二

今日將余個人計劃與炯聲商談，彼贊成余赴港，並允代陳煜公。

時局斷緊，一般有眷屬在此之同事，均惶然無以為計，實則無從為計。

5　11 月 14 日，蔣介石自台北飛來重慶（蔣日記載：在機上視察湘西地形），是他進入大陸的最後一次，至 12 月 10 日，由成都飛台，駐川 26 天，指揮軍政。

鍾雪筠等又來訪，當將晤剛毅經過告彼。

11 月 16 日　星期三

據說邱益吾召集府內職員大會，有眷屬不隨政府遷徙者聽，單身隨政府者亦不能保證其安全，是無異宣佈散夥矣！本院同仁則紛紛要求補發離穗時之應變費 100 元，但迄無結果。

11 月 17 日　星期四

張剛毅膽怯，亟思飛港，今日來訪余，當閒談及虛雲法師故事，[6] 頗令人嚮往，非德行高，有潛修功夫，曷能臻此。法師云國內之浩劫不可免，而正統將仍回復，但屆時所挽回之人物並非現在之秉政者。虛雲法師為吾湘之湘鄉人，年逾百齡，住持曲江之南華寺，現猶健步如飛，誠奇人也！

11 月 18 日　星期五

軍事情況不佳，人心愈不安，各機關情形亦至不安，公務員本身亦無以為計，尤以攜眷來此者，究不知走好，抑留好？亦有紛紛要求政府負責將其家眷空運台北者。院中對此，責由煜公召集次長會議商決，幾乎開了一整天會，仍無具體好辦法，余雖無眷在此，為同仁

6 虛雲法師（1840-1959），禪宗高僧。湖南湘鄉人。18 歲別妻出家，山洞坐禪三年，苦行 11 省雲遊南亞 6 國，光緒、慈禧知其名。1951 年赴北京，任中國佛會名譽會長。圓寂於江西雲居寺，在世 120 歲。自聯云：坐閱五帝四朝，不覺滄桑幾度；受盡九磨十難，了知世事無常。

所欣仰，實在雖一人之去留，亦頗費考慮也。

今日決定冒雨遷回本院，隔屋住有同事齊君夫婦，獨身處此，終夜不成眠。

11 月 19 日　星期六

華姪午來商去留問題，余以為渠眷在此，何必再拖，渠深以為然。

三弟來訪，欲余向君亮說項保釋學生某君，余以為情形不明，自未能隨便說話。

偕鍾南進城，夜即宿於劍書家。

同仁要求，煜公允今日各先借支50 元，以銀洋折算，才十二枚耳。

11 月 20 日　星期日

晨由劍書家回院，在疇五處得見李伯豪[7] 辭職原電文，自估身價甚高，以部長地位而在港發電辭職，實屬駭異，亦可見政府紀律廢弛。

煜公召商院中留用人員詳細辦法，余無意見，總之政府在穗疏散不徹底，今拖至渝而卸此大包袱，誠非易事，誰令當日空運眷屬來渝耶？

在劍書家午飯後，以人多兼靜仁醉酒，余不高興，毅然出城。

蔣李之間外傳謠言甚多，炯聲亦謂德公昨日已飛

7　李漢魂（1895-1987），字伯豪，廣東吳川人。陸軍上將。任廣東省主席六年，任內政部長，總統府參軍長。後隨李宗仁赴美，晚年曾回大陸，病逝紐約。

港，午後健生長官飛渝，人心始為安定。

11月21日　星期一

雨時、均一午間來院請派員往海口會同國防財政兩部代表同算華南經費，並云明日即起飛，煜公屬意派余前往，余當以清算問題係屬國財二部主管，何以需派人前往清算，自難完成任務，且內容不明，尤未便擔任，當請煜公決定，明日先在院約集主管人一商後，再行決定。

四時繼續討論各機關疏散問題，余未參加，且逆料結果不外前次討論範圍。

晚與毓蘭走訪朱孝澤，得悉德公已決定不來，今後府中發佈命令署名問題，已決定送百公判行。此時能卸仔肩遊美，將來不患無再起機會云云，頗有見地。

11月22日　星期二

關於海南島經費之結算問題，今日午後三時召集一檢討會，始悉目前困難全屬金融問題，算帳已不重要，且無再由院派員前往之必要。

各部會職員之疏散問題，煜公今再召集會議，已獲具體決定。但對於眷屬之安頓，仍毫無辦法。且政府實亦無力再顧及。因之，各機關職務稍有財力者，輒紛紛洽定包機。

11月23日　星期三

伯度因事赴港，余戲謂願以書記同往相助，為渠所笑拒，蓋事實上彼亦無法挾余同行也。

炯聲語我，與煜公談及余事，彼不願余離開並謂擬以王炳生[8]之現職命余兼，且謂係百公意，余堅決拒絕。余生平既淡於名利，豈有值此局面反多加空銜耶？

天雨，無處可資消遣，仍偕毓蘭等往求精茶社下棋。

11 月 24 日　星期四

因公離渝之公務員之機票自本院規定自辦後，門庭如市，而辦公室亦門檻為穿，幾無法工作。想走者，急如星火，作可憐像，紛紛請託，專找路線，余意索興不許走，亦是一法！

午飯後，那峰毓蘭約往七星崗找神瞎子一摸，其技平常，旋訪蕭達人亦屬江湖氣，三人均小小破財，歸來只是好笑。

夜，與仲浦等飲吟酒館，求精學校之楊老師談風頗健。

11 月 25 日　星期五

方彥光昨夜自港返渝云，在港各方面對此次德公之到港印象與批評極惡劣，直目為國人之恥！而百公特送醫藥費港幣六萬元。

街頭發現有著綠色新棉軍服之兵士且言語不通，

8　主計長龐松舟因對時局失望 11 月辭職，副主計長王炳生代任。閻揆任命冉鵬為副主計長，「賈秘書長懇留與閻院長共患難……院會通過。」勺庭未接受。任命亦未撤銷。

因之謠傳日本兵抵渝，實則為台灣之特種兵，且為數甚少也。

11月26日　星期六

自美參議員諾蘭偕麥克阿瑟代表昨日飛抵渝城後，山城謠諑更多，台灣託管，東北租日等條約已簽訂云云，[9] 議論紛紛，一若有其事而為目睹者！同時亦可反映一般人心理上苦悶之一斑。

劍書來談，擬將眷屬移住嘉州，余以為渠一自由職業者，又何必舉家西遷，且不能認為該地即萬全也。渠深韙余言。

11月27日　星期日

例假，聞戰事已延至一品場，故一天緊一天，而美國之聲云渝市命令〔運〕決於24小時，人心為之更慌。

劍書約往城內便飯，余以情形瞬息萬變，誠恐失去連繫，辭未前往。乃約毓蘭那峰同去洗澡，偏幾家浴室均告客滿，余只得一人理髮而歸。

走？不走？此問題近日又縈迴余腦際，蓋與其盲目跟政府拖至成都而結果仍遭資遣，不如即留渝之為愈也，何況渝中友人尚多耶？將來即使回湘，亦較便利。繼念一人在此，此次西行來渝，即有意往蓉一

---

9 美國加州共和黨參議員諾蘭 William Knowland（1908-1974），是美國當年支持國民政府（蔣介石）之「院外援華集團」重要成員。他們指陳中國赤化的禍害，力主美國援助國府；斥責艾奇遜白皮書，馬歇爾、白華德、費正清等對失掉中國有責，並在維護中華民國的聯合國地位盡力良多。

遊，何不藉此機會隨政府西行，故又頗願隨政府走，終於仍是無結果。

11 月 28 日　星期一

今天情勢更緊，呼華姪來，告以行動，並將帶不走之衣箱乙口交彼保管，另贈彼銀元券100 元。並告以明晨看情形，如走不成即不走，屆時望彼來院一接。

院中整日除找飛機票與請欵者絡繹不絕外，而公役全體亦罷工盤據會議廳要求與職員同等待遇資遣，直可謂為無政府狀態矣。

因夜七時即戒嚴，余自未便外出，但如何計劃隨院車西行而已。因生活緊張，直寢食不安。夜半，炯聲忽派車來接與王毓蘭至院長官邸云有要事待商，至則始悉院中分得明日飛機票 14 張，但如何分給同人及如何派汽車屆時送到機場，一時想不出妥善辦法，爰決定分配給單身職員，交通工具至院再想辦法。旋彼至院處理一切，至夜三時始離去。余等至白市驛汽車雖派妥，當耽心同事知之定有人不依。明知眷屬無法同坐飛機，然彼等總不願余輩坐機先行也。毓蘭判斷則與余意相反，認為彼等決不致反對。

11 月 29 日　星期二　成都

天未明，即有同事來窺余行動，均以為余等六時即坐汽車赴白市驛機場也。旋甘正光君來密告，請余與王主任等會商，余力主同事有眷屬不諒，索興通告不貼出，余等決心與同事等一同車行，以免生反感。彼等嗒然贊成余言，蓋亦無良策。既而天大明，同事漸麕集，蜂言余等將坐飛機，彼等亦願同坐，汽車不能獨開出。余等既不願單獨行動，且無車，故聲言即令有機亦不坐。決隨車行。

集體行動，如此困難，而大印在毓蘭處，萬一不能帶走，何等危險。適皮作瓊次長來院領疏運車費，余乃告彼願隨銓部車行，彼謂未妥。余以為任夫參軍長雖約定余搭彼車同行，但需今天未明前往，事實上已不可能，爰要作珺之車先送余至炯聲家，與之一商至機場工具問題。渠謂無法可想，乃約余一同往機場，沿途車輛擁擠兼以不少部隊先開，雖小車在途亦走了二小時餘始至白市驛機場。余個人此際，心雖大慰，念及毓蘭等何時能來及大印安全問題，至為焦急。當報告煜老，渠悉大印未帶走，亦至焦急。爰囑劉次長紹庭與杜科長為緩行，待毓蘭等到再同起飛，一面炯聲電話通知城院並知車已開出，余等心始稍慰。

十二時餘，隨煜公乘中航機 138 號客機離渝，約一小時即飛抵鳳凰山機場，一睹華西大平原，為之一快，當至勵志社休息。飯後，余則走訪樹榮，一別經年，今竟隨政府逃難來蓉，相見不勝感慨！經央彼一同找旅館，好久始找到提督街三乾行舘。寓所既妥，乃再往勵志社，探悉毓蘭等已飛到，余行李均帶來，至此一整天緊張生活始告安靜，故至旅邸，一覺極甜。

11月30日　星期三

晨起即赴勵志社，適樹榮已先候，當共往訪毓蘭不遇，找但文等亦均不在寓，乃共往耀華早點後再訪毓蘭，適彼與許大川同回，相見大喜。四人乃至少城公園吃茶，時值冬令，遊人極為寥落，縱談上下古今，約一時餘，往觀銀元市場，熙熙攘攘，佇立街頭交易，一如廣州之十三行。樹榮請吃小舘，真正一嚐成都味，但四人小吃共花銀元五元，亦可謂貴矣。誰說成都小吃價廉？

傍晚同去找浴室洗澡，處處客滿，結果在三星池洗成，平均亦花銀元一圓一個人。

賴湯元，在蓉久負名，以其距寓所近，特走往一嚐，門面小極，僅值小桌四個，候吃者均佇立門外，僅賣豆沙湯元一種，佐以芝蔴醬與白糖粘著吃。湯元如鴿蛋大，每枚值索銀洋一分，其長處以余批評粉子細，甜而不膩而已，實亦無他特點。

1949 年 12 月（民國 38 年 12 月）

〔**脫險離川夜飛台，萬般感慨在心頭**〕蔣、閻、白崇禧、張群、顧祝同、胡宗南等成都會商川防。12 月 7 日決定：政府遷台北，大本營設西昌。張群赴昆被盧漢扣押。冉鵬等幕員12 月9 日飛抵台北辦公。蔣亦偕經國10 日飛台北。劉伯承等部圍國軍於川西，賀龍佔成都。張群脫險與白崇禧輾轉撤至台灣。胡宗南、盛文數萬將士突圍苦戰至1950 年3 月。除廣西遊擊隊外，國軍從大陸全部撤退。李宗仁 12 月初飛抵美國。閻揆在台暫掌國政。

12 月 1 日　星期四

晨起即與大川往嚐鱔魚麵，其味不清，實平常，旋樹榮兄與毓蘭先後來寓，乃一同往遊望江樓，樓已漸朽，樓中楹聯頗多，亦無非寫景感懷，名勝之地大都如此。樓額為濯錦樓，不知何以呼為望江樓？薛濤井枇杷門巷故址均在內，余等品茗其中，嚼薛濤豆腐乾與花生米同吃，實別具風味。

武聖宮在望江樓之旁，直一破廟耳。宮前有賣涼粉者，余盡兩碗，覺其味不錯。

還參觀川大，範圍甚大，樹木太少，除數十棟教室外，太無建設。乃步行往華西壩，頗覺幽美，誠不愧學府勝地，較之北平清華燕京又另具一格，各有其長處。在華西壩出名之蛋烘糕葉兒粑及柯園麵均一一嚐之，覺味均平常。在華西目睹女生數十紛紛以面盆盛取河沙，其目的在防火防流彈，可見戰火將延及此幽美之學宮，真令人感慨繫之！

壩上歸來，逕到書茶室聽雜耍，八時散後，乃與大川吃楊駝子麵，並小酌。值此漫天烽火，而余等跑來錦城，居然尚能過此閒情生活，誠屬幸運之至！

12 月 2 日　星期五

炯聲召集同事會議，知已定軍校內之新生社為院部會集中辦公處所，當偕往參觀。成都之軍分校規模宏大，不減首都本校。

遇尹靜夫及蒙藏會某君，得悉經濟部及蒙委會撤退之狼狽情狀，尤以蒙委會僅出來四人。王唯石、曹劍平對此次院中倉惶辦理撤退工作不善，極為詆評。事實如此，無怪人家責難也。

午樹榮來，乃與毓蘭一同前往長美軒便飯，並得晤真夫，該飯館雖為家常味，但頗雅緻，有北平風。

兒時，即聞大哥語我成都武侯祠，幼讀三國演義更懷想諸葛先生之高風亮節，今午特央樹榮導往，至在駐有劉文輝部隊，謝絕入內參觀，經再三交涉，始允入內。中殿為先主，有塑像，最後為武侯殿，亦有塑像，但無法入內，亦不辨像作何裝飾，不知仍為一般人腦海中之羽扇綸巾否？最後聞為先主墓，駐軍亦拒入。總之，祠雖閎偉，太少建設。民國來，即不斷駐軍，故頹敗不堪，所幸者祠內柏樹森森，不減工部詠詩時也！

出武侯祠，參觀右後之劉墓，佈置宏闊，較譚墓過之，幾可媲美中山墓。如此建築，恐劉甫澄將軍身前所未能夢及！後死之袞袞諸公，其勲名出諸其右者不知若干，將來能否國葬而有如此建設，則不能不令人生感矣！

歸來至華華茶館吃茶，茶館分四進，日售茶約5,000碗，為成都第一家大茶館。內有閱報者，談生意者，最奇者當眾修腳，毫不為怪。余等坐一刻，覺煩聒難耐，乃往聆川戲。憶余在渝八年，從未一聆川戲，聞蓉戲為川戲正宗，今晚特偕毓蘭等往看。戲名「玉獅帶」，覺此連台續演幾十本之武俠，趣味殊低級，覺不出其優美特點。

甫返寓，炯聲即派車來接，云有要公待理，當往勵志社，知今日臨時院會已通過余任副主計長，[1] 余聆之不勝惶恐，誰意播遷至蓉，尚加此不急之頭銜耶？余決不承受。適中央社正擬發稿，余堅要炯聲不予發表，一面懇煜公撤銷，惜煜公要會未散，未得表示我意。此外，另商決幾件平凡公事而歸。

12月3日　星期六

晨往新生社辦公，一切雖簡陋，而同事十餘人均親自動手，頗緊張有味。

午回旅邸與樹榮等往耀華便飯，旋又至益智書茶社專聽李樹三之竹琴，樹榮語我，李在蓉唱竹琴數十年，

---

1 主計制度三十年代建立，1948年行憲主計處隸屬行政院，稱主計部，主計長為閣員。政府南遷廣州，主計部改為主計處，和財政部一起辦公。主計長韋端不願遷重慶，薦副手王炳生負責，乃清理十箱檔案避留香港。政府遷渝、蓉，王炳生均代主計長，時與行政院負責財經的第二組組長冉勺庭、財政部長關吉玉共商財政要務，閻錫山遂提出請勺庭任副主計長，獲院會通過。

前輩聽之有癮，以今日余聆之「何立回話」，亦不過說唱詞句清爽聲音抑揚有節而已。

夜，專吃專門水餃，味頗美，余吃卅枚。

代主計長王炳生親來促余就新職，余敬謝不敏，且告以實情，渠雖同情，但總望余相助也。

12 月 4 日　星期日

逃難中，無例假，余晨往勵志社再懇辭兼職，煜老溫慰不准，炯聲語我，此事只好暫行一拖了之。嗣至新生社辦公，炯聲復召集已到同事講話，說明此次決定經過，同事中攜眷來無法離蓉者，不覺泣下，限於機位，公家亦無法也。同時，當局因應負責，而同事個人不仔細考慮，盲目隨政府走，致有今日之慘局，可謂活該！

與樹榮在長春飯館飯畢，即過少城公園，詳細遊覽一周，並至綠蔭閣吃茶，一面請名神瞳子者與余二人談相，並無特點，惟談話尚不俗。論余，將來僅位至次長代理部務，不宜在軍界作事，其餘談過去妻財子祿，亦平常。余再三以家中之平安相叩，渠堅云無事，使余精神上稍慰。至渠云將於明年一月回蓉作事，余等不禁啞然失笑。

同事幾已大部到齊，今晚紛紛在勵志社登記志願，一團糟亂。

12 月 5 日　星期一

伯琴來，托余為君平設法謀機票，因渠擬隨學校遷西昌，而伊之身體多病，不能再拖也。為狀殊為慘戚。

余則勸彼安頓於此，不必隨著再拖，即令謀得機位，一人在台亦無以為生，何況不易謀耶？

任白亨來，亦以沿途行李丟光，托代謀票飛海口，當代向佩恆言之，佩恆只允為彼一人設法，隨央行走，餘如眷屬則不能。

劍書攜家抵此，已決定不走，囑代租屋，亦是一法，當與疇五言之。

往何葵明處看董那峰來信，知九龍坡上機時之緊張情形，所有客人僅獲隻身上機，其餘如馭白等均一字未提，安全與否，殊使人焦念也。另據同機之王純如女士函炯聲，知儲子潤全家未走成。

12月6日　星期二

今日原擬遷入勵志社，以胡慶育次長車子生問題，致仍回旅邸住。

秦紹文云情勢日緊，談話會中，決定遷西昌，並擬空運，每日來回飛三次。蓋從劉任夫之建議也。

旅館本已退，為報告會報消息與慶育，又不得不於深夜趕回旅館，而且余之行李，慶育根本即未代余送至新生社。

12月7日　星期三

上午列席院會，為討論發動民眾保衛四川案，有最激烈之辨論。

午後五時，趕往晤任夫，告以消息，並約晤樹榮暢談，藉以話別。念此一刻，又不知何年重晤，為之黯然。

八時又列席臨時院會及會報，得知政府遷台北辦公。會後並竊詢杭立武教育部長，始知今夜十二時百公及煜老等即赴機場起飛台北。爰私步至官邸要求煜老帶余同行，以踐彼對余之諾言。彼不得已囑余乘明晨七時起飛定妥之第二架包機。余恐人多物多難上，乃私與佩恆商量搭彼車至機場以看機會。適遇任夫，渠謂彼可不帶行李，慫恿余上機，私自坐下，旋以百公帶物太多，臨時將其隨從留下二人，再三清點人數，始知多出余一人。余當以係煜老囑乘此機對，而陳立夫邱益吾等均以閻院長安全為辭表示不願意。此時余頗窘，而任夫亦無法相助，因 14 人名單根本未列余名也。余只有悄然下機，做黃魚不成，反為受辱，真為平生所未遭！

12 月 8 日　星期四

昨夜未得上機，即在機場汽車上守候至天明，當見何葵明、皮作珺〔皮作瓊〕、尹靜夫、胡慶育[2] 諸兄陸續來到，余以為第二機準七時起飛者，當不致有問題，誰知候至九時仍無消息，大家頗為著急。約半小時，有軍機124 號降落，群趨往詢間，知為接余等者，正獲安慰間，立尋紹文出而接洽，不料駕駛員旋即登機起飛，使同人等大感失望。不得已推紹文、靜夫、禹堂、雷法章四人進城謁總裁求設法，一去又杳無消息。余守候民

2　何葵明（何彤），內政部政務次長、皮作瓊，銓敘部長、尹靜夫，經濟部政務次長、胡慶育，外交部次長、秦紹文，國防部次長、雷法章，考試院秘書長。

航隊電話室候訊達三小時之久，饑寒交迫，頗悔先未與慶育上民航機逕飛香港也。禍福決於頃刻，懊悔倍至！何以巧於謀人而拙於謀己，一至於此！因許大川及慶育等上另一民航機均為余代找機也。

軍機不可靠，只好候民航隊飛機，直至午夜三時始到 836 號一架，旋陸續到七架之多，是時已昏黑，機場又微雨不停兼以北風，倍感淒苦緊張。機既到，行李上後，余等始往附近鄉村用膳，整天飢餓，此時方得一飽。

在機上候至四時一刻始起飛，而漂亮之小轎車任意遺棄機場，航空公司用餘之汽油聞尚有 90 大桶，任憲兵搬運亦無法運光。余自己之行李在整天候機期中，本可回軍校搬取，但不知機何時到，許到即起飛，實不敢錯過一刻。幸好濟濤來機場，為余將衣箱一隻帶出，此亦不幸中之幸事，否則下機即須購置。

12月9日　星期五　台北

上機時，聞駕駛員云須停港加油，為之一急，因港政府須檢查，不許攜帶黃金過二兩也。嗣得逕飛台北確訊，同仁等又為之大慰。

飛行六小時，十一時即安抵台北，並知台北時間較成都早一小時。

下機即逕赴辦事處，得晤振常等同事。由華西平原逃來海島，舊雨相逢，緊張之心情，至此始得鬆一口氣。當即午飯。飯後同去找妥永大旅社。

傍晚，振常偕往訪次青，見彼全家團聚，反影自身孑然逃來，家中情形莫卜，不勝悽愴，因之，次青勸余酒亦不覺醺然！

12 月 10 日　星期六

十時，次青來同至省府訪陳丹忱、胡邦基二兄，快談頃刻，趕回旅社，應釐芝約，在龍鄉川菜館午飯，並便道訪在杭學長。

午後，炳生又來談滯留新津未能飛之院中與主計處同人之安全問題，余衷心亦難受之至！尤以管馭白全家未走成而由九龍坡遁回渝城，生命極為可慮。念及此次逃難，政府及長官之不可靠，遙念前途之命運，誠令人惶恐之至！

晚，應丹忱等之洗塵於北方小吃館，嗣又往訪李遐敷兄處坐談，至直午夜12 時始歸。

12 月 11 日　星期日

院中一切未上軌道，何況例假，故仍未辦公。往遐敷家午飯，並請占課，問余香港之行有望否？卜得×××卦，斷為無望，姑誌之。

午後二時與在杭往味真家玩，並有釐芝先在，直至夜晚十一時始回旅館。

今日所接觸之朋友與院中同事，除百公之左右外，幾無不一致抨擊此次院中辦理疏散之紛亂與不負責。尤以昆明又發生叛變，疏運機又被截機之訊，為有關係之同仁所最憤激。

12月12日　星期一

院中臨時指定在院長寓邸之台北賓舘辦公，余上下午均前往，並處理公事六件。

因昨日報紙披露余已抵台北，老友來問訊者有鍾澂先推事，郭蓮峰司長，王聞韶諸人，尤以仲西自基隆趕來。來信問訊者有沈忱農。

今日與王毓蘭遷來勵志社六號住，環境清幽，遠較永大旅社好。

夜，味真夫婦來訪談，並一同往晤邦基夫婦，坐談甚久，晤丹忱夫婦則未遇。

此地氣候近熱帶，故宜沐浴，到台三日，今天始理髮洗澡並換夾衣，身體為之一爽。

朱孝澤、王唯石二人今攜國璽自海口飛來，由余陪謁煜老，報告海口中央疏散人員之苦況，並請院派專人前往負責調度，煜公告以已致電陳伯南[3]照拂，一面花20萬港幣包挪威輪自港往接。

12月13日　星期二

簡叔乾昆仲來訪，語我美援如何有眉目，似為耳食之言。彼一家已來台三十餘日，誠不知何以維持生活也。

王覺先來談，極力慫恿余任副主計長，余仍笑

3　陳濟棠（1890-1954），字伯南，廣東防城人，客家人。一級上將，蔣桂戰爭中支持蔣。1926年起主長粵政十年，建樹甚多，廣州遂為繁榮大都市。有南天王之稱。1949年出長海南軍政，1950年赴台。

置之。

今日有空中霸王號飛蓉接來中央公務員 53 人，院中來但文等六人，言及在新津機場之候機慘狀，聲淚俱下。誰使公務員遭受此磨難，恐百公一人不能辭其咎，諸事知而不明斷，一味拖延。

12 月 14 日　星期三

列席 102 次院會，重要討論事項厥惟搶運滯留新津之公務人員，一面請派空軍一面仍儘量租用民營機。據但文昨自蓉飛來目睹當場情形，似靠空軍機無望，實際上包租民航機，據新自港來之公超部長報告，於加油、氣象以及租金等事均有困難。惟願蓉城能固守兩週以上則彼等全部均可脫險。

在杭夫婦約吃午飯於金山館。川菜頗好。

徐葉秋推事來訪，談及管馭白，相與噓唏。人生之命運，豈前注定耶？刻消息不通，令人懸念不已。

12 月 15 日　星期四

同事宋海清等攜眷，不幸原機飛往昆明被扣，朱靜一、陳方波、王疇五之眷均在內，故極為焦急，但營救無法，且無法接濟，真想不到之意外！

路遇關德懋知鑄秋今日開業執行律師，乃一同前往道賀，並與鑄秋談克文在港情形甚久。

12 月 16 日　星期五

天雨鞋漏，無法上班，向院中要車一接，院中又無車，不得已只有候雨住，僱街車上班。午間特往衡陽街買膠鞋一雙，無此，委實不便也。

在皇家餐室，與毓蘭二菜一湯竟花 23 元，晚約同事六人在七重天吃客飯，本不貴，臨時加一對蝦，六個客飯僅 15 元，而此一菜竟花 16 元，台北吃之貴可知！

12 月 17 日　星期六

旁聽104 次院會，僅對盧漢[4]決議通緝歸案究辦，明知其不可靠，李白前要求派兵入滇而任魯大昌[5]為主席，側聞蔣公不同意，今滇局弄至如此地步，真令人憤慨！

李循和在此農復會工作，待遇以美金計，故較任何吾人為優，今夜約請余及毓蘭、靜一三人在太平村湘菜館便飯，竟花彼 70 元，談及美援及換陳主席，渠均持相反意見，豈另有所聞耶？

以倪震寅二科長來電，謂再不派機往接，渠等將死於新津機場，與煜公商量，一時實無良策。

12 月 18 日　星期日　基隆

仲西意誠，再三約我等於例假一遊基隆，今晨並親由基隆來接，同事等共去 12 人。彼所住屋係就海水浴

4 盧漢（1895-1974），字永衡，雲南昭通人，彝族。國軍二級上將。早年隨龍雲入滇軍。曾任雲南省主席。1949 年 12 月主動倒戈，接受共軍改編。

5 魯大昌（1889-1962），甘肅臨夏人，行伍出身，30 年代升為師長。打紅軍，殺土司，任第二軍軍長。1949 年被共軍俘虜，未受懲處。李宗仁有意命其赴滇制服盧漢，但蔣介石未予批准。

場之辦公室臨時搭蓋二間，窗外即海灘，面臨大海，每日可看海水，聽濤聲。海，何等偉大，使人心胸頓寬，惟基隆氣候太壞，幾乎無日不雨，一年中天晴不過數日，有雨市之稱。余等今日來此，雖獲睹晴天，然不時亦陰亦有微雨。此地因為雨多，故極潮濕，居民及街市之一切，均受日人之影響甚大。

基隆距台北 29 公里，但一致之水泥馬路可通。交通方面有火車、汽油火車、公共汽車，極為方便，故住基隆而在台北上學者頗多，因火車於學生之收費僅1／10，極廉故也。

12 月 19 日　星期一

昨遊基隆同事同往者太多，致今日上午上班時，煜公很少找得到人。午偕李煥之參事共訪張真夫，得悉靜仁等均尚滯留蓉城，能否來台，殊少把握，彼本人離蓉至海口時亦頗狼狽也。言及此次政院疏運會之無力，與種種不合理事實，渠極痛恨！

毓蘭因嚴靜波[6] 發表經濟部長事約往訪劉任夫，談畢即偕味真共往同慶樓小吃。飯畢即至味真家玩。

12 月 20 日　星期二

緊縮機構案，似又無誠意，仍是一個混與拖的局面，似此，有何希望？繼續自腐而已。

---

6 嚴家淦（1905-1993），字靜波，江蘇蘇州人。經濟部長。上海聖約翰大學畢業，在台推行財政改革，被稱為「新台幣之父」。1972 年任副總統，1975 年蔣介石逝世，繼任總統三年。

昨晚既失眠，上午擬稍補睡，曹劍平忽來訪談近一小時，無法再睡，乃往賓館辦公。

散值後，訪胡可時，並在彼家便飯，渠告我上海近況極詳，夜八時始歸。歸來，又與慶育談外交方面最近動態，及個人擬赴港一行事甚久。

12 月 21 日　星期三

炳生奉命今日上午往台省府監交，院中九時之例會臨時請余代表列席，余既未就任副主計長，自未便代表。

方永施贈余與毓蘭大西瓜一枚，約重廿斤。午飯後，約來同事九人，始勉為一頓吃完，可知台灣西瓜之大，而在嚴冬之際吃西瓜，尤為內省人士所罕聞。

五時，鑄秋約往商擬草擬裁併中央各機關方案，經交換意見後，攜歸閉門起草，而邦基來，誤以為暗藏春色，可哂也！

12 月 22 日　星期四

炯聲自港來電，謂派赴鳳凰山機場之巨機因空軍不許降落空自返港，爰報由煜老電周總司令交涉云，軍事上理由目前不許降落。一面再電炯聲，下次能去時務必在港籌帶閻毓杉等同事八人資遣費去，約合銀元 2500 餘元。

曾慕韓電院，百公謂事大有可為，彼之外匯請遲匯去，可笑也。

夜請遐敷占課，謂赴港即日有動機，或有希望歟？

今日已致函伯平炯聲，屬其來電調也。

12 月 23 日　星期五

上午與毓蘭抽空走訪蔣夢麟與樊達初二先生談甚久。蔣先生以一年之間整個大陸失卻，全由於缺乏中心思想所致。軍隊之不打戰，政治之無能尚在其次也，其見解甚透徹！

旋訪鑄秋，談前草之案，並在彼處查得法律資料一種，立即返院擬簽提會。因懲治貪污條例本月底施行，亟應予以延長一年也。

台北氣候變化太大，兩三天不雨，今日就陡熱，簡直有如初夏，可怪也。

12 月 24 日　星期六

旁聽院會，對於民航隊財政上之救助案，討論甚久。又聽人詢公超，知對王師曾攜黃金40 兩在港被沒收事，無能為力，實則港政府此種政令，凡在穗住過的人們無一不曉，不知王君何以違此！

吹了一天的風，繼之以雨，天氣又變涼，有如深秋，著冬大衣亦可。

勵志社舉行耶誕慶祝，夜有酒會與跳舞，余與毓蘭嫌洋味太重不參加，乃避往遐敷家玩了半夜始歸。

12 月 25 日　星期日

耶誕逢例假，如在過去的首都，公務員是何等娛樂的心情，今日則相率逃亡孤島，還不知前途命運如何，誠令人不勝今昔之感！

孝同為余代購之皮箱與皮鞋今日均帶到，至為合用。

與炯聲談港事，渠似亦不能使余去港。

王祥松約吃午飯，步行前往，以尋門牌心懊惱，決計中途廢然而返。過味真家，已午後二時，直未便再麻煩人家，故忍餓至晚上，真說不出的苦！

12 月 26 日　星期一

昨夜又在味真家失眠，天明即偕鼇芝回社休息，見外縣成羣結隊來台北上課之中學生，真有朝氣，同時可見台灣交通之方便！

午後到院，工作即忙，分內事不多，而各方來洽經費者不少。同事為營救在昆眷屬事，頗有主去港設法者，有些著急者，日以淚洗面，實在乾急何用！

12 月 27 日　星期二

公家有12 天之旅館費未付，今日勵志社又通知催付，余乃先行墊付。

在台尚未看電影，今日在成都路晚飯後，即偕毓蘭等看「乳燕飛」影片，頗含有家庭教育意味。

12 月 28 日　星期三

今日無案討論，致院會例會停開一次！

晚訪叔姐（即譚任叔監委梅公任夫人，三姐同學好友），暢談余此次渝蓉來台經過，伊不禁為余擔心也！

同事查科長慕陶在中華旅社結婚，未舉行儀式，僅請張厲生證明，因客均係同事，故鬧酒頗兇，余亦不覺喝了幾杯。

三時，百公召集炳生、佩恆及余討論國大代表要求參加政府實際工作事，交換意見甚多，但未作決定。蓋彼等自感素餐之不安而有此請求也。

12 月 29 日　星期四

方中天來談，頗欲余代為介紹一工作，以維家中生活。老友受窘，理應多為效力，容與靜夫次長一商，看資委會各單位有無機會。

晚飯後，訪味真，適炳生兄應約先至，炳生過去在糧部，同事譽其雀技之精為老虎，今日較藝，實亦平平。

各機關為本月份經臨費來院請欵，煜老堅持須候百公親判，且怨余似不應代為催請。各機關遷台後，有未領得分文者，焉得不急！其不合理之司法各單位，渠從余意見發回炳生重核。

煜公囑余與炯聲通長途電話，接了兩天，今午好容易接通，而炯聲又不在家。為之悵然！

12 月 30 日　星期五

黃少谷自日月潭來電話，煜公以湘言聽不清，呼余代聽，及余趕至賓館，渠電話已掛。旋佩恆來，不久吳國楨偕任顯群來，始知為草山允立撥十萬兩黃金為台灣銀行充發行準備金。余從旁解釋，煜公爰請百公立即條諭央行照撥。

午後，孝澤與曹劍平為李志伊之長子欲央行准其報到工作事來找，允立函佩恆設法。

四時，戴安本自基隆來訪，兩年不見，在台重聚，至感親切。

見報，知真夫夫人於前日病逝台北，今特與煥之前往弔唁！

下班後，與毓蘭共訪次青聊天頗久。

立委廿餘人來院訪百公，談話極久，煜老不願意亟須有公事請示，訾其為一般妖精纏人不放，余聞之，不禁失笑。

12 月 31 日　星期六

今日院會又討論保衛海南及台灣案，有人反對「保衛」字樣，蓋自唱保衛廣州、華南、重慶、四川以來，無一不放棄，今退至最後之兩島，猶唱保衛，實有不妥。據余觀察，實屬一種自欺之宣傳，既決心保衛，下令命各主管執行，何必印有小冊子而云機密，其誰欺？何況內容了無新義，故余主張應負責執行即是。

今當民國 38 年除夕，此一年來，國家變化太大，整個大陸土地丟光，論家庭則余有達文與大兄之逝，己身亦隨政府奔走逃亡，且渝蓉二次撤退，幾乎不能退走，真不勝今昔之感！

正午煥之約往弔真夫妻喪，並得聞周君告，知靜仁等均未能撤出成都，念數年來同場遊戲，並常恐一旦無法退走時之危險，今彼竟陷落，真為之耽心！

1950 年 1 月（民國 39 年 1 月）

〔國民黨反躬自省，力圖浴火重生〕政府遷播台北，是蔣介石早有預案的歸宿。徐蚌會戰敗後，蔣亟部署政軍金融文物向台轉移。戰局誘導，一路向西到川康，陷走投無路之局，憑借空軍民航優勢得以遷台。行政院在台面對中美關係，蔣堅拒託管，台幣改革先行，決心打造反共復國基地。制定台海防務規劃。冉鵬參與機構裁併。

1 月 1 日　星期日　台北

元旦適逢例假。昨日臨時院會時，頗有人要求補假一天者。百公以影響前線士氣為辭婉拒未准，事實上等於未放假。在每逢例假上午須辦半天公之本院，則仍獲放假半天也。

今日天氣轉晴，有風，頗清冷。台北賓館臨時用紙紮之總統府三字被風吹落，而襯以兩面破舊國旗，異常顯得不整齊，較之在京時之國府氣象真不可比擬。何年得重睹漢官儀，令人感慨繫之！

與釐芝等往遊動物園，得見母獅一頭，狒狒一頭，此為生平所未見者！欣逢元旦各機關學校工廠均放假，來此參觀者絡繹不絕，何止千人！其另一原因報載鼬鼠與蛇鬥之表演，因之更使人來看。

1 月 2 日　星期一

院中雖照常上班，畢竟有過新年意識，人們工作心情究竟不高。

晚飯後，頗感落寞，乃偕靜一毓蘭二人前往永樂戲院觀顧正秋之「漢明妃」。丑角等配角較在京演唱時為劣，故不及前好。

1月3日　星期二

上午散值時，孝澤與志伊來訪，並約往味真家玩。余以公事甚忙，婉謝，未能同去。午後在杭又堅約往楊君家玩，余再三辭未脫。譚任叔約請晚飯，事前已同意，不意佩恆臨時又請吃晚飯，只好退叔姐處約，並專車往楊家辭在杭。今日亦可謂酬應忙矣！

佩恆專在家請吃火鍋，被約有初如、紹文、炳生、余及張迺櫆審計長，餘為雨時、均一、瑾功三人作陪，亦為公務常聯繫諸人。座談，以雨時大言抨擊院中此次搬遷之不負責任最力，最怪，來台後，並無絲毫引咎表示，殊有厚恥之感！

飯訖，步行訪味真，知昨日過生，親友送酒席二桌，今日補行，一時甚為鬧熱。

1月4日　星期三

院會例會今日已移總督府——即介壽堂——舉行，院中於下午已正式全部遷入三樓辦公。余以例會，中又討論保衛案，未參加旁聽。

監察院童會計長來洽撥經費，並告余每一委員擬分房屋津貼 3,000 元新台幣。余以為此事將影響主委及整個政府職員待遇，蓋房屋租賃房費，政府之原意在解決公務員之住的問題，並非津貼每一個人。今此例一開，政府將無有善後矣！

晚，應在杭約赴陳君家晚飯，十二時即歸。近兩日來睡眠不好，胃口甚感不快。

1 月 5 日　星期四

近日報載渲染美對台灣如何如何，而美國務院又正式宣佈無其事。余詢之慶育，[1] 知仍為單相思。總之，能自助，則得人助，美援不來自來，如果一心企圖美蘇戰爭而妄想如對日戰爭收意外勝利結果，則非易易，且恰與美人心理相反。

辦公地址自遷介壽館後，漸漸上軌道，但余意，機構不大事裁併則革新仍無望，還不是敷衍與拖！

1 月 6 日　星期五

午得孝同自港來電，知那峰即將抵台，臨時約毓蘭往松山機場迎接。下機後，辦理入境手續甚繁，無怪外人反對也。

憶余三人在渝時日夜相聚，但自十一月二十九日倉皇撤退後各自分飛，今日復在台北聚晤，真不易也。

那峰此來，全為英國明日宣佈承認中共政府，復興輪船公司之善後問題亟待請示交通部決定，彼受公司之託臨時飛來此地。

1 胡慶育（1905-1970），廣東三水人，外交部政務次長。曾任駐外大使，駐聯合國代表，外交官高考典試委員。1952 年任葉公超之副代表同日本簽訂中日和約。慶育與冉鵬同為 1931 年首屆高等文官考試及格錄取者，交誼甚篤。

1月7日　星期六

百公定今日午後四時在台北賓館茶會招待70餘位監察委員，事前監委以問題約20餘則向質詢，最要者為兩次疏運之辦理不善。煜公命毓蘭及余起草答辨，余等乃據實書寫，簡而扼要論責任則甚無所逃避，而百煜兩人則思極力洗脫，不嫌詞費。百公自起草20餘頁，無論如何善說，究不能掩過事實也。

在杭來談，余約其往遊北投，渠反對，結果又約往陳家玩了一個下午。

1月8日　星期日

到台北，誰不知有北投溫泉，以俗務冗忙，故來台整一個月而北投曾未一往。又以北投為色情放縱之所，故一般有錢有閒之孤男莫不趨之若鶩。今日例假，適院中有車赴草山，道經北投，余與毓蘭等決計隨往一遊。

午後一點半出發，約二十分鐘即到達新北投。下車後，即沿路步行，登普濟寺，抽籤問家中消息，得癸未籤。籤語平平。

四山林木蔥鬱，泉聲淙淙，而熱氣薰蒸，硫磺氣味頗重。在山中靜處覓到吾人原擬下榻之旅舍——「逸邨」。聞山中有旅舍二百餘家，逸邨較幽靜清潔。

在舍休息片刻，再往遊法藏寺。此地寺廟規模均小，僧尼亦少，不比大陸之古剎叢林，寺僧有數百人者。有許某自願導遊，引余等至寺前寺後遍觀，並得遠見妓女住所，如鳥籠然。余至此，對原來之熱情，為之一涼。蓋見伊等之生活如此，尚有何心向彼等尋樂找溫情耶？故夜在舍呼來四人，余均不主留宿也。

1 月 9 日　星期一

余愛逸邨幽靜，於客人走光後，猶捨不得離山，因昨夜洗澡未痛快，今晨又入浴一次，始下山搭十點半之汽油火車回台北。此次雖無風流情事發生，而能於例假在此幽靜之名勝地過二十四小時生活，亦至感難得！

上午懶得上班，煜公疑異，私詢毓蘭關心余之起居。

晚，味真來商擬約余小本參加生意，余允略為投資，實則為數極微也。

1 月 10 日　星期二

自英國承認中共後，如復興、民生兩公司營業上將發生較大困難，而且均美加借款關係，那峰即為復興公司移轉國籍事而日日焦心者！其他招商局等亦以收入全無，而美債本息均還不出，大有朝不保夕之勢。

劉延洪請余與慶育在彼家晚飯，由其夫人親自下廚，甚為忙碌。因鬧酒，余不覺微醺，而慶育與金世鼎兩同學則大醉矣。扶慶育歸來，渠於醉中告我在北投與女度夜，頗趣！

1 月 11 日　星期三

109 次例會，公超報告美國會正開會，共和黨將藉援華問題發動政爭，望國內外負責人士均守緘然，免誤國家前途。又因草山[2]屬百公草擬收復大陸計劃，外間因之誤傳大局好轉，原在港觀望人士，將紛紛來台云。夜詢之慶育，謂未免樂觀過早。

法部員額今又核准 50 人，是對余前簽 34 人，不啻又自行推翻。余對法部得罪人事小，其如院中措施何！立向煜公抗議，並請辭二組主任兼職，渠表示自己不對，並勉余繼續負責。

復興輪船公司移轉國籍事，今日簽准除美國外，准移轉其外友好國家。

中警校長李慎齋又於今晚宴請於錦江，余生平對此種公事飯，決不應酬，因之未去。

1 月 12 日　星期四

總統府函請購汽車九輛，國家如此，而不顧國家財力浪費如故，可嘆也。當商之煜公，彼亦感嘆不已！結果交主計處先核。

同仁等以明日即須由旅舍遷入宿舍，一般全以行李丟光，要求當局格外補助。煜公以院中不能隨意開例，堅持不許，故明日能否遷搬，頗成問題。

電信局陳樹人局長約吃晚飯，余亦未到。

1 月 13 日　星期五

外債到期本息應付之船貸等款為數約62 萬餘美元，財部為維持國家體面，當電中國銀行代付。但國行

2 陽明山之草山行館，時為蔣在台之官邸，稱草山即指蔣介石。

外匯頭寸艱窘，如何籌還不無困難，即請院召集各有關機關商討。院派余主持審查會，當即決定資委會有外匯，其所欠部份由其自付。交通部部份則極難，只有賣船還債。今日將記錄呈核，余並建議循外交途徑，整個交涉緩付，不然將時時被索債也。

午，毓蘭約吃台灣味之炒飯與粉，頗另具風味而價特廉，二人共吃了四元五角。

散值後，應鳌芝、孝澤約又往在杭家晚飯，十二時始歸。

台北市歡送新軍入營，極為熱鬧，有如過新年，懸旗並燃鞭炮鑼鼓遊行，為近數年所未見。

1 月 14 日　星期六

第 120 次院會，對美傑色普先生明日來台之招待事宜，頗有討論。

同仁等堅要求當局特予補助，以便搬遷宿舍。余則以財源無著，頗難開例。且院中開端，各部會即羣起援例也。

晚，那峰等請吃飯，未便不到。席間知香港政府對炯聲離境之無理，英國最講現實，此種情形，實不足怪！

1 月 15 日　星期日

今日為舊曆冬月二十七日，鳌芝來告為其生辰。余乃臨時約得味真與毓蘭共往美味齋小酌。余飲黃酒不過半斤，頗有醉意。

午後，在杭來，又約往味真家晚飯，歸來已是十二點。

據在杭語我，台北亦有台基專拉滬穗退來之舞女，並謂與其上北投，勿寧找此輩云云。余為之胡盧！

1月16日　星期一

吳淡如自海南來，云傳聞馭白、子潤及陶樾三人在渝已被害，但式文則告我央行有十二月九日離渝之行員，到台述及渝市情形，絕無此事。可是一入鐵幕以後，真實消息即無獲知，如論馭白與余交自入大學起，迄今已同行動24年，雖同胞兄弟亦無法朝夕相守有如斯長久者！今果遇難，慘何如之！此噩耗余希望不確！

午後，釐芝來訪，散值後，隨同往晤在杭，即在在杭家便飯。

1月17日　星期二

佩恆偕雨時均一兩人來，共至煜公處談台省鹽稅事及軍費核定數字甚久，但須請示院長，其原因在省財廳向財部爭稅收。

那峰約吃午飯後，其友陸君言碧潭風景甚美，可資泛棹，一時興致好，飯畢即包小汽車前往，果為一潭碧水，清澈可愛。一舠容與，風景不異當年之玄武湖上！

1月18日　星期三

院會中常有政委攻擊在會中之言論每退即洩露，如余在場即無任務又何必參加致涉嫌。故自今日起，余個人決不參加，以後少麻煩，且亦無必要也。

博愛路宿舍今日已開伙食，余亦包飯，但何時遷往，擬俟用物備齊再說。好在勵志社尚能住一個時期也。

主計處已遷來介壽館辦公，炳生573余到處辦公，余婉辭俟向院中當局請示後再行到差。實則余不願兼任此虛銜也。

1 月 19 日　星期四

院中召集次長事務彙報，討論辦公房屋分配問題。雨時大肆抨擊院中分配之不公與不合理，其他各機關亦羣相責難無法遷入辦公。即此一端，可見政府之無能與辦事不徹底。

關於財部裁併機構與緊縮事，余意所有各署局目前均無保留之必要，擬一律併成司。但中國事多為人事問題，不得不先與佩恆一商，如總稅務司之應併入關務署早即應辦，而總務司李度（美人）亦如此建議。但佩恆為涉及對外，均望保留一個時期。又如統計處之併入會計處，現任統計局副局長李慶泉即來余處爭議。余力持不可，蓋政府逃亡來台，尚應保持在京時之系統耶？

1 月 20 日　星期五

台北生活程度高，洗一套中山服，需台幣六元，合銀元二元，無論何時，國內各地無此奇昂也。

得蕭立坤來信，知彼接得馭白及儲子潤來信，均平安，正計劃東歸，可見外傳種種完全不確。

晚飯後，毓蘭約往中山堂看電影。歸來與慶育談天甚久。

1月21日　星期六

經再三考慮，決計作書宋三姐報告余之平安，並同時望得家中近狀。為免收信人增加麻煩計，乃用母姓，並託毓蘭由其家信中附轉。

冷剛峰同學來，要求院中對制憲國大代表一律發生活費，余當告以不合理，可是不屬余之辦。

總統府將房屋租賃費由職員瓜分，余亟以此舉為不合理，有失本院規定原意，蓋購置宿舍產權仍屬公有故也。現在機關之濫費與無理，真不一而足。可嘆！

1月22日　星期日

九時，為台省府改組事，院中特召集臨時院會，並召吳國楨主席列席說明，始獲照案通過。為省府換兩個廳長，而如此嚴重，自余服務18年以來尚屬第一次也。

午後，靜一等吵上北投，余覺無興趣，堅拒未同去。

毓蘭約往仙樂館吃日本菜飯，我兩人均外行，由下女代要兩客「天丼」，實即客飯，即飯上加以油炸魚蝦做菜，另小碗魚煮豆腐湯，其味酸辣，不似本國口味。

夜半一時半，煜公猶來電話找毓蘭去辦公事，幸彼不在寓。

1 月 23 日　星期一

毓蘭等晨自北投歸，告我昨夜情形，余終覺不感興趣！

立監兩院及總統府不遵規定，擅自瓜分房屋租賃費，余早言其不當，今果驚動草山，甚表不滿，云值此財政奇絀，何能如此浪費。百公受責，詢諸煜老，煜老問余，始知始末，亦為之驚愕，當囑王炳生主計長補具節略，以便遞呈草山核閱。總之，上無道揆，下無法守，其來已久，又何足深責！

1 月 24 日　星期二

鑄秋之子俊明思赴美留學，已向某教會洽妥，今特偕往謁杭立武部長，承立即批准，至申請外匯二千美元，則有困難。

安之、士維今日來訪，闊別已久，今均逃亡來台晤對，遠非一年前始料所及！

下午召集進口物品貨單審查會，關務署周署長對台灣目前之外匯管理種種失策，極表不滿，一兩黃金僅值美元 31 元，世界各地無此低落之金價也。

在杭約李柱南晚飯，余作陪，因之次青請那峰晚飯，余則未到。

1 月 25 日　星期三

昨夜夢荃兒在街頭呼找爸爸，及余身歸故里。午夜驚醒，為之悽然者久之！

近日常有許多不合理之請款案，煜老交余審核，頗感棘手。

第六科科長張震寅既未能來台，而該科事務亦相當繁多，今日決計簽請補用朱仲西，因院中無適當人員可補調，而仲西又為院中老同事，兼在法規會工作五年之久。

1月26日　星期四

補仲西事，據炯聲告我煜老囑稍緩，俟政府裁併案確定後再說，因本院僅留68 人，尚須裁員也。

在若非家昨夜失眠，午睡後，洗了一個澡，身體方為復原。

1月27日　星期五

佩恆贈余三星白蘭地兩瓶，為朱靜一、王毓蘭所知，特於中午吃了一大瓶，餘為味真攜歸為老太太補血之用。據云老人貧血偶飲一小盅可益身，但味真嗜酒，家中多於開瓶後，往往飲盡，無一餘瀝，酒徒之習性如此也。

晚合請次青、那峰、丹忱諸人小吃，必解決一瓶，如此豪飲，嗜酒者大為嘆惜，浪費好酒！

飯後，又共約往味真家，深夜未能歸。

1月28日　星期六

在杭及孝澤日前即相約上北投，午後即僱車來接余，直駛北投山上逸莊旅館。此間雖不及逸村乾淨，而均係小房間，溫泉水熱，女侍人熟，故在杭等均較活躍。

余來此原本有探花之意，但一看見彼輩之雙趺（腳背），則興致索然。萍水結合，已無情感可言，再加以不生美感，試問從何發生情趣耶！故不如沉緬紙牌中之為念也。

陳初如[3]新發表交通部長，今特偕劉任老前往道賀，惜未遇。

1 月 29 日　星期日

昨夜在山睡得很甜，今晨苟非在杭一再呼喚，仍不知醒。在城市過慣熱鬧生活的人，例假及週末，實需在極靜之地過其幽閑生活也。

在杭友人陳某，少不更事，其浴巾為某妓女誤用，經店主調解認賠，而彼不允，堅欲窺浴，致引起本省之有關人員不滿，紛呶將生事，店主亦為之嚇煞，致憲警頻來調查，殊煞風景。

1 月 30 日　星期一

於大雨滂沱中，僱車下山，回城方九點，乃逕至介壽館上班。

唐君民僕來訪，自稱為常德人，談悉為高小老同學，現任湘省府辦事處副處長，因省府成立事，特來相

3 陳良（1896-1994），字初如，浙江臨海人。留學東京農業大學，抗戰時期負責全軍後勤，奔波戰區，功勞卓著。戰後任聯勤副總司令、財政部政務次長，代上海市長。入台任閻錫山總體戰秘書長，隨侍蔣總裁，部署戰區交通物質調動。歷任交通部長、主計長。

商。並告我自渝蓉飛三亞經過，實亦千辛萬苦！

天半不到院，而各方公事蝟集，實則所忙者與國計民生無關，直對機關與員工服務耳。

1月31日　星期二

政府低級職員，每月俸給所入僅75元新台幣，洽敷一月伙食。如有眷屬則無以為活。本院住吉林路宿舍之眷屬，則有此現象，因之同仁簽請援在穗例，每人給與膳貼。炯聲召余等研究，余以為明知不够，而迫使各機關主管違法設法救濟，不如正正堂堂將低薪職員待遇普遍合法加高。炯聲極韙余言，並囑余與主計長迅商調整辦法。

關於立監兩院及總統府瓜分房屋租賃費，極不合理。余囑但科長作簽通令糾正，並與炳生會商，渠亦同意。今日午前，公文即發出，有無效果雖不敢必，然杜絕其他機關請求，則不可不謂有效。

夜與慶育商談公務，並對政府措施表示不滿。

1950 年 2 月（民國 39 年 2 月）

〔強化社會管理，視察台中故宮文物〕駐台國軍重整，撤銷白崇禧兵團番號，顧祝同任國防部長，杜絕官兵逃亡，官員不准滯留港澳，出國護照嚴加管理。毛澤東訪蘇簽署中蘇同盟條約，外交部聲明無效。立法院敦請蔣中正復任總統。閻錫山派冉鵬參與視察台中故宮文物，並呈交報告。憲兵司令張鎮突患惡疾不治。

2 月 1 日　星期三　台北

十時本應往經濟部監交，尹靜夫次長忽來告，新任嚴家淦部長又有不就意，只有稍緩。

龔聖治贈我龍井茶一盒，在台苦無好茶吃，得此真不易！

百公派余視察台中故宮文物保管情形，[1] 近日公忙，尚無法分身。而故宮與中博所藏之精品亟思乘此機會欣賞也！

2 月 2 日　星期四

上次在北投尚有餘款，今日特在新中華飯店聚餐，余亦前往參加。

關於辦理疏運不力人員之處分責任事，百公已照煜老簽呈批准，即炯聲與劉次長紹庭均免議覆，公路總局

1　1948 年國共戰爭逆轉，故宮理事會議決文物擇優運台。3 個月內由海軍艦船運達台灣。故宮屬行政院管轄，文物遷台乃國之大事，閻院長命冉鵬代表政院赴台中參與視察（另有知名學者專家蔣夢麟、傅斯年、羅家倫、張道藩、杭立武、孔德成、馬超俊、莊嚴等），並囑寫成報告呈閱。

局長沈圻本院簡祕兼組長許大川撤責，其簽呈文稿則為余與毓蘭二人奉命起草者。如以真實責任言，何能僅責之沈許二小員，應課以責任者，尚大有人在！

明日決定去台中，關於各要案，一一指示但、金二科長妥為處理，但務即託靜一照料。

午，無意中由靜一導往蝴蝶藍便飯，始悉為吃女招待場所。伴余之女侍名碧玉者，貌雖不美而極表示熱情。余等以無經驗，特臨時電請味真來，始知行情。

2月3日　星期五　台中

立武昨派人代購往台中快車車票，一面並囑管理處在台中代定旅館，故今晨即按時至車站。八時半離台北，約四小時，十二時半即抵台中。以近日睡眠不好，故上車即打盹。

午飯，未受管理處招待，另在一家小吃，並走訪鼇芝夫人，談天甚久。

三時趨車至中央博物圖書院館聯合管理處開始視察，[2] 由常委熊國藻陪同至庫房中博組查看，並由該組主任譚旦冏主持。余首抽查第38號箱銅器，嗣看第274號箱瓷器，宋定窰盤碗等，次再看第2295號箱書畫，見所藏宋元明人書畫，均極完好。後檢查組內工作成績

2　故宮文物約三千餘箱抵台，暫貯置於台中糖廠倉庫，1950年4月轉移台中北溝庫房。點查工作1954年9月完畢。1965年8月台北雙溪之故宮博物院新址落成，蔣復璁為院長，11月展出文物1573件。（按：此台中檢視運台故宮文物事，1990年代，懋華在香港曾專函拜詢台北故宮博物院院長秦孝儀先生，賜覆稱其院檔案查無其事。頗感詫異，不僅此日記詳載，且有一張合影為證。）

記錄表，見其開箱檢查吹風，攝影登記等手續，一循成規辦理，非常謹嚴，至為欣慰！

晚，由熊常委請在沁園春小吃，並約各組負責人作陪。

今晚睡甚早。

2 月 4 日　星期六

晨起，即逕往庫房，續查故宮博物院組所藏文物。該組現存文物共有 2972 箱，參加倫敦藝展有 80 箱，均係精品，由組主任莊尚嚴[3]陪同檢視。余首抽查第27 號箱瓷器，見乾隆瓷各精品，仍完好無缺。次查銅器（第 40 號箱），有名之散盤等故物依然。再次查書畫箱（第 51 號箱），首先即看王右軍之快雪時晴帖，神品依然，令人愛不釋手。莊語我清高宗酷愛此帖，每年冬雪必出賞玩，且加以題跋，果見大多數均為御題，尤以83 歲所題，目力不行，書法不佳，足證莊語不虛。嗣後檢視文淵閣所藏四庫全書，外皮之木匣，間有破損而書固絲毫無恙，可喜之至！餘復至中博組看毛公鼎。

午由陳宗熙、李孜齋、熊國藻三人共宴於「小北投」，此時蔣夢麟、傅斯年、羅家倫、張道藩諸理事亦聯袂抵台中，故共被邀請。

飯訖，大家共赴倉庫，余繼查中央圖書館組。該組共有 644 箱，內善本佔 445 箱，共 121,368 冊。余曾抽

3　莊嚴，字慕陵。1924 年北大畢業，進故宮做文物清點工作，「宣統出宮，我就入宮」，1949 年護送故宮文物赴台。任台中故宮古物館長，雙溪故宮博物院副院長。1980 年逝世。

查善本書一箱拓片一箱，均無潮濕及蠹蝕情形。最後查電教組之器材，後會蔣等亦檢查故宮文物畢，由處約集共攝一影以留紀念（如圖集）。後並隨蔣等前往視察「北溝」庫房新址。晚陳市長宗熙又於台中賓館招待，余以理不應往，未去。（中午係以管理處委員之一共請，情形不同。）

夜，獨在旅邸無悝，乃往看電影，適睹「茶花女」舊片，看後為之悽然者久之！原為消愁，反增愁而歸，枕上久久不能入寐。

2月5日　星期日

晨起甚晚，汪主任即來接，並由部代付房金，同至鐵路飯店集合，旋共往沁園春午餐。餐訖，即逕往車站，原定12時43分開之快車，因誤點半小時，至一時始開出。

余等一行八人，多方設法，僅購得頭等票六張，二等票二張。立武部長與余客氣，坐二等車。嗣車開後，羅大使憲希以頭等車箱尚有餘座，又特約往頭等廂。蔣孟鄰先生此次在台中書攤買得「日本服飾史要」一冊，介紹余閱讀。蔣先生亦不諳日文，惟日本文漢字多，亦頗易了解。余瀏覽一過，覺其中撮述甚得要，惟關於足履一部分，明治以前者毫無一字論及，可異也！

車到台北，仍能按時，回勵志社後即洗澡，兩日疲勞，得以恢復，至為痛快。

過新竹時，氣候陡熱，抵台北後，北風習習，仍大有寒意。

今日睡仍早。

2 月 6 日　星期一　台北

首次中央聯合紀念週，余以收到出入證晚，未及趕往參加。

得煥章科長報告，知對余囑簽之海南島經費案，已照簽批准，為補發銀元 25 萬元。余心至慰。蓋此事，上面積壓甚久，陳〔濟棠〕之代表找我，余為之同情，力予解決也。

午，路逢次青，云欲往吃日本料理，苦不知菜，臨時又請羅味真至，同往「仙樂」，共花余150 元（當然女侍賞錢在內）。憶前數分鐘，欲買茶花女一本，12 元余嫌貴，今一餐之費如此，未免啞然失笑！

今日處理一件大事，即為貸船案，親與初如、佩恆兩部長洽商甚久，且有端倪。

晚，在杭約在上林花便飯，楊若非、朱孝澤均攜眷往，大煞風景。此間頗不乏年輕貌美之女侍，人皆讚美珠，余獨喜秋月靜嫻溫存，但余未叫任何人陪侍！

2 月 7 日　星期二

近日生活實覺與前異樣，豈太枯寂所致歟！余亦不自知何以如此喜親近女性也！明知其假，明知需金錢而換得，而偏喜之，可怪！如那峰等聞余告「上林花」後，今午即囑代領前往。秋月伴余，柔媚可人，直飲至三時始散！

整日草擬視察文物報告，幸即日繳卷，為之一慰。

又所有來往車票及旅店房費均由教部代付，余亦不必另報旅費，尤為省事！

陳伯南[4]代表鄭豐與馮伯誠兩君專誠請余於蓬萊閣，余從不喜啤酒，今日亦不覺飲的甚多。

午夜夢迴，細味近來之沉緬醇酒婦人，實由於重愁在抱。苟此時所過生活為當年之京中，又何至如此哉！

2月8日　星期三

院會例會對國大代表要援立監委員例，請發房屋租賃費3,000元案，抨擊最力，結果交付審查。

偕煥之往陸軍總醫院探視張真夫病，據余觀察仍極嚴重。渠見余甚為傷感，淚數行下，豈懼不起耶！午後元甫先生又來與余商，擬改延中醫。余謂若西醫診斷明白為肝瘤，則中醫亦將束手。余當與鳌芝談願請李前主任醫官前往一視，藉供參攷。因之，余更感到健時須及時行樂。

2月9日　星期四

李志伊前往診斷真夫之病，謂係中毒性肝發炎，並非肝瘤，已告知元甫參考。余則以公務繁忙，兼天雨無車，未克陪同前往。

顧墨三兼代國防部長新舊移交案，院派余監交，今日始送移交清冊來。余雖認其太簡略，然以百公兼長係

4 陳濟棠（1890-1954），字伯南，廣東防城人。陸軍一級上將，多年主政廣東，建樹甚豐。政治上與中央有岐見。1954年病故於台北。

舊任，未便拆疵。

午後，慶育來出席臨時院會，猶帶醉也，適又停開，留彼茗談甚久。彼並出示昨作鷓鴣天一詞為于焌吉大使贈行者，尚工穩。煜老亦稱善。

2 月 10 日　星期五

大雨中，經濟部尹次長派車來接到部監交，十時一刻由舊任部長劉航琛親自移交於新任嚴部長家淦，儀式頗為簡單隆重。余雖監交，但避未致詞。

午，又過上林花便飯，余覺能換取數小時溫情，亦大佳。尤以娟娟為余歌台灣情歌數曲，及秋月為叙日本姊妹共戀一人之情歌艷史，頗使余欣賞！蓋兩姊妹同戀一人，姊姊甘願讓與其妹而殉情，並謂憶兒時與妹同嬉戲，常聞母之搖籃曲，今為此歌，伊已臥於墓碑之下，意極淒婉，惜彼二人均不能道出斯歌之歌名。

2 月 11 日　星期六

正午驅車往松山機場接李孝同，三月不逢，自是一番喜悅。彼自港來，獲知港方近事不少，余代味真夫人託購之手提包亦帶到。

孝同語及院中同仁及滯昆眷屬情形慘狀不可言宣。雖無姦淫，然被劫掠一空，現在在昆生活困難，已有流為乞討者云。

午夢方回，在杭又來約上北投，余以上山休息二日亦佳。

2月12日　星期日

北投之逸莊，幾居山之峯，故旅客較少，日夜甚為幽靜，推窗一望，山色如黛，大有幽谷之感。

在旅邸閱讀清裕庚之長女德齡郡主所寫之「御香縹渺錄」，極有趣！

雨夜，時聞叫按摩之竹栗聲，凄涼無比，想明皇昔日棧道聞鈴滋味，或類此也！

2月13日　星期一

余對副主計長一職，迄不願就。今晚各院部會會計長童公震（監院）、曹振鵬（立院）、徐本生（總統府）、吳世瑞（外部）、盛長忠（教部）、張休乾（財部）、陳秉炎（法部）、吳嵩慶（國防部）、吳志廉（司法部）、張敦鏞（經濟部）、朱如淦（交通部）聯名宴余及炳生主計長於勵志社，余與彼等雖多因公接觸，但甚不願以主計系統身分被邀請，爰託炳生代為婉謝。但余住勵志社，既不到，又不便留家，乃另與毓蘭商，藉此請孝同吃上林花，直至十一時，燈闌人散，余等始歸。

歸來適慶育甫睡，見余至披衣重起，快談舊京遺事，及高考法官考試我等應試情景。噫，思之彷彿如昨日事，而光陰荏苒，轉瞬已是十八年，曷勝感慨繫之！

龍雲（曙星）偕吉林前廳長王寧華夫人來見，意欲代其夫續領薪津。余告以省府早已不成〔存〕在，自無從領款，只有另請救濟。

龔聖治語我，草山對立監委員在北投有過其荒蕩生活者，微聞將派人密查，並對余表示欽敬。渠豈知余今日甫自北投而歸耶！可笑！

今日為農曆臘月二十七日，憶去年斯日，余正由京返抵桃源，闔家聚首，歡何如之。不圖一年後之今日，竟隨政府逃亡台島，真不堪回憶！

2月14日　星期二

116 次院中例會今日提前舉行，百公於復國大聯誼會有奉職無狀、失地桂川康等省之語。嗣以依憲法規定，行政院根本對國民大會不負責任，何況聯誼會是否合法組織，亦有問題。結果決定撤回不予置覆。

討論國大代表房貼事，辯論極久，尤以谷部長發言激昂，此事之發生，完全由於煜老之怕事。憶監委首先想瓜分房屋租賃費時，童公震會計長來院催款見告內情後，余即告童萬不可行，影響之大有不告想像者，新台幣將亦被拖垮。童謂彼無權阻止。余立即報告煜老本院應否予以表示，渠明知其非，僅搖首嘆息而已。嗣後雖採納余意通函不許瓜分，不僅有為時太晚之感，且公文中較嚴正之語句，渠亦刪除，致更弱無力，直如具文。設當時採余意補一緊急命令或公函通飭，又何至有今日國大代表之援例要求使政府處置棘手哉！

鑄秋與關德懋宴請於鐵路飯店，余以醉酒，竟將煙頭燒掉桌布，私心歉然！飯訖又應那峰約往「Butterfly」，碧玉見余至，極表歡忭，親匿之至，且為叙想念之情！此間東洋情調太富，不似 S. L. Y. 之較蘊藉。

2月15日　星期三

院中例會仍開，又是討論國大代表房租費案，決議仍照昨日決議核實照公務人員標準發給，並將租得房屋移作公家保管。由財部監督。

午與李煥之前往探真夫病，據元甫云醫院斷以70%為肝瘤，鮮能醫治，不得已於十一日出院，改延女中醫師吳敏診治，服葯四天，頗著效。惟昨日便血，醫頗疑腸壁破裂，則極危險。總之，病太複雜，能否好轉，真令人耽心。為免刺激病人傷感，未見真夫。

孝同與我密談，得悉百公在港存有美金1,200萬被凍結，是渠請郭特派員設法解凍匯美，又大批古玩則運存日本云。在晉掌理軍政38年，不有權謀何能立足如是之久！

2月16日　星期四　除夕

昨天國大代表包圍院中當局至深夜二時，百公允每人借支生活補助費新台幣1,000元始散去。故今日午前即趕忙領款。余得此訊頗為氣憤，如此「慷國庫之慨」，則何以對一般文武公職人員！此惡因，種於政府在穗時，惡例則起於離京時之應變費。故「始謀不臧，必貽伊戚」者是也！

午，往博愛路宿舍參加單身職員年終聚餐，情況亦頗熱鬧。

於微醺中冒雨買水禮往在杭家，李柱南先在，嗣孝澤來。以彼三人皆負，堅不允余走，終夜不眠。如是之守歲，甚感疲苦。念及故國家人，此刻未能有我團聚，不知如何難過，尤其是我雁！

2 月 17 日　星期五　年初一

今日為舊曆元旦，昨夜除夕在在杭家玩未得睡，故晨歸即擁被高臥。十二時孝同來，方被呼醒，乃偕那峰、毓蘭一同往上林花午飯，並將孝同昨夜所贈之餃子冷菜帶往。事前在杭並囑經理準備菜肴，嗣靜一與張廷樑二君趕到，故蹌蹌蹌蹌，極為熱鬧。外部慶育、昭瀛兩次長亦先在，慶育並攜白蘭地酒與余等合流，一時更增繁喧。今日秋月、娟娟、美珠等均著便裝陪侍，嫵媚風流，可謂盛極一時！

秋月對友人稱余多情，今日新自蝴蝶蘭來此之白雲女侍亦語孝同，說碧玉極想念我，云我多情，實在余對碧玉僅晤面二次耳。余真豈多情哉！誰識余衷心之苦悶耶！晚，楊若非夫婦及一般友人又往上林花聚餐，余恰好應秋月約前往，至則台省家人特多，過於煩囂，且楊太太與孝澤太太均在座，殊煞風景。余乃悄然溜走，秋月亦贊同也！

孝同約吃晚飯，除慶育外，幾均為院中先後同事，一時以余為話題，尤以慶育幽默，使大眾趣味橫生！因酒肴均美，余不覺微醉！

2 月 18 日　星期六

上班後，朋友不少來賀年者，余則一處均未走動，非孤僻，性好靜耳！

閱報，驚悉真夫已於元旦一時零四分逝世，斯人竟羅斯疾（肝癌），上蒼之報答世人者，果何如耶？老友又弱一個，余真不禁熱淚之盈眶也！憶余與渠中學同學，在政府工作近二十年來雖有文武之分，但彼此從未一事相干。在舉世軍人好財貨，而渠則始終清白，為余所欽敬。結果，今竟不壽，可慨也已！[5]

午往蝴蝶蘭便飯，並約味真同去。靜一胡調，臨時派人將碧玉等召來，新年便裝，自是一種新氣味。惜仍照平常打發，事後余方知，殊有歉意耳。

夜，陪炳生在味真家便飯，十一時始歸。

2月19日　星期日

近日夜睡不佳，且亦未得好午睡，故昨夜睡甚甜，直至中午始醒。各處小館未開門，致往何處吃飯，正費躊躇，適王祥松來約云楊若非請吃午飯，乃一同往。楊寓有隣居上海王小姐亦先在，伊頗美，同人等得此新刺激，均紛紛移轉目標，胡鬧一陣。余極不諳跳舞，故於晚飯後即歸。

2月20日　星期一

周澤書來，擬一輓真夫聯，求正於余。余介紹其找立吾斧正，並作余二人同輓。

石美瑜[6]攜其女伴來訪，因其妻為劉同學子貞女，

5 張鎮之死。2000 年前後，大陸媒體曾廣泛報導周恩來臨終時，曾交代羅青長不要忘記在台灣的兩位姓張的老朋友。羅說是張學良和張鎮。但周死時，張鎮已經過世 26 年。

6 石美瑜（1908-1992），字可珍，福建閩侯人。1932 年上海高等法院法官，日本二戰投降後，選為南京軍事法庭庭長，主審陳公

余所深悉，今捨妻另姘，懼余見責，故到勵志社而未進吾房。此事余早聞之在杭，或不誣也。

安本晨來叩年，云已來三次均不晤，當贈余蜜餞一盒，因彼喜食甜品。

夜往何深森君處便飯，因甚遲，故歸亦晚。

2月21日　星期二

上午往極樂殯儀館弔祭真夫，痛老友又失一個，不禁熱淚橫流。念不久以前在斯館弔其夫人之喪，曾與彼暢談其夫人病逝情形，曾幾何時，今日又於斯地弔祭渠，人事之變幻莫測有如此！噫，可哀也！

元甫告我近接家信，云家人生活極艱而田地蕪荒無人耕殖，同時襄夫語我接其女來信，毅夫在常尚可收穀百餘擔，可見各有情形不同。總之，一般人民生活痛苦則係事實。

余視察台中之報告今日已批下，均傳會嘉獎，亦可見余報告之忠實而見信於當局也！

陳初如與煜老均告我，已得百公允准命余兼任招商局董事。余當表同意，係職務上之兼差，義不容辭也。

2月22日　星期三

一般人「吃女招待」目標在色，或揩油，余所領略者，即在約定前往後，準時前往，伊等佇立在樓梯口之

博、汪精衛妻陳壁君等案，獲授少將銜。後再審南京屠殺主犯谷壽夫等，均受好評。惟審岡村寧次宣判無罪，引起爭議。

迎余之嫣然一笑。午間本來客少，約余等前去，期待之心情，多少有幾分真情流露。此種情形，非富有詩意之人不能領略也！如今冒雨與在杭、味真等往蝴蝶蘭，碧玉見余來即如此。今日固為應伊約，實亦孝同一欲覘碧玉顏色！

晚，應酬李警官，前往何家，玩了三小時即歸。

谷正綱[7]在今日院會報告，台北之社會風氣為內地人士傳壞，擬運用社會力量，予以制裁。以余觀察，今日之一般中央公教人員，生活已極清苦，何況捨棄家庭，精神尤感苦悶，茲如再加桎梏，恐優秀者將盡遠颺矣。

2月23日　星期四

十時主持積欠軍用電報話費案審查會，雖各方無好意見，但余折衷仍得一解決辦法，對於今後之使用者應嚴加限制，眾意亦贊同。

次青請院中幾位老同事吃春酒，菜肴之豐盛，恐非預備二三日不辦，且均為其親手烹調，尤為難得。因之，余飲酒略多。

晚，毓蘭來寓談及女侍娟娟之家庭負擔與生活之痛苦，余亦為之凄然。她說，每日須陪客飲酒，上有母親，並有一弟二妹，均賴其負擔，當其沉醉歸來，其弟慨然說寧願失學亦不願其姊過此種生活。玟玟之負擔亦

---

7 谷正綱（1902-1993），字叔常，貴州安順人。與兄弟正倫、正鼎皆任政府要職。早年留學德國蘇俄，屢任國民黨組工職務。遷台後任社會部長、內政部長，致力於維護反共國策。

大致如此，故一般酒色之徒往上林花只見其燈紅酒綠，雲鬢釵影，伊等之美目巧笑，誰憐其另一方面受生活壓迫之苦痛哉！反觀余等身世，家破國亡，流浪海島，在精神萬分苦悶中而尋此排遣，今得知其伊等生活情形，真有「同是天涯淪落人，相逢何必曾相識」之感！因與毓蘭等噓唏者久之！

孝同語我，昨夜被李循和約往上林花，被美珠以口紅塗於衣領上，洗濯不去。當夜回家瞞過太太，今晨堅欲換衣，被太太發現，大鬧之下，彼姝真惡作劇哉！

2 月 24 日　星期五

來台後定九時舉行之首次院務改進會報，即行改期。

閱報，在湘省遊擊區厥惟桃源，使人更懸念留住桃邑之家小安全不已。昨夜夢回故里，並檢點雁之衣箱，見女紅及新婚夜之紀念品均在，今晨夢覺，為之心痛者久之！

與孝同、那峰訪鑄秋，見其室中懸有于髯[8] 所書天淨沙一詞，文句及字均豪放。詞曰：「興隆山上高歌，曾瞻無敵金戈，遺詔焚香讀過，大王問我，幾時收復山河！」

與毓蘭及煥之、秉公暇前往女一中參觀文物展覽會，斯會全為私人收藏，以書畫為最富，不少名貴字

8 于右任（1879-1964），陝西三原人，別稱髯翁。中華民國開國元勳，任監察院長達 34 年。報業前輩，名書法家。此天淨沙作於 1947 年謁成吉思汗陵。

畫，唐宋元明清及近人均有。此外展覽之古硯亦多，尤以岳鄂王硯為最希罕。其字畫中有僧懷素草書千字文及東坡書歸去來辭與前後赤壁賦，疑均非真蹟。

訪任夫閒談，知彼近為轉圜德公與草山之間事，頗具苦心。渠詢問余近私生活，余據實告以常至上林花吃飯，渠聞之色喜，並私約余引彼前往一瞻情況。

2月25日　星期六

今午失碧玉約，頗不好意思，細思亦實無味，此種逢場作戲之事，遽可認真哉！

邇來思家心切，午或夜睡夢中總見家人，醒來心境異常悽婉，身體粗健之我，猶不能忍此別離痛苦，何況多病之雁，其苦更可知矣！設伊非子女所累則今日何致別居！

接黃朝琴議長、羅立委萬俥及林雲然（為台耆紳林獻堂老先生之子）君三人請帖，於七時前往人壽保險公司聚餐，到一般朋友約二三十人，其中多有為在台入會及由平津撤退者，故余不識者約有一半以上。餐後餘興為跳舞，余不諳此，爰應在杭約前往北投度週末。

2月26日　星期日

正式得交部聘函聘余為招商局董事。

午，廷樑原約余在上林園便飯，經由山電詢知為例假，友人未約齊而改期。

聞陳君鴻斌語我騙宿玟玟經過，可知伊等身價有限，惟慨好花落溷，任人折取，無一忠實愛花人予以提攜耳。

2 月 27 日　星期一

報載香港某軍事預言家預言第三次世界大戰將發生於今年〔1950〕四月十三日午夜三時，並謂前作二次大戰之預言時，距大戰之發生僅三小時，姑誌之。[9]

黃伯度已自香港歸來，在港車傷已恢復，亦幸運事。

2 月 28 日　星期二

余與那峰等偶涉足上林園等酒館，但既無企圖，故亦不熱心，此所謂逢場作戲而已，故雖伊等婉約再去，余等並不重視，實亦無趣也。

今日台北舉行防空演習，下午三時半提前散值，入晚燈火管制，至九時半始解除。

後悉蔣先生明日復總統職，內閣改組，煜老交下百公原擬非常會辭職之文稿，囑研究改為總辭職呈文。原文大意為奉職無狀，喪失粵、桂、川、黔、滇數省土地，現政府遷台，政局越緊，重責不能再負，並云今推無可推，待無可待，係出百公口授者。毓蘭與余略加刪改呈核，惟是否向代總統遞呈，恐尚須斟酌。

9　查此香港軍事預言家，即主編香港《天文台報》之福州人陳孝威（1893-1974）。著有《為什麼失去大陸》。

1950 年 3 月（民國 39 年 3 月）

〔**蔣公復職視事，冉勺庭告別行政院**〕政府遷台百日，近兩百萬公務員與軍民抵台。李宗仁赴美不歸。3 月 1 日數萬人熱烈慶祝蔣總統復職。閣內閣隨之總辭。新閣揆陳誠、秘書長黃少谷、外長葉公超、經濟部長鄭道儒，孫立人陸軍總司令、蔣經國國防部總政主任。當局肅清匪諜，判處中共第五縱隊數十人。冉鵬請辭參事等兼各職，3 月 10 日獲准。多位上司同事懇留。勺庭執意「無官一身輕」。

3 月 1 日　星期三

十時半蔣先生復就總統職典禮完畢，市民齊集介壽館前嵩呼之時，正是閻內閣開會全體親署辭呈，同一時間，同一地點，而喜憂異致。總辭職文因改向蔣提出，故甚簡，而「奉職無狀」為其主因。係就昨稿另加刪改者。

昨夜夢與雁在家宿，芹兒同牀，情景一如曩時。而雁之嬌媚，使余歡忭逾恆，不圖輾轉夢覺，萬分悵惘！

許大川果於今日在新生報啟事，於此次渝蓉疏運責任問題，頗有辨白。就余所知，許亦不負任何責任。事前余曾告炯聲，許既為其老友，又為其介紹進行政院，既欲其代渠受過，亦應情商，不能顢頇不理。炯聲堅云許不應擅自離職飛港，實則當十二月八日，上自院長等均紛紛逃亡，何獨責許一人不能逃命耶！財部稅警團團長王天雄於今晚宴請於新蓬萊，余以公事酬應向例不到，但以時促亦未作函婉謝。

3月2日　星期四

台北之酒家女侍，一律無給工作，而膳食店主亦不理，由女侍自備，其收入全靠客人賞給也，故其生活亦至苦。余知此後，覺表示同情外似無心情再向伊等取樂，故近一週來絕跡酒家。今午在杭忽約往萬里紅酒家，其總經理蔡君與上林園係一人，故其女侍之制服一如上林園。女侍多為陌生兼係午間人才少，情景殊為淡寞。

蔣復職後，李德公在美將發宣言反對，今日港報已登載，其實可笑。豈有一國之元首常川駐在外國指揮軍政耶？可真全為意氣用事，置國事等於兒戲，在歷史上此種現象尚不一見也。

張專員廷樑約在狀元樓晚飯，臨時煜老囑余趕辦對立院備諮詢之資料，致八時始能散值。飯訖，又自帶紹酒齊往上林園續酌，燈闌人散時，靜一又允往天馬吃咖啡，直至十二時始歸。

3月3日　星期五

今天為台北各界慶祝蔣總統復職大會。十時之介壽館前，集合之團體與民眾約三萬餘人，情況之熱烈，為昔在大陸所僅見。尤以天氣晴朗，豈象徵前途尚有光明歟！

昨約秋月等至維納午餐，伊偕娟娟、玟玟果依時至，態度綽約，令人注目。二時因慶祝總統復位，斯地舉行舞會，故余等飯訖即各自離去。

上元佳節，於陪院長在立法院旁聽歸來，一輪皓月，光輝萬里，而四處爆竹聲不絕於耳，更令人思念遠隔重洋之家人！

3月4日　星期六

考慮數月離開政府工作之問題，今日決定乘百公引退之際，提出辭呈，並於散值時面遞煜老請其轉陳，諒不致不獲批准也。予之辭文如下：

> 謹呈者，職服務本院以來，鮮有建樹，彌增愧恧。尤以近一年，個人棄家隨院播遷，至今家屬滯留原籍，存亡莫卜，精神上至為痛苦。值茲鈞座引退之際，正職離院之時。敬懇准予辭去參事本職及兼第二組組長與法規委員會主任委員職務，不勝感激之至。再前蒙鈞座在蓉提出院會任職為主計處副主計長，職以院中本職事忙，迄未到差，並請另簡賢能繼任，合併陳明。

招商局召開改組後第一次董事聯席會議，自一時半開至四時，該局今後困難，仍在年差運之虧累無法解決，一致主張建議交通部先解決此一問題，招商局始有復甦之望。

孝同約補度上元節，余飲酒頗多，作客他鄉，而能有此之聚會，殊難得也。

枕上，憶及離家時對雁之諾言——政府如由穗遷台，余決回家——今猶滯留海島，如芒在背，萬分難安，恨未能辭呈立獲批准。

3 月 5 日　星期日

例假，上午仍到院辦公一個上午。

午後，鳌芝興趣甚濃，但因係例假，不易找人，故卒無辦法。爰與那峰等同往看黑天鵝影片。歸來，無處去，仍往上林園小酌。今夜慶育之相好麗珠女侍當班，余再三評量，其風韻在秋月之上，媚則不及。

3 月 6 日　星期一

國稅署長陳悰近自昆明逃來台北，途經筑湘粵港。今日來訪，余詢及湘西，尤以常桃情形甚詳。據告官莊一帶抗共軍力量頗大，自稱九路軍。常桃治安尚好，惟商業蕭條，人民有穀者均搜刮以去，故生活極感困難，而人民券貶值最厲，一元可值人民券 15000 元，民生之不安定更可想而知云。懷念家中之缺乏接濟，至為不安。陳告我由港可匯款至湘後，當告在港之陳方波代為查詢方式。[1]

那峰說好久不上蝴蝶蘭，有欠公道，故今晚於孝同處便飯後，再往該處胡調一陣，暫時排遣。歸來愁如舊，故枕上久久不能入寐。

余辭職事，今日再與煜老詳談，渠極表同情。渠並謂今後誓不做官，並立即呼毓蘭商替代余之工作人選。余至此，心始安定。

1 冉勺庭曾向妻道安許諾離家後每月寄家用。還台後極為擔憂留鄉家人安危。聞言可匯款湖南，隨即詢在港陳君，但無下文。直到 1962 年，與家人已有通信關係幾年後，才託香港友人林雨亭先生轉匯家用，月匯約 300 港元。（詳見附錄）

3月7日　星期二

百公來院，煜老經即將余辭呈轉呈，當蒙諒解，予以批准，但囑暫不發表。俟新任到，再辦手續。私心至慰。與雨時談及，渠不謂然，謂政院檔案已丟盡，再連你這活檔案亦不留，將來如何辦公？未免言之過重。

老同事張國傑來訪，望代找工作。此君繕寫及鋼筆尚佳，院中尚需用，歎目前非補人之時耳。

煥之夫人親自煮調，余等不可不到。飯後，並戲占生生數，謂余將位列三台，豈不可笑。煥之夫人為浙海寧陳氏女，且係嫡裔，煥之告我結婚時封建時之儀式尚保留一二云。

3月8日　星期三

今日院中例會，各政委均無心情，故未討論案件，即匆匆散會。

余辭職既獲准，四月份借支薪水本可不領，惟主管云即將調整，並自一月份起補發，何可不領，將來扣算，無礙也。

鑄秋約過談，對余辭准事頗高興，今後工作方向，渠亦贊成暫入船聯會。與任夫談及，渠則希望余共赴港，在生產方面做一點事業。

晚，偕毓蘭、那峰同往看電影，無官一身輕，今後當更自由矣。

3 月 9 日　星期四

次青來談，詢余到台後，何以不去看厲公。余答任何舊長官均未走訪，即有特殊鄉誼而較渠政治上紅人之少谷，余亦未前往，蓋生性疏懶故也。

院長於余辭職不僅諒解批准，並贈余新台幣一千元，雖款屬於公，究盛意可感。

魯若衡來洽公事，余請其代余看相，彼允容稍暇詳談。

3 月 10 日　星期五

今日奉到院中正式指令（39）人字 841 號准余辭去本兼各職，可謂正式脫離本院矣。今後無官一身輕！

陝籍國大代表趙波、李錫五二人，以先一日離蓉未及隨同要求得遣散費黃金二兩銀元四元，抵台後，幾無日不來院請求補發，均經拒絕，嗣一再申明保證無人援例請求，煥章乃代為簽請核示。及至批可行之後，國大祕書處楊學傑來告，援例及無理援例大有人在，為免麻煩計，決定予以銷案，一面知照財部主管停發。今日彼二人又來院求見，煜老囑余代見，彼二人對余表示如有援例者，彼等願退款，言下其內心似可憫。余當商之煜老，由百公每人贈 500 元，原案撤銷，立蒙百公同意。但當余囑其領款時，二人態度至為可憐。

毓蘭午約過上林園酒飲，誰知彼姝不值班，著人往召，知不在家。當與娟娟等閒聊，據伊等對未來前途觀測，亦至感嫁一如意郎不易。對於外省人於此次鬧慘劇負倖男主角張白帆即內省人，印象甚深。故我們暢談至此，彼此均感興致索然，酒亦不飲矣。

3月11日　星期六

案無留牘，為余服務18餘年以來唯一信條，尤以辭准後，短期負責中，更應如此。故儘忙，必將當日之公文處理清楚。

慶育今約晚赴北投度週末之興趣極濃，余以毓蘭、那峰二人不甚願意，兼以天氣陰霾，余亦無心前往。

疇五對余離院表示難過，但煥章等約余便飯餞行，余均婉謝。

百公對余離院，今日特贈余1,000元，為數雖不多，盛意可感。

3月12日　星期日

昨晚得知新閣名單，知初如調主計長，立囑念祖轉告乃叔迅補一辭呈，以便府令下較為體面。此次改組以內政部任余井塘、交通部任賀衷寒最為不合標準，而原任谷陳均頗有幹勁。一堅決不蟬聯，一被擠為主計長。

今日組內之公文，余已一律婉謝不再核閱，僅於晉省500烈士修紀念祠經費20萬元案，[2] 經靜一懇余會核，余曾署名，亦可謂在院最後處理公文之一件。

那峰約搬家，余同意勵志社太貴，決定於今日午後

2　冉勺庭3月10日獲准辭去本兼各職之正式文件後，即停止批閱公文，12日此件係受同事委託，亦有意作為服務行政院處理無數公文之最後紀念——為山西太原保衛戰五百烈士修建紀念祠撥款20萬元。

搬往永樂旅社。友人等原均笑余二人對上林園之花有目的，故不惜移居永樂（與上林園房屋毗鄰），實在以其房價廉也。外交部即有一部份職員住在此。

孝澤遷新居後，朋友們約今日往熱鬧一番，人多室小，真是擠！

3 月 13 日　星期一

余自今日起即不到院辦公，伯度等均羨余無官一身輕，長作老百姓之自由，實則雖不過問公事，而於國事余固仍希望轉好也。

王疇五、但煥章諸同事，今晚特為余與孝同餞行於太平餐館。余感同事多年共處感情殷切，一時高興，不覺多喝了幾杯台產白蘭地酒，當時不覺，尚偕孝同往上林園應在杭之約，一到即感頭痛胸悶，隨即歸寓，不覺大吐！此為來台後醉酒第一次也。

3 月 14 日　星期二

百公今日九時在院舉行茶會招待全體職員，渠說今後當閉門寫作，炯聲致詞後並囑余說話。余事前無準備，又以離職之身，至不好措詞，故演詞甚無條理，事後頗悔發言。

晚又是全體同仁假中航招待所西餐歡送百公煜老，余領導舉杯恭敬百公之酒，靜一亦領導續敬賈倪二人。最後，意外的張廷樑君忽唱導公敬余酒，殊使人赧顏也。同時亦感到同仁對余感情不錯！

飯後與靜一繼續過味真家，因荊德明祕書候余等也。夜宿博愛路宿舍。

正午真夫夫婦靈柩出殯，余與煥之特趕往墓地參加殯葬禮。

王炳生主計長今仍送辭呈來，由余當請百公批准。

3月15日　星期三

陳新閣今日到院正式接事，余既離院，故不往參加。

接招商局通知，並送來三月份董事公費465元，此真可謂意外之收入。

隨在杭往若非家，夜未歸。

3月16日　星期四

昨夜失眠，滿擬今晨回寓補睡，不意李在門同年來訪談，對余離院表示不滿，甚謂今日吾輩做官之種子已斷，殊可笑也。

秋月原約今午來訪，囑那峰購置不少糖果，並約毓蘭準時來寓相候。誰知等至一時尚不見來，真令人失望。三人乃去找到一家粵菜館便飯。

3月17日　星期五

靜一與煥之來訪，靜一並謂係受少谷與炯聲二人之命來促余回院工作，萬一余不願，亦希望至院與少谷等一談。余以為人怕見面，倒是不往為妙，免惹麻煩。

周子南來訪並告我由滇隨李柱南脫險經過，希望今後代留心工作。

克文來信說香港生意不易做，望余不必離職，老友關心可感！[3]

3 月 18 日　星期六

晨返旅邸，整理一切。元甫師來訪談，對於脫離公職事頗表不贊同，因渠認為係政府一種損失，何其高視余耶？

途遇申夢青，亦詢余今後行止，於余辭職事大為詫異。余亦不解，豈一生均須服官到底耶？

王光裕君來，又約往何醫師家玩了一個下午，晚飯後始歸。

3 月 19 日　星期日

饒振常君來訪，詳告張厲公[4]囑彼詢余辭職本意，似欲召余回院工作。余當將余真意詳告，請其轉達。

與那峰訪孝同不遇，隨往社會食堂用午餐後回寓。

上林園女侍筱雲等四人合資在沅陵街開一爿三樂日本料理店。薛冠雄祕書約余前往一嚐。地方雖極小，而伊輩自己工作，極為忙碌而興高。台灣女性之以事業為重，遠非內省女性所及！

---

3 陳克文係冉勺庭行政院 13 年老同事，1948 年轉任立法院秘書長，1949 年 10 月辭職赴港謀生。二人私交甚篤，是勺庭想離開政界去香港接眷的顧問。此函勸勺庭不必辭職，香港謀生「似不易為，且是政治是非地」。

4 張厲生（1901-1971），字少武，河北樂亭人，行政院副院長。留學法國巴黎大學，曾任行政院秘書長、內政部長、駐日本大使。

3月20日　星期一

昨夜失眠，故今晨睡甚熟，午忽被王觀洲君呼醒，又玩十三張，晚飯後始返寓。

孝同夜來寓談，如何計劃進行經營貿易事，以及運輸工具之方便等，長談約二小時始別去。

關佩恆來訪，余未在寓。

今日為農曆二月初三日，為余45歲初度。他鄉作客，匆匆虛度，憶去年今日在廣州偷偷滑過，尚有楊參事請客，今年連自己事前亦不知，可笑也！

3月21日　星期二

次青來談，關於中法大學還息事，求余向主計處主管一談。余既不做官，懶得跑機關，請其向靜一說即可。

李柱南來談，對周子南工作事，余以為院有武職可就，不妨暫就，希望余代介工作，一時恐無望。李頗韙余言。

晚，孝同宴郭德華[5]於蓬萊閣，席間有炯聲。余詢以院中情形能不召余回院可否？渠謂截至今夜止，尚不能作最後肯定，令人心忡。郭極有風趣，為外交界有趣人物。

5　郭德華（1901-1971），廣東番禺人。生於香港、負笈英美。國府外交部駐兩廣專員及香港特派員。1948年間郭處理大批內地人來港護照，曾得罪一些國府官員。1950年被派駐巴西大使，此時郭君滯台。職務受掣，乃辭職赴美，十多年無工作，1964年入夏威夷大學東西中心任教。1970年逝世。其女郭穎頤，歷史學教授。

3 月 22 日　星期三

孝同上午來邀約共往郭德華商談貿易事。適鼇芝來訪，故遲至十時始到郭寓，談極歡暢。郭並出示威士忌酒酌余，空肚飲了兩盅，不覺微醺而歸。

為商討進出口貿易問題，不得不至介壽館訪嚴靜波。適彼被一羣新聞記者包圍詢美援事，余乃與彼約明日九時再詳談。

便至院謁厲公，承渠諒解余離院並不勉強拉余回院。訪少谷，似彼對余現在離職情形不明瞭，誤以為余另在主計處工作，僅云不讓余高蹈。似此張、黃二人可望不致堅挽余回院矣！私心甚慰。

今日接毓蘭家中轉來周愛典與三哥家信，[6] 知常桃兩寓人口均大清吉，僅生活困難。半年來，音訊斷絕，讀此，為之大慰。想不久吾雁當有信來也。詠「烽火連三月，家書抵萬金」句，余真有斯感！

3 月 23 日　星期四

與靜波暢談進出口貿易問題，知政府立場與純商人立場兩樣。結論，在現今環境，欲以暹米易台糖，生意仍不好做也。

旅居多暇，自今日起，特借自煥之處之「生生數」，開始手抄，約萬餘字，計日約兩週可竣事也。

6　周愛典醫生，在桃源經營藥房，是皇甫道安摯友宋三姨未婚夫。他和勺庭三兄揚廷合寫此信，是勺庭在台收到的第一封家信（由同事王毓蘭廣州親屬函夾帶至台轉交）表示家鄉生活很苦，想出外（出國）謀生。

3月24日　星期五

與毓蘭訪德華不晤，午飯後即歸。

下午在杭來約往其友人楊君家與石美瑜等玩牌。

3月25日　星期六

晨睡不久，佩恆與孝同來談如何經商計劃。旋佩恆另有事，與孝同乃往訪德華暢談，在社會食堂午飯後即歸。

午後五時偕張君秋帆，應在杭、美瑜約往楊家玩，徹夜未回。

3月26日　星期日

晨由楊君家歸來，適靜一、廷樑、毓蘭三人來邀往遊士林觀蘭花及遊草山。士林之蝴蝶蘭培植有百餘種，花朵之奇顏色之異，誠為大陸所無，不愧台省名產。今日適值星期日，遊人極多，賞花者亦須排隊入花屋。

遊草山公園，遍山杜鵑花開，其他無足欣賞處。

歸途過北投洗澡，靜一留戀女人仍未歸。

3月27日　星期一

不失眠，不知睡之美，今日幾乎睡了一整天。

晚赴梅達夫寓應劉任夫兄宴約，被邀請者均為自家兄弟，談笑頗樂。

鑄秋出示呈草山函，於調整機構案未獲執行，語多憤激。

3 月 28 日　星期二

昨夜夢與雁繾綣，驚覺下衣潮濕，此為來台後第一次。

過物調會擬訪趙淳如商討貿易事，不晤，得與王覺先、汪伯琴一談，並約至飯館同進午餐後始回寓。

3 月 29 日　星期三

過去在穗竟未至黃花崗憑弔一番，今日過此紀念節日，不禁又使我後悔。余想他日定有機會重到也。

晨，蔡君常義來，同往草山公園溫泉洗澡。余並約大家在公園同攝一影以誌紀念。返城，至四川味便飯。

晚，安本來談頗久，因數次訪余均未值也。

問雁安否，試占一數，得句云：「目下命運艱，且自平平過，春來始稱心，家庭方安樂。」

3 月 30 日　星期四

昨天午後陳初如來訪，那峰等揣測恐係挽余回主計處工作，果如是，幸未謀面。今與鄭達如談及個人前途，渠望余早作決定。余意只要不參加政府工作，或商或其他事業均可參加也。

與鑄秋暢談，並請其計劃早日實現往遊阿里山。渠希望余登記作律師與渠合作，因此可拒絕友人拖作官，其言不無理由。

3 月 31 日　星期五

申夢青來談，甚久，並允借衣料給余做西服。

在杭近亦望余能進行買糖成功，故又走訪淳如，仍未遇。

冉鵬自撰年譜（1906-1975）

一九〇六　光緒三十二年　丙午　一歲

二月初三日（國曆三月二十七日）丑時誕生於常注府城內三板橋街，余家原籍四川酉陽縣龍潭鎮，父親伯龍公（諱隆駒）一度參辰卅（今沅陵）知府趙雪丞先生幕（約在戊戌年），因之攜眷入湘，移居常德，三板橋為一小巷，街道早已改變無存，對日戰爭期中，經「常德會戰」全城灰燼，兒時門巷，更為蕩然矣。

一九〇七　光緒三十三年　丁未　二歲

仍住常城。

一九〇八　光緒三十四年　戊申　三歲

先父與漢壽縣友人劉君子建合夥經營慶和祥南貨店於該縣之滄港鎮，因移家焉。

一九〇九　宣統元年　己酉　四歲

十月初一時丑時，么妹愚安生，生時有小偷至廚下，為家人驚走，余印象最深，么妹原名鶩，字翹予，進師範學校時，始易今名。

一九一〇　宣統二年　庚戌　五歲

父親改營牙行業於常城，並以蜀東酉陽、秀山一帶年需棉花布疋甚鉅，因之又在棉花集中市場之桃源縣陬市鎮，開一商店，名「裕豐長」，專門收購棉花，供應蜀東需要，由大兄鴻字輔廷任經理，全家又為遷徙陬市。

一九一一　宣統三年　辛亥　六歲

大兄以余讀書及齡，鄰居楊韓生先生為陬市有名讀書人家，為教讀子弟，設有「三鱣家塾」，乃商請附讀。啟蒙老師為劉嘉謨先生，年已七十，為一老秀才，對余鍾愛逾於其他子弟，尤誇余天資聰穎，是時余學名鵾，字佑廷。

一九一二　民國元年　壬子　七歲

祖母李太老夫人病逝，葬於德山，二姐賽貞亦葬於德山。二姐生於乙未年，死於乙巳年，才十二歲。余仍讀於楊氏家塾。

一九一三　民國二年　癸丑　八歲

興辦學堂之風氣大開，各縣均創辦小學，紛以廟宇充教室，大兄為求新，亦送余入武聖宮小學，是年桃源革命家宋遯初先生（名教仁，號漁父）回籍，縣中盛大歡迎，陬市各界紛紛舉辦多采多姿之亭子，一如迎神賽會然，極為鬧熱，兒童自更興奮。

大姐騫（字翔予）進桃源省立女師，嗣該校奉命歸併長沙女師，女子往省垣讀書，當時家庭難以放心，但結果大姊竟得同學申士模之助，說服余父母，允伊赴省，同時三嫂熊玉珍亦晉省進衡粹女子職業學校。

一九一四　民國三年　甲寅　九歲

長姪懋芬於中秋日生，余仍讀於武聖宮初級小學二年級，四兄鵠則讀於西禪寺高級小學。

一九一五　民國四年　乙卯　十歲

是年秋，四兄鵠（字敬廷）突偕往投考西禪寺高級小學，獲錄取，斯時余尚未卒業，四兄以余天資高，可進高小，家中事前因一無所知，而余本身正在校上課，臨時被兄拉往，殊懵然。

一九一六　民國五年　丙辰　十一歲

家，部分遷常城，母親、大兄及嫂仍留陬市，照顧商業。初至安家未穩，自亦未注意余之學業，四兄奉父命輟學，在店內，幫助料理業務。秋，始送余入縣紳李幹丞所辦之敬惜堂小學，插四年級班。余天資尚不駑鈍，由已住之高小而降級插小四年級，故功課特優，冠全校，尤受知於級任老師周緯之先生，特為易名為「鵬」，望他日效法岳武穆（字鵬舉），隱以岳之老師周同自居。今一生碌碌無成，直武穆一小卒不如，真愧負余師矣！

大姐與表兄李芳林在陬市完婚。

一九一七　民國六年　丁巳　十二歲

家既未全部移居，余與四兄均住店內，商號名「冉裕記」，以經銷桐油、棉花、紗布為主要業務，六月自敬惜堂小學畢業，保送縣立第一高等小學校。

夏，隨三兄鸝（字揚廷）赴漢口，寄住於諶裕泰漆行，偶攜余至秦樓，並戲召雛姬相陪，以生活不適應，常哭先歸。

一九一八　民國七年　戊午　十三歲

北軍第十六混成旅馮玉祥駐兵常城，軍風紀至佳，社會安定。一般在此年紀兒童，極愛武俠，余不例外，在校結識同班譚鳳翥、朱承榮二君，課餘因嗜武俠小說，曾一度計劃出走。

一九一九　民國八年　己未　十四歲

家中自陬市部分遷入常城店內，肆因客戶寄住者日多，乃另租法院街金宅住家，房屋寬敞，小有庭院花木之勝。春，隨學校遠足河洑之平山，是為童年旅行之始。

一九二〇　民國九年　庚申　十五歲

六月畢業於縣立第一高小，與表兄王貴芳同考入省立第二中學，結識同班堵述初、楊照時、朝傑叔姪諸同學，以學行相砥礪。也許為年少俊美，高級班同學多屈與余訂交（在西禪寺高小第一高小英文老師、體育老師上課時吃余豆腐，或係生性靦腆，逗人喜愛），如張鎮張銘兄弟、周宗蓮、陳繼唐、王其楷、黃新運、楊筠如等，老師中著名而為同學欽敬者有國文余嘉錫（字季豫）、余欽籛（字芋禪，傳道人李湍清之內弟）、數學翦奎午、史地闞本欽諸先生秋九月，四兄突患頭痛（似為腦膜炎）不及一日逝世，距生於光緒二十八年正月初七日，得年十九。兄平生寡言嗜音律，琴笛簫笙，無師自通，對余極友愛，少年折翼，哀傷之至！

一九二一　民國十年　辛酉　十六歲

父親因商業經營失敗，阪市裕豐長店亦結束並宣告清理，交由大兄處理一切，本人乃北上之北京依表叔趙世棻（財政部僉事）住數月而歸。

王貴芳表兄全家租寓常城有名之劉家花園，家中人口眾多，二表姐淑瓊性情溫柔美麗端莊，為余所傾倒，以余生性沉默，每過訪貴芳常被其弟妹戲謔呼余為「二嫂」，因貴芳行二，余私忖他日能與淑瓊結成姻緣，豈非由二嫂變成二姐夫？惜當時家中經商失敗，余正在求學時期，不宜議親。

大姐之聰明伶俐之獨生女「仙仙」夭亡，哭之痛！甥生於戊午，年僅四歲。

一九二二　民國十一年　壬戌　十七歲

家中商業經清理後，重整復業，惟母親久患之肺癆病加劇，住家亦早由法院街遷大高山巷數年，今再遷住四川同鄉會館之後院。

一九二三　民國十二年　癸亥　十八歲

母親病肺過久，延至本年且咯血，終於六月廿八日棄養，距生於同治七年八月廿四日，享壽五十六歲

〔1869-1923〕。父親自商業上受挫後，雖重建，精神上已不如前達觀，自母親去世，更為寡歡，不及一月亦竟病倒，經中西醫治無效，於中秋之夕逝世。昊天不弔，五十天之內雙親見背，嗚呼，痛哉！父親生於同治元年九月十六日，享壽六十有一。〔1862-1923〕

父母雙逝，大兄為另謀發展，乃西上入黔，應軍長李燊之約聘，商業則縮小範圍交由三兄經營。大姐任職桃源省立第二女子師範學校，三姊鵬（字翳予）及么妹則仍就讀於該校。

一九二四　民國十三年　甲子　十九歲

六月省立二中畢業，家中慘遭雙雙之喪，經濟情形不佳，但得大姐之鼓勵與支援，乃於七月前往北京升學，因湘西教育程度低，同時負笈之同學，均未能考取著名大學，余志願國學，但考北京大學未取，後考入朝陽大學。當時學制均有預科三年，朝大並有專科，余因思明年擬再轉學（朝大無文科），故暫讀預科。該校創辦於民國二年，創辦人為校長汪有齡先生，平素重視法律科，故歷任教授均為司法界名人或法學權威，如余棨昌、陳謹昆、戴修瓚、李懷亮、鍾賡言、黃右昌、石志泉、劉志敭、夏勤諸先生是。校中原有常城丁志峻、楊民尹、吳盛涵諸人，生活上不感寂寞。中學同班密友堵述初住民國大學，寄居其舅父戴修鷺（字子璵）先生家（時任教育部科長），時相過從，無離家單身之苦。

一九二五　民國十四年　乙丑　二十歲

寄居校旁民舍，自己炊爨，格為刻苦，每逢週末輒過戴家與堵兄聯床夜話，所共同研讀者陸放翁語、李義山語、龔定盦語、南唐二主詞，對於創造社出版之文藝如《落葉》、《沉淪》等甚亦愛讀，家中匯款至，有餘多買書，時而至北京大學國文系旁聽，於本身功課，隨堂聽講而已。

夏，三姐自桃源省立女師畢業，負笈來京，考入北京女子師範大學。

孫中山先生入京，經同學陳篪、王志超兩君之介紹，於十月加入中國國民黨。

一九二六　民國十五年　丙寅　二十一歲

黨的革命力量，隨中山先生北上滲入北京。請願及學潮時起，使執政之段祺瑞政府，窮於應付，並導致三月十八日鐵獅子胡同執政府前，槍殺請願學生卅餘人之慘案發生，余校校址海運倉距鐵獅子胡同僅一條胡同之隔，理應參加學生極多。是日適本校發動驅逐代理校長之教務長夏勤（字敬民）風潮，緊閉校門，割斷電話線，與外阻絕，事後始知慘案余校無一傷亡，可謂不幸中之大幸！

暑假，大姐來京觀光，湘省因發生馬日事變，與余同到北京求學之常桃同學，回家後多輟學。

大兄在宜昌辦彝陵日報，余常寫通訊稿。

一九二七　民國十六年　丁卯　二十二歲

因常往戴家，極受子璵先生之鑑識，並有將其長女桃本許婚之意。桃本住女師大附中，以受其伯叔地位與言論影響，未表同意，在余正適苦學時代，亦無意於婚事，子璵先生因此不悅。適其教育部同事安陸陳問咸（字次方）先生次女寬彣（字孝質）論婚嫁，力薦余為適當人選。余辭以家貧兼求學時期，未便成家。終以子璵先生以次方先生意，婚後之經濟生活彼有安排，並一再稱佩次方先生國學深邃，得此姻丈，他日學術成就必大，且云次方先生為梁鼎芬（字星海）任兩湖書院山長時高材生，唯一得意弟子，清末即入學部，仕至今。余以既係書香門第，兼為師大女附中畢業，經函徵得大兄同意，爰於三月十九日租居察院胡同何遂宅結婚。新婚月滿，即遷住右駙馬大街岳家，余則走通學。

秋，寬彣與父發生齟齬。余以岳家供應如外賓，無岳母，而家事交予年齡比寬彣尚小之趙姨娘執管，生活上，精神上，反受桎梏，乃遷往學校附近住。冬，寬彣住後門婦嬰醫院產一女，不育。

一九二八　民國十七年　戊辰　二十三歲

張作霖入京稱大元帥，對黨人多加拘捕，余雖未實際活動，究係黨員，卒以有眷，邏者稍鬆，但余不得不數徙，且易名姓焉。

秋，鼓勵寬彣求學，考入女子大學（即女師大改名），便於其讀書又於伊校附近，與堵述初租屋合住，余則走讀。

得訊，表姊王淑瓊與中學同班楊熙時在南京結婚，不懌者累月。

一九二九　民國十八年　己巳　二十四歲

友輩均贊予小楷字甚佳，適河北省政府招考錄事，余瞞寬㲺偷往應試，筆試果錄取，如真考取而須實際工作，余亦不能，戲為之耳。

戴子璵先生自北京政府結束後，即遠赴瀋陽就東北大學會計主任，堵述初應晏陽初先生約，往定縣參加平民教育會工作，因此兩家眷屬均留平，與余夫婦合住，共同生活甚為和穆，尤以桃本對余情感，綢繆深摯。

一九三〇　民國十九年　庚午　二十五歲

中央政府討伐閻馮，內戰劇烈，津浦鐵路斷絕。余夏由朝大畢業，亟欲南下至鎮江參加江蘇第二屆縣長考試，不得已乃循海道前往。江南天氣燠熱，預備功課極苦，誰知以年齡一歲之差（畢業證書二十四歲）未獲進場。當轉往南京客居王傳濂（字廬卿）君家，暢遊金陵及金焦諸勝，且頗有詩，紀遊。王君為余鄉王以敏（字夢湘）翰林哲嗣，對詩詞素養極高。十五年在朝大曾同學同一宿舍，飲酒論詩，甚為相得。

九月經滬由津北返，適戰爭結束，中央在北平招考司法官，余以筆試第二名被錄取（朝大素重視司法官考試，榜首及前茅名第，極為繫念，余倖取第二名，校當局及同學甚為驚異，因余在校時之成績碌碌無奇）。後往南京參加口試（原分南京、北平、廣州三地舉行筆試），僥倖獲第五名。放榜後，夏老師勤語余，本屆考試各科試卷，以余之行政法卷為第一。即留京入朱狀元巷法官訓練所第二屆司法官受訓，妻仍留平，由三姐照顧。

冬月十九日子時，長子懋薰生於北京。

一九三一　民國二十年　辛未　二十六歲

法官訓練所係政府訓練法官，其課程自以法律之實務為主，而師資非國立大學教授，即為最高法院庭長、推事或司法行政部司長、參事，如潘恩培、許澤新、洪文瀾、劉含章、林鼎章、夏勤諸先生是，而所長董康（字授經）老先生，尤為司法界老前輩。考取同學來自全國各地，水準亦高，北京政府時代司法儲材館修業為二年，本屆則為一年半。訓練期短，離所後即須聽訟，故對學業不能再如在大學時期之隨便矣。

暑假所中分發各法院實習，余不願離京，則派在江寧地方法院，仍留住所內。

七月六日，中央舉行第一屆高等考試，陰雨連月，氣候有如初秋，試場甚有被水阻者，考生涉水入場，余試場在中央大學，未被水。榜放，共取一百名，法訓所同學共取四名為胡慶育（字仁齋，廣東三水）、管歐（字馭白，湖南祁陽）、朱治禮（字敬輔，安徽當塗），朝大同學共取五人，除余與管歐外為師連舫（字豫川，吉林密山）、石毓嵩（字中峯，山東博山）、李登俊（字澄攜，福建福鼎）。余又僥倖以普通行政人員第三名優等及格。

九一八事件發生，朝野震驚，政府對余等之分發工作照常辦理，十月余以薦任試署資格分發行政院候補。院長由國府主席蔣先生兼，秘書長為呂苾籌（字蘧孫）先生。政府為獎勵拔取人才，榜首朱雷章立即以監察委員任用，余於十月二十四日到差，為余任公務員始。

行政院雖為五院之一，而一切政治重大措施及國家大計，均由國府決定，院不啻為國府之承轉機構。中日關係緊張，年末發表陳銘樞代理院長（十二月廿六日），甫半月即改組。

一九三二　民國二十一年　壬申　二十七歲

元旦孫科出任院長，「一二八」日本侵滬之戰發生，乃改由汪兆銘任院長，為避日寇城下之盟，政府倉卒遷洛陽辦公，余仍留京院。

二月二十六日午時妻寬彣以猩紅熱病逝北平。余得噩耗，隨即北上，至知喪葬事宜已由三姐及同學友好辦理，並葬於麻刀胡同湖南義園。妻生於丙午七月二十一日丑時，得年二十七歲。妻自喪母後，父教深居簡出。與余結縭後，對於貧寒大學生之自由生活，多不習慣。兼以遷徙靡定，父女失和，更感精神鬱抯，常吟義山「自嫁黔婁百事乖」語句以自傷。惜余初登仕版，伊即魂返離恨天，「他日俸錢過百萬，與君營奠復營齋」〔註：此句係元稹詩遣悲懷：今日俸錢過百萬……非李商隱詩〕，誠不勝神傷矣！

五月法訓所結業，余奉令分發江蘇地方法院，以既服務於行政院，決定不報到，放棄司法官工作。

公餘為法界同學服務，與管歐、熊財達二人創辦《法治週報》。專著三人輪流擔任，而編輯、校對、發行，均由余一人任之，雖勞，頗獲同學贊譽。

秋，中學同班張開化（字寶琛）夫人皇甫之瓊介紹其姑道安小姐（肄業上海大夏大學）與余通訊。

一九三三　民國二十二年　癸酉　二十八歲

皇甫為桃源大姓，人多族繁，道安父天成（字敬之）老先生為其族長，與其兄天保先生（清拔貢）不僅以財雄於鄉，而為學之名亦甚著。道安係其掌珠，天生莊艷絕倫，在縣在校，無不驚其美。伊之外祖何來保（字鐵笛）先生，為常城清末革命最有名之烈士，生前與譚嗣同交最厚。在沅陵被捕時，由三百人械送長沙，死事慘烈。其絕命詩尤為悲壯，憶其一云：「鋃鐺鐵鎖出圍牆，親友紛紛送道旁，三百健兒齊護衛，萬頭攢動看何郎！」道安稟此家教，文字娟秀，辭句俏麗，令人欽慕，於《紅樓夢》《聊齋》二者尤嫻熟於余。二月特函約伊往蘇州鄧尉探梅。感其未面之筆友，竟冒然赴約，余以親姑待之。當時之冰清玉潔心情，誠無愧鄧尉梅花也。返京後，乃虔誠繕寫《金剛經》《心經》（依俞曲園校正本）各一部，用最上之粉紅宣紙，無一筆之劣，裝池精固，贈之。余另有紀遊詩。

政府向美國棉麥借款五千萬美元成功，各省市及團體請求分配者何止億萬，責由余統予登記。

五月，三姐經管歐、徐盛梧（字葉秋，江西南台）兩君介紹與法訓所同學李啟慧（字達文，安徽太湖）結婚，由大姐來京主持。嗣陪大姐遊上海，道安熱情招待，余瞞姐與伊猶未識。

一九三四　民國二十三年　甲戌　二十九歲

道安自寒假回家後，示意其父允婚，立請張開化、王其植兩君就近在桃源代辦訂婚手續，余另以余與道安字（原字妙甥，伊自字鵬雁，恰與余名巧合）設計婚戒寄伊。 　。其式反面為行書「鵬」、「雁」兩字。婚訂後，嗣順從岳父意，擇定三月吉日在常德結婚，因常、桃兩地親友多，故岳父於余回門時，開宗祠演劇，盛筵宴客，可見老人心情之歡娛。惟哄動全縣，使余踧踖。

溯高考及將分發行政院共有五人，除余外，當有管歐、金華（字玉光，江蘇武近）、吳嘏熙（字古希，江蘇鹽城）、申慶桂（字夢青，河北固安）四同年，均以薦任職候補，公務員任用法雖公布，儘先以考試及格人員遞補，然院中之薦任秘書科長甚少，且五人同時補實，亦有困難。

某次向秘書長褚民誼請求時，彼謂君等均係高等學堂畢業，不必升官云云，其顢頇，令余等啼笑不得。幾經呼籲，於上年修改組織法增加編審一職，於是五人均獲實授。夏，第二科科長（主管教育文化）缺出，以余承乏。所幸同年工作能力表現均優，不久吳嘏熙升第六科科長（主管工商實業）、申慶桂升第四科科長（主管軍政）、管歐升第八科科長（主管司法），唯金同年以體弱未能升補。可見政府實行五權憲法重視考試，而第一屆高考錄取，分發中樞，正式擢用如此之難，其他分發外省者之不被重用可知！於開國之新氣象，不無遺憾！

冬月十八日申時，長女懋荃生於南京。

一九三五　民國二十四年　乙亥　三十歲

春，岳父母以故鄉不靖接來南京住，秋陪登泰岱，因值孔子秋祀大典乃轉道曲阜謁孔廟孔墓，至廟大成殿，岳父旁若無人恭敬叩頭行大禮，遊客群感驚異。岳父語余曰：「讀一輩子夫子書，今天好不容易來在他老人家殿前，焉可不行跪拜禮？」，言時，喜形於色。

為領取律師證書，申請法部令派鄂西某地方法院推事，以符合領發條件，事實上未履任。

十二月汪辭，改由蔣先生為院長。

一九三六　民國二十五年　丙子　三十一歲

本院自汪兆銘接任院長三年十個月（21.1.29 至 24.12.11），稍稍發揮行政權力，蔣先生再接長院篆後，銳意革新，並重用學人。以翁文灝為秘書長、蔣廷黻為政務處長，顧翊羣、吳景超等為參事，一心為國民經濟建設為務，大有政治中心之責任內閣氣象。

大學畢業生就業訓導班辦理分發及改分工作至忙。先是政府鑒於全國大學畢業生就業困難，爰由中央召集設立訓導班於中政校，由丁維汾任班主任，施以短期訓練，分發事宜由院辦理。卒以畢業生人多，分發中央機關者均予接受，分發各銀行及外省者，不甚順利，因之改分事宜亦極忙碌。余科為主管科，訓導班委員會執行工作素即擔任，故一切分發事宜，自由余科辦理。畢業生中有女生楊珍娛號稱班花，與女生畢仲英等申請分發本院，適又派在余科實習，一時院內頗多綺語流傳，幸楊生沉靜寡言，而余除悉心指導工作，無私念，故蜚語自息。

故鄉平靜，妻攜子女隨同岳父母返回桃源小住。

一九三七　民國二十六年　丁丑　三十二歲

七月七日蘆溝橋中日戰事發生，政府疏散辦公，適時所有公務員眷分別疏散，余仍送眷回桃，誤以為一如淞滬之戰，短期可復原，故余隨同仁集中於牯嶺路胡邁住宅辦公外，而京寓什物及藏書一無所動。包括大學之講義及在北平方家胡同京師圖書館閱讀古書之手抄本。

大本營成立，余奉調第二部服務，任上校組員。每天至富貴山防空洞辦公，但仍住胡宅，兩處均有防空設備。

大本營撤銷第二部，改為國家總動員設計委員會，由原任副部長盧作孚主持，部長係由江西省政府主席熊式輝遙領。日軍進犯淞滬，首都空襲頻仍，政府於十一月二十日宣告遷都重慶，各機關紛紛西徙，國家總動員設計委員會亦遵隴海路遷往漢口。作孚則留余與彼同行，最後撤退，因彼為民生輪船公司總經理控制有船舶，胡宅全部辦公人員西撤，余並移住莫干路民生公司與作孚同住。不久，余以作孚忙於船舶調度，余無一事可辦，嗣國府最後車輛撤離，友人約余同行，遂離京。

先是政府於撤退前擬封鎖長江，阻止上游日艦退出。不意此訊為本院簡任秘書黃濬（字秋岳）洩露，及其在外交部工作之子某共謀，父子二人以間諜罪同時棄市。所著《花隨人聖盦摭憶》，為余所愛讀。憶一二八事變起，院中以軍情緊張，立值夜制，某夕輪余與彼共值，彼即告余中國不堪日軍之一擊，日本為何強盛。余以為一般人皆怵於日本軍力不以為異，誰知竟為寇作倀耶！

一九三八　民國二十七年　戊寅　三十三歲

政府明令遷渝而政治中心仍暫留武漢，軍事重於一切，國家動員設計委員會已無必要，奉令撤銷，余仍回院工作，三月接妻至漢口一遊，以空襲頻仍，住一週即返桃。馬當要塞失守，武漢漸近戰區，政治中心乃西移。適院循湘黔公路遷渝，派余及趙恆榮科長督運。余意萬一大武漢不保，長沙定受威脅，長沙吃緊，常桃定必不安，乃決心攜眷隨公西遷。不意至沅陵，而芷江、晃縣一帶匪勢猖獗，軍車常亦被劫，負地方重責之湘西行署主任陳渠珍，勸余暫緩前進，以免危險，嗣派軍隊護送至芷江。前途更險惡，余決心將妻與二女懋荃、懋菱、子懋華暫留住芷江。車隊過板栗坪時，隔河即目睹匪劫商車，住晃〔縣〕之旅社前夕，即遭匪洗劫。翌日至玉屏入黔境，雖亦有小匪，但黔省府派軍接，方始安心。然經湘黔公路之險路又為車路躭心，到黃平，余等始無憂。過貴陽，省府秘書長鄭道儒、民政廳廳長孫希文均係院中同事，晤談甚歡。與大兄宿黔靈山，共山僧夜話，塵慮一清。民政廳老友們（兄任民政廳督察）均笑大兄交婦事，年貌均欠佳。余諫兄應另正式續娶，兄默然。以舊車載公物過釣絲岩等險地，均平安度過，抵渝時為之一快。

一九三九　民國二十八年　己卯　三十四歲

春，眷由芷江至渝，寓棗子南埡，以警報頻至，尤以夜間奔走曾家岩防空洞躲避至感疲勞，乃決定遷鄉，住老鷹岩斑竹林農家。政府正亦指定由渝至北培為機關建遷區，故交通甚便，屋後有陸軍大學之防空洞可避空襲，可謂安全之極。各機關紛紛遷鄉，渝城設辦事處，本院則以政務繁重，重心仍在城內。一部分較輕事務，則送新開市鄉院處理。該地居老鷹岩、歌樂山之間，雖臨公路而有山林遮蔽極為幽靜，山居常患缺水或水不潔淨，該地井水獨佳，四季不絕，故亦名龍井灣。每週末院中交通車開鄉，物質生活雖苦，較在城中飽受敵機時襲之精神威脅，則安逸多多。

冬，調陞薦任秘書，仍兼第六科科長辦理經濟行政事務。

一九四〇　民國二十九年　庚辰　三十五歲

端陽節之翌日在城院辦公之際，忽來警報，余初覺腹疼，時時加劇。緊急警報又至，適院中卡車緊急疏散下鄉，爰急忙下鄉，逕送歌樂山中央醫院。外科主任王歷耕（字莘田，福建建甌）為余義姐甘智泉之夫，逕請其診治。斷係急性盲腸炎，立即由其動手術割治，知一部分已腐爛，再遲恐生命無救矣，險哉！

醫院亦備有防空洞，次日又有空襲，工友抬余入洞，始悉妻亦住醫院生產，獲男即三子懋蒓。伊當不知余昨日患病住院。

日寇偷襲珍珠港，英美均對日宣戰，使我抗戰信心增強。

一九四一　民國三十年　辛巳　三十六歲

九月，陞簡任秘書。

冬初，岳父病逝桃源，隨妻攜子女回桃源奔喪，因三次長沙會戰影響，桃縣人民紛紛疏散鄉居，岳家亦避居師古深農莊，生活尚屬安定。三姐全家則避居叢桂山。在桃住一月隻身返渝銷假。

一九四二　民國三十一年　壬午　三十七歲

大兄介往山東公路工作，建華姪肺病大好，介紹全國糧食管理局服務。三兄則服務農本局。五月初九申時，四子懋芹生於桃源。

一九四三　民國三十二年　癸未　三十八歲

奉命兼任會計處幫辦。

十二月常德會戰，淪陷八日始克復，妻小安全堪虞。冬，決定再接眷來渝，由內弟道正護送，蒓兒不幸在沅陵途中夭折。此子生於空襲，病損於逃難途中，豈前世注定苦命耶？

國府主席林森先生逝世，於清水溪主席官邸，即在班竹林與新開市之間，為余調鄉院辦公每日上班必經之地，經堪輿家言其地為龍眠，政府即葬林先生於斯，未另擇地。

一九四四　民國三十三年　甲申　三十九歲

自調鄉院辦公，事極清簡，晚飯後，一燈如豆（電燈極暗），常聆同仁等清唱。簡任秘書羅敦偉、陳祖平，參事陳之邁與姚慶芳女士均參加，由鄔鎧操琴，雖多荒腔走板，然亦不失寂寞中唯一取樂。余與孫希文參事不會唱，多以談討史乘及說部為樂。不久，余亦由班竹林收眷遷來龍井灣院中宿舍住，更為方便。

妻患病，初疑係胃病，嗣經沈克非大夫悉心診治，斷係膽結石，經割治後，方癒。沈年已老，施行手術，滿頭大汗，在當時設備不全之中央醫院，治癒重症，誠不易。

十二月蔣先生辭兼院長，由宋子文繼任。

一九四五　民國三十四年　乙酉　四十歲

原兼公務員生活改善委員會主任委員陳參事克文工作太忙，奉命調余兼，因之又進城辦公。

六月，蔣夢麟繼張厲生任本院秘書長，兼對日賠償委員會主任委員，余兼主任秘書，辦理公民戰爭財產損失調查登記事宜。政府為吸收通貨獎勵儲蓄，舉辦黃金存款，規定存入法幣一七、五〇〇元兌換黃金一市兩。人民存入踴躍，但當到期兌取時，因官價升至五〇、〇〇〇元，僅付給現貨六成。影響政府信譽極大，故以後歷次改革幣制，均失敗，肇因於此。

八月十三日黃昏閑步街頭，忽傳日本已無條件投降。不一刻，商店即陸續放鞭炮慶祝，當奔回院查證，得悉為美軍廣播，立即傳遍山城，人民狂歡。念八年抗戰辛苦，今日獲得勝利結果，余亦不覺喜極而泣！

一九四六　民國三十五年　丙戌　四十一歲

一聲勝利，戰區軍政經之接收事宜，如何辦理？事前既無絲毫準備，故顯工作緊張而忙亂，臨時制定收復區財經方面多項法令。春，余奉派先飛南京辦理本院遷回問題，旋以各機關復員工作繁重，陳克文參事忙極，又調余回渝襄辦。嗣中央機關辦公房屋須籌配，又隨蔣秘書長返京，四月眷屬還京，住指定院內宿舍。

五月五日政府正式還都，自抗戰期間公教人員眷屬房屋由公家負責以來，回京後為一重要問題。本院爰成立中央機關及房屋配建委員會，由蔣秘書長兼主委，南京市政府馬市長超俊兼副主委，除辦公房屋分妥外，另建公教新村五個分配各機關住眷，由余兼任分配組組長。

日本無條件投降後，所有京滬平津集中待遣回日之僑民甚眾，戰後運輸船隻缺乏且須遣返日軍，因之遲延歸期，日久缺糧。地方當局紛紛電請解救，余奉命前往處理，或借撥公糧或由院撥款購買。於遣返前，幸未發生意外事件。

國家經八年抗戰，民生凋弊，滿目瘡痍，復元工作，百不及一。竟於十一月十五日召開國民大會汲汲制憲，各省縣忙於產生代表及競逐立法委員之選舉，而置民生建設於不顧。導致政爭，進而發動軍事叛亂，誠為國家前途憂！十二月十二日戌時五子懋莘生於南京。

一九四七　民國三十六年　丁亥　四十二歲

自戰爭結束後，各省物價迄未安定，田賦仍徵實物。各省預算均由院控制，而余以第五組組長仍兼會計處幫辦，工作極為忙碌。所幸蔣秘書長至為信任，擬辦雖不敢自信一一正確，而呈蔣立即獲核定，使公事一無留滯。

三月二日宋院長辭，由蔣先生兼理。四月十八日明令公布國府組織法，五院改組，張羣繼任行政院長，秘書長亦由甘乃光擔任。長姪懋芬與常城羅德珩女士在京結婚，珩之父剛甫先生為吾鄉積學之士擅長書法。

么妹愚安與石門覃道忠結婚於南京。妹晚婚，固由於國家多故，生活不寧，而余未能多方留意人選，亦殊愧疚。

一九四八　民國三十七年　戊子　四十三歲

三月二十九日第一屆國民大會開會，選舉蔣中正為總統，李宗仁為副總統。五月五日就職，提名翁文灝為行政院長，同時秘書長亦改由李惟果擔任。東北軍事吃緊，太原被圍，而最大問題仍在金融紊亂，物價波動劇烈。憶上年宋院長曾以外匯七億萬元之黃金拋售，吸收法幣，結果未收效，反使國庫更形拮据。故翁就職後，原擬以關金為本位，實施不行，於七月三日頒財政經濟緊急處分令，發行金圓券收兌法幣及金銀外幣。大都市執行頗收效，終以準備不夠，各省縣反導致紊亂。余妻售穀所收之銀元二百餘元，亦遵令售予銀行收購美金公債。

十一月二十六日行政院改組，孫科出任院長，端木愷任秘書長，大局不寧，真是受命於危難之際。且各方要求非蔣總統下野，政局不能轉好，且京滬有受圍攻之虞。

一九四九　民國三十八年　己丑　四十四歲

一月四日參加孫故參事希文殯葬，親送至永安公墓。憶渠自由貴州省民政廳長調回院任參事後，在同事中與余極相契。學問淵博，尤以嫻熟中國文史，真堪為余師，一生為公辛勤，非端木愷任本院秘書長照顧一切，幾貧無以為殮，廉吏之不可為如此！同時端木以世晚，本擬多為隆重飾終，但以大局不安，場面仍甚寥落。

一月二十四日蔣總統引退，由副總統李宗仁代行職權，舉行國共和談。

以戰局緊張，和談無望，政府積極準備疏遷。余以思歸心切，端木秘書長初意派余赴閩或穗籌備本院遷往事宜，均婉辭。

一月十七日赴下關招商局分局購買航票，歸逢淮海前線戰歿之黃百韜上將之忠櫬入城，狀至寂寥。設此次徐州會戰戰勝，政府不致疏遷，則其生入挹江門，熱烈歡迎，盛況可想！余於廿五日返抵常城，暌別八年之故鄉，屋宇雖經戰火多燬，而氣象依舊。翌晨上桃與家小團聚，同度農曆年。

回家度歲，假期不及一月，而院中迭電催歸，於二月廿三日自湘抵穗，此為第一次來革命發源地，南國風光，自與江南不同。同仁等見余銷假，遷移後之工作得以推動，頗為歡欣。端木秘書長除對原任之第六組長外，囑兼預算委員會主任秘書。該會在京時有職員三十人，來穗僅六人，而各方索款及要求調整待遇文電，日收百餘件，忙迫可知。

四月廿二日三姐夫李啟慧君逝世於常城，君字達文，安徽太湖人，與余朝陽大學同學，同於民國十九年應法官試及格受訓，服務法界至最高法院推事，去歲在京患胃癌，適值政府疏遷乃請求調湘待命，不意病竟不起，惜哉！

政院改組（三月十二日），何應欽任院長，黃少谷為秘書長，龐松舟主計長邀余出任主計官兼歲計局副局長，少谷不同意，未能就。政府自由京撤退來穗後，凌亂無緒，兼以金融紊亂，已呈崩潰現象，挽救大計，無從著手。而軍事方面，節節敗退，爰復有遷川之密議。乃商得少谷，核准允余請假返籍。於五月卅一日回家，翌日為端午節，值此大動亂之時局，而能回家共家人度佳節，誠幸運之至！桃源地方雖小，軍政首長及議長與親友以余歸自中樞，紛臨以大局相詢。余愧無以對，彼此心情萬分沉重，均有變生旦夕之感！此番歸來，本不擬再出，無奈院中再四電催，不忍臨國難不顧，毅然於七月五日返穗銷假。臨行與道安商定，萬一政府遷台灣，余決返鄉，設遷川當再隨徙。六月六日本院改組，由閻錫山出任院長，亦無力挽回此土崩瓦解之局。

八月廿三日傍晚突接建華姪電云，大兄在渝病危，立即商得賈秘書長景德准假四天，飛渝探視。翌日午到渝，驚悉大兄已於昨晚七時，病逝於中央醫院，四十四年手足死別，竟慳一面，痛哉！大兄長余十九歲，享壽七十三，當留渝主持棺殮開弔及葬儀，於廿八日返穗。

閻院長自任職以來，決力挽回大局，親草「扭轉時局方案」。雖對時弊，多半肖綮，無奈病入膏肓，一籌莫展。兼以在湘軍政大員程潛、陳明仁宣布叛變，致政府在穗，愈受軍事壓迫，不得不再度遷渝。於十月十二日隨院同仁先飛柳州，十四日轉渝。各機關以時間倉卒，為辦公與住屋問題一團糟亂。公務停頓，遠非民國廿六年對日抗戰政府有計劃西遷可比。

政府原以大西南局面可作基礎，故遷渝後，擬作長期打算。不意雲南之盧漢不穩，再兼以守川北之羅廣文叛變，又不得不倉卒西遷成都。此時明知政府鑽牛角尖，而川湘交通阻斷，無從回鄉，兼以賈秘書長懇留與閻院長共患難。自忖過去政府在渝八年，從未一至成都，今隨政府遷往，能一遊，計亦良得。爰於十一月廿九日飛蓉，暢遊各名勝。於公除民意代表及機關要錢要飛機票外，幾無事可辦。十二月二日臨時院通過余任副主計長，逃難中升官，決不就，堅決不發表新聞。時局既未能扭轉，且越陷越深，所謂戰鬥內閣、軍士授田方案均為時過晚，而閻院長復與朱副院長家驊齟齬，真遑遑不可終日。蓉城不能久守，內遷西昌乎？遠遷台灣乎？一日開幾次院會討論，均無結果。七日下午八時院會始通知，奉蔣公核定武職機關遷西昌，文職機關全部遷台北。九日天未明，隨政府最後一批人員離鳳凰山機場逕飛台北。自此拋棄錦繡山河，念何年重到，不勝悽然淚墮！

一九五〇　民國三十九年　庚寅　四十五歲

二月奉令赴台中霧峰視察遷台古物有無被盜情形，同行有蔣夢麟、傅斯年諸先生，及內政、教育兩部代表。

國防部兼部長閻錫山交新任顧祝同，及經濟部部長劉航琛交嚴家淦，均奉命派余監交。

憲兵司令張鎮（字真夫）於二月十七日（農曆元旦）逝世。念三十年好友，幾次國難，多不相離，一旦死別，余哭之痛！

二月二十六日奉派兼招商局董事。由於交通部長陳良之保薦，但余感念破國棄家，實無再任官職必要。適閻院長辭職，發表陳誠繼任，認為離院最好機會，毅然決然辭去本兼各職。賈景德秘書長再三苦留，並酌予參議名義，余堅決謝絕。

三月一日蔣總統復職，政治領導已有重心，余反於十二日正式離院。陳良任陳誠內閣主計長，再三挽余任副主計長，余避不見面，蓋以示不任公職之決心。

四月二十三日破戒在北投過夜，誠無官一身輕。七月十一日遷往建設廠招待所。

九月中旬暢遊阿里山及台南歸來，考慮今後出處問題，擬往香港謀自由職業，而老友陳克文復函似不易為，且為政治是非地，決計不去。適老友鄭道儒出任經濟部長，再三懇幫忙，勉予擔任顧問，隨時備諮詢。不意九月二十九日到部後，鄭以商業司規復政府遷台後，一切商業行政事務，極為重要，情商轉兼司長，不覺又重任公職矣！

一九五一　民國四十年　辛卯　四十六歲

經濟部各司如工業、礦業、農林、水利職掌均較專業，獨商業司雖掌管商務貿易，而不屬於各司主管之有關經濟事項，幾均劃歸商業司辦理。中央緊縮編制，全部僅六十名額，商業司除余任司長外，僅查專門委員奉璋、羅技士煥炎二人，寫司執照尚須由司填發，工作之繁忙可知。且政府甫遷台，有關全國性之公司登記，即頗難處理，尤以總公司陷在大陸而分公司在台之如何管理，不得不另草擬管理辦法，對商標之註冊事項，商標局既未遷台，業務不能停滯，爰委託建設廳辦理。

四月十日政府為安定金融，採取緊急措施頒行禁止金鈔買賣辦法，因而奢侈品之禁售與管制問題發生，擬定奢侈品品目及便外人購買，設特許商店與珠寶之能否運銷海外等等，均一一會商有關機關處理。然在有錢消費者視之，為庸人自擾。

謹防物價波動，余參照抗戰時期法令起草台省日用物品管理辦法呈院，決定保留。

葉在杭同學發起組織聯利行經營西藥，余與譚鳌芝合出資五千元隱名參加，出資微小，而重友誼。

外匯短絀，而輸入物資自須嚴加管制，尤以簽發輸入許可證由余辦理，常工作至午夜，因其量多而僅一人簽署。

十月十二日整天地震，入夜尤劇。

籌備商業會計法明年元旦實施。

一九五二　民國四十一年　壬辰　四十七歲

達如辭經濟部長獲准，並於五月八日在木柵本部移交於新任張茲闓。張前任工礦調整處長，即熟識，因之對余辭商業司長職，因鄭部長已令准於先，勉予同意。嗣物色胡光泰君繼任，於六月廿四日交接司務，且無一積案留交後任，但代表本部出席省府生產事業管理委員會之產業金融小組會議，徇張部長情意仍予繼續擔任，因台省一切生產貿易金融有關重要事項之決定處理，均屬該小組。

九月接受本年度高考及普考襄試委員聘書。

九月二十九日奉部令兼任耀華玻璃公司管理委員會委員，徐次長鼐兼主任委員。十月二十三日開成立會。

奉命研擬證券交易所詳細細則與組織章程及外人投資條例草案分別完成。

參加友人合夥之「聯利行」倒閉，股東內部亦起糾紛。余與譚君係隱名象徵性參加，蝕完老本而已。

一九五三　民國四十二年　癸巳　四十八歲

會計法修正公布，余奉命兼任會計師懲戒委員會初審主席委員。

交易所法在台既不能實行，而一般證券字號又不能不加管理，爰又奉命起草證券管理辦法。

十二月代表耀華公司管委會出席新竹玻璃廠股東座談會，籌組公司。

一九五四　民國四十三年　甲午　四十九歲

以顧問兼部內工作為訴願委員會委員、會計師懲戒委員會主席委員、部外外貿小組委員、耀華玻璃公司管理委員會委員、新竹玻璃公司董事及交通部航業督導小組委員，實覺不應當，有時尚兼港澳遷廠來台審核小組召集人及華僑投資審核小組召集人，更不清閒。

新竹玻璃公司於一月廿五日開創立會，余代表耀華公司之官股，參加為常務董事，解決重要事項為：二期股款之收集、聯成等三家股本退出之洽商、竹東工廠之興工、機器進口之關稅記賬、中信局及美援金之貸款、金銅礦務局之砂區租採等等。

六月一日，行政院改組，俞鴻鈞任院長，尹仲容接長經濟部，仍兼中央信託局長，余要求辭各兼職，未荷同意。

一九五五　民國四十四年　乙未　五十歲

新竹玻璃公司聯成三家讓股事，經余協調，以原價九折轉讓，向中信局貸款洽定貸得二百萬元，解除成立公司及財務二大困難。十二月五日正式生產玻璃，頗為順利。

奉派為財政部結匯證審議委員會委員，第一次核定牌價六元，市場反應甚佳。

尹部長在原任中信局長貸款揚子木材公司，經立法院質詢有官商勾結嫌疑，由行政院俞院長不經交主管部調查，逕移送法院偵辦，除延周旋冠、蔡亦乘兩律師辯護外，余與李參事潮年參加研究，在應訴期間，明令停止尹之部長職務，由政務次長徐鼐代行。被控結果，宣判無罪（案發之初在行政處理程序上，自應先交財政部究辦，何以俞院長逕送法院？據云俞有一情婦任職中信局，尹以中信局冗事太多，又無法裁汰，乃定待用辦法，即不上班按原薪六折支給，俞之情婦亦在待用之內，事後余曾以此事詢尹，據告事前確不知其人與院長有關係，因此而結怨，殊屬冤枉云。）

尹仲容辭部長准，改由江杓繼任，十二月一日到職，而余代表經濟部出席外匯貿易審議委員會，仍照舊。

一九五六　民國四十五年　丙申　五十一歲

新竹玻璃公司三部引上機已於一月底同時拉玻璃，並能生產二米厘玻璃，自是好現象。不意正工程師馬紹乾，公司對其行動不滿，有要脅之嫌，責成余協調，結果發給四個月薪，由馬自動申請資遣。美籍技術人員克利 Kelly 到廠後，與溫總工程師步順意見齟齬，甚至水火，誠難為公司，經余再三折衝，溫請辭，由公司優予資遣。

陳啓猛、啓傑弟兄原辦之啓信化工廠停工已久，經李良榮介紹陳華洲、張志忠等技術專家研究改善，於是改組公司。請余參加籌備，余以公務員不便，爰任顧問，並與魯名傑投資二萬元，由魯任名義上常董。公司亦改稱「啓信實業股份有限公司」廠址仍設於桃園縣楊梅鎮。

奉派兼黨營事業松山化工廠董事。

新竹玻璃公司建廠完成，生產正常，而人事糾紛迭起，耀華公司民股委員意見亦多。決心向部辭常務董事，奉江部長慰留，徐鼒次長亦再三以免增彼之困難，堅勸勿辭。

七月十三日陳普夫人過生日，金克和君偶拉余匆走，失手竟將余左手小指拉脫節，經一再找中西外科醫生治療，約一月餘始痊癒，亦意外小災也。

江部長蒞任時，即挽任主任秘書，堅謝不就，後再三囑回任商業司長，無奈勉徵得李參事潮年同意，由彼擔任，司內核稿等業務，余協助處理。

一九五七　民國四十六年　丁酉　五十二歲

新竹玻璃公司產品內銷有餘，亟圖外銷。上年試銷南韓一萬箱，以無法保留外匯，經余商請外貿會徐主委柏園同意，由中信局收購，所得外匯交由中信局進口物資，方獲解決。今後產量加多，更非外銷不可，陳尚文決定赴南韓一行，一面到日本作技術上之觀摩，出國期間，由余代理董事長。

二月，公司為余租得廈門街 99 巷 B20 號之一新寓，屋宇雖不大，頗有空地，培植草坪，乃改戶口由士林正式遷入。

主任秘書趙冠先調訓及李司長潮年赴美開會，江部長均命余代理。七月，彼因殷台公司與美合作案被監察院彈劾，其申辨書由余赴草，一面呈院辭職，文亦由余代撰。嗣卸部長職後，公務員懲戒委員會予以申誡處分。

新竹玻璃公司股東會改選董事，余仍被推選為常董，上年度董監事酬勞金，常董各一萬五千元，余請示耀華公司主委李景潞次長，渠意既無不能接受之法令，可不交耀華及經濟部。

啓信公司常駐監察人李良榮自馬來亞返台，亟力促啓信公司以機器技術投資與當地僑胞合作創設水泥廠，當政府鼓勵華僑來台投資。今反向投資，對主管機關頗難申請獲准。好在陳副總統支持，經濟支援並爭取僑胞向心力，亦有其目的。

一九五八　民國四十七年　戊戌　五十三歲

上月趙煦雍因事赴香港，特託由夫人尹靜祺函道安試詢家中消息，一月四日果得余妻親筆復信，八年杳音信，今得知闔家均平安，念及道安撫育子女應付苦境，不覺喜極而泣下！

至中心診所檢查身體，一切正常，惟體重至八十三公斤，應特別注意。

行政院局部改組，經濟部由楊繼曾繼任，於三月二十六日視事，常務次長易童致誠，余以李景潞賦閒，願以新竹玻璃公司常董相讓，江前部長不同意，由公司改聘李為顧問。尹仲容接徐柏園外貿會主委，而會中一切法律事務，請余繼續擔任，特聘余為顧問。又使外貿會成立訴願委員會，破例不由會中高級主管充委員，一律聘會外人士參加，以期超然，爰聘余、李潮年、陳長桐、姚淇清、潘誌甲、張繼正、趙觀白為委員，指定余兼主委，並派專門委員蔡中曾兼秘書，好在外貿會無附屬單位，訴願案件極少。

新竹玻璃公司鑑於一個窑爐如遇冷修或意外必停產，極不安全，經股東會決定收盈利改作增資增設第二廠，三月三十日在竹東廠請省府周主席至柔舉行破土典禮。此外，新所得稅法修正實施，為一廠爭免營利事業所得稅三年，余出力甚大，卒以已有營業行為，不合規定，未獲結果。

農林公司部設整理委員會，楊部長一再請余任主委，余堅辭，改由童次長擔任。

譚鳌芝棄總統府公職，接辦府中印刷廠，余以為原任廠長迄今定對業務內行，爰與趙煦雍合共投資十萬元，不意該廠改租民營後，虧空甚鉅。余連投資之二萬元及負責為其借貸存放共損失十五萬七千餘元，嗣商請好友出資八萬元救助，結果以虧深，無法挽回，余傷透腦筋。

一九五九　民國四十八年　己亥　五十四歲

行政院令部收中紡公司、雍興公司、中本公司、台北紡織公司合併，部中交余負責，余建議成立小組，請童次長任召集人，余任執行秘書。因中紡屬本部易辦，雍興屬中國銀行全官股，台北屬交通銀行全官股亦好辦，而屬交通銀行之中本，則民股多於官股，談合併何易。

外貿會專案組組長楊清節以奉命核准管制進口物資，商人被起訴，因連帶以受賄及圖利他人被訴，余以友情及了解本案內容，轉為幫助，並請周旋冠律師為之辨護。第一審仍各判罪一年半，上訴高院始獲得直，余亦欣慰。不意檢察官不服上訴，經最高法院發回高院更審，仍判決無罪。

八月七日中南部發生大水災，極為慘重，當局禁屠。

政府下令查建築材料操縱市價，玻璃亦列內。由余主稿呈經濟部申明並無暴利。嗣八七水災附加捐稅，亦遵令由公司負擔。建設第二廠積極進行，預定年底出貨，而公司急欲投資華僑銀行，余堅決反對，因本身財務困難。

總經理陳啓猛赴星馬及日本考察，公司推余代理，兼以外貿會及經濟部工作，至為忙碌。公司派一小貨車給余專用，雖各處奔波，尚屬便利。

九月辭准經濟部前方物資供應小組召集人職務。松山化工廠董事會改組，董事解聘。

十月得荃兒書信，其已與鄧定一結婚，鄧年二十七，常德人，在中山大學攻歷史系。

本年中最不如意事，一為何世倫假余寓過生日，友朋集賀，被辭退之劉役，誣控聚賭，三日後，少數報紙當予以聳聽之喧染；二為歲春寓中失竊，損失不重。

一九六〇　民國四十九年　庚子　五十五歲

上月底自廈門街遷入金門街十二巷二十五號，並宴外貿會尹主委仲容、錢副主委昌祚及訴願會全體委員。三月九日陪仲容專往竹東工廠參觀及二廠開工後生產情形。

十六日發現白髮，真有一事無成兩鬢斑之感。

五月外貿會責玻璃售價太高，擬開放進口，經再三搜集進口之資料與成本向外貿會說明，嗣又以不採用東南碱業公司之純碱，仲容極為不滿，亦經余與公司折衷先以小窑試驗再為決定採用，因仲容主強廹參用，而公司惧有損窑爐不從。

五月中央財務委員會擬與新竹玻璃公司合資創辦第三廠，包括壓花及磨光，公司認合作不便，未進行。

新竹玻璃公司當又與啓猛為三廠籌劃意見不一致而交惡，經余調息。後又以售精砂於啓信公司，當又認公司有損，又由余擬具解決方案提常董會解決。啓猛受兩次打擊擬退出公司，請余商討財委會及官兵輔導會接受其讓股，洽談未成。余個人以今後代表公股，至感不便，乃決定購進十股，備將來私人參加公司。

十一月十六日外貿會會報成立整理法規小組，推余主持，十二月二日大會以訴願會議決案未通過，余憤而辭職，經仲容決定法規小組交調查研究室辦，訴願會派汪彝定接任主委，真省許多煩惱。

一九六一　民國五十年　辛丑　五十六歲

有公務員身份兼外務妨礙，幾次想在部不支薪給，當局均不同意，直至今年始獲准自六月份起，不支公俸。

在外貿會處理法律事務，全為仲容私交關係，不意為利泰五金號進口管制物品案，所提意見為普通輸入組不滿，承辦人亦請力爭。余當長函陳組長世昌說明余立場，所提意見應呈主委裁決，無意起磨擦。

新竹玻璃公司為用東南碱業公司純碱，品質已漸改善。自七月份起，已完全採用，然以價格問題又生爭執，因玻璃外銷售價低，甚至不敷成本，而用原料高出進口純碱，則不合理。經與外貿會協商始獲核定分內外銷價而解決。

仲容在七月十二日外貿會會報中，突指示新竹玻璃公司外銷努力，所用重油應予退稅，囑專業組組長劉健人即辦令。余當以油料屬經濟部主管，應先商部，渠雖採納，然其硬朗作風如此！

平板玻璃年產五十萬箱，供應內銷已有餘，而高級磨光玻璃則需生產，自上年起即申請美援貸款，直至今年三月美援會美技術人員到廠參觀始贊成，經照原擬計劃核准貸給美金一六〇萬元，於五月十二日在台簽字。然究專辦磨光廠抑辦壓花廠？以市場而論，後者希望大，但董事長與總經理意見不一致，經余協調兩者均辦，將來市場有問題，兩者當可互為挹注。

啓猛出國，余又代總經理凡一個半月，至為忙碌。

一九六二　民國五十一年　壬寅　五十七歲

二月外貿會成立法規整理小組，用費由美援項下負擔，以半年為期，余任召集人。九月底為限完成，除印刷費外，節餘交外貿會。

四月份起，每月寄道安生活費港幣三百元，一面積極計劃接伊來台。

新竹玻璃公司既決定增建第三廠與磨光廠，獲貸美援美金一百六十萬元，股東亦增資新台幣四千九百萬元，由董事長陳尚文赴美與供應廠商哈彌頓 BLH 及泰樞門兩公司洽商購買機器及技術問題，於十月一日在 AID 總署簽約。公司董事長職務由余代理。同日股票上市。

政府對新辦工業豁免營利事業所得稅，對平板玻璃仍繼續免稅，而於磨光玻璃與壓花玻璃獨不免，實不合理。經商經濟部力爭，始獲得磨光玻璃免稅，壓花玻璃有出口百分之五十以上，免稅。

一九六三　民國五十二年　癸卯　五十八歲

仲容原以檢查身體住醫院，誰知竟患肝癌，於一月二十四日病逝，朝野及工商界莫不驚悼，平素雖嫉世，處事獨斷，然其負責任之硬朗作風，在目前之財經首長中，不可多得，「哲人其萎，邦國殄瘁」，余有至感！

金門街寓居房東急於出售，余居之安，乃商諸新竹玻璃公司一次墊款買下，由余分三年歸還，此為平生第一次置產業。

北投風化區種種傷風化以外之事均有，近傳更有女侍應生裸體陪酒之風，乘三月廿九日假日之便，友輩約往欣賞，果有大事。但吾輩衣冠整齊，雜望伊輩，殊煞風景，亦好奇心所致歟？

四月得道安後信，知手書之《金剛經》與全部日記均無存，為之悵然！

六月十五日辭准外貿會顧問，至快。

新竹玻璃公司原擬與泰國僑胞合作創設玻璃廠，地址及原料早經勘察與化驗，泰方負責人鄭亮蔭數度來台一切商妥，並簽備忘錄，嗣以公司正積極籌建第三廠與磨光廠，技術人員不夠分派國外，兼以僑領鄭午樓不斥巨資，爰有廢棄之舉，並推派常務董事林光勝赴泰解鈴。此事設不從余主張，幾喪失信譽於海外。本年曾兩度代理總經理，二月二十七日至三月二十三日，十月二十一日至十一月二十一日。

一九六四　民國五十三年　甲辰　五十九歲

應薰兒之詢問，乃為其生母陳寬彣撰小傳。得家書知荃兒已於二月六日（農曆臘月廿三日）晨生一男孩。菱兒患脊骨炎在西安住院開刀。

四月五日新竹玻璃公司舉行十週年紀念，並第三廠及磨光廠開工典禮。同月推派余參加大阪商展考察團，於廿六日飛日。並暢遊京都、奈良、東京、千葉、箱根等名勝，並遠至北海道札幌之登別參觀千人大風呂，及至白老看日本原始民族。在東京紅十字醫院作身體檢查。

五月二十日由日逕飛香港，轉往新加坡，到吉隆坡，並得李良榮兄伴遊怡保及檳城。因係均坐汽車，沿途所經，至為富庶，處處是華僑，粵語、閩南語、國語均通，不疑置身海外，且轉至福隆港山上一遊。於六月三日返台。

新竹玻璃公司之平板玻璃因波紋多，C 級品不少，乃商與美國聖哥平公司技術合作，於七月廿九日簽約。

又為圖改進生產技術，經數年來不斷與美國匹次堡玻璃公司技術合作，採用佩文恩式生產方法，另設新廠，於十一月七日簽草約。

仲容前於五十年七月主張新竹玻璃公司外銷用之重柴油應予退稅。所有退稅之標準與計算，不知經過若干次之會商，始由經濟部與外貿會核定。不意財政部賦稅署堅不允退，經余搜集若干相類核准資料力爭，並面懇財政部陳慶瑜部長，如仍不同意，請示行政院決定。至十一月五日始經院會通過，今後有無再生枝節，不可知。其民間向政府請求之困難有如此！

六月至八月啓猛出國，又代總經理職務兩個月。

十一月二十九日應不慎，右腳拐傷，醫療約一個月方癒。

一九六五　民國五十四年　乙巳　六十歲

一月廿五日經濟部部長楊繼曾辭准，李國鼎繼任。耀華玻璃公司管理委員會主任委員，則由新任政務次長楊家麟兼任。

新修正會計師法公布後，余奉命仍續兼任初審委員會主任委員，並決議懲戒案四件。

新竹玻璃公司與美國匹次堡玻璃公司技術合作案，一月廿六日正式在台簽約。報經經濟部核准，並於三月廿一日在苗栗廠址舉行破土典禮。

已獲院准外銷玻璃用油退稅案，財政部果又以生效時日為難。經余據理力爭，使得院支持，以五十一年五月一日經濟部核定之日起計算。

四月十四日偕魯名傑君往遊梨山，參觀官兵輔導會所辦福壽山果園及世侄張仲恆經營之果樹。

余任新竹公司常董已十一年，事繁責重，屢辭不獲。四月廿七日乘臨時股東會通過增資一億八千萬元，改選董監事，決心密辭。部中本可同意，而公司方面力挽致又不遂。

五月陳尚文赴日開會，余又代理董事長。

本年陳啓猛赴馬來亞，七月公司派偕廠長秦肇新、副廠長葉璋德赴美接洽新廠採購機器及往歐洲考察，余又兩度代理總經理。

公司鉅大增資案之獲得成功，資金一部分來源，由於證券市場，因此對股票之價格，大股東有維持之義務，曾一度成立小組辦理，卒以利害關係不同，不歡而散。直到八月中旬，如不再過問，恐慘跌有失投資人信心，公司各負責人，一致決定授權余機動處理，以福利會基金為運用資金，一直維持至年終，股價始終穩定。

一九六六　民國五十五年　丙午　六十一歲

在新竹玻璃公司以官股代表之常董身分可謂盡其所能近為竹東工廠廠長之人事問題使人感到灰心，決心辭職。故於董事會不出席，獨自南下往日月潭度過生日，並轉往阿里山重遊。山林無恙，余竟為避煩惱而來，真愧對名山！

政府改選，總統自非蔣先生連任不可，而副總統一席，蔣先生竟提嚴家淦擔任，殊稱得人。而在黨與政治方面，物資究嫌短少，因之國大代表會選票 1416 張只獲得 782 票。嚴為恆社同志，今獲此殊榮，可謂異數！

懋薰寄來菌油經緬轉香港，途中歷一百一十天而未失原味，十六年不嘗此家鄉名味，殊使人高興。

新玻常董既不能辭掉，而該公司余經手購買股票亦已半載，決定予以結束。無多盈虧，故未遭人抨擊，兼以建立苗栗新廠責重，未便斷然諉卸。新廠幸按預定計劃於五月五日上樑，十月七日點火，十一月七日生產玻璃，所不幸者惟有於建廠期中，沈董事逢源失足跌於廠窑基層，傷重立死。

一九六七　民國五十六年　丁未　六十二歲

原任經濟部法規修編小組第四分組召集人、訴願委員會委員及會計師懲戒委員會主委委員，公務已甚忙碌，而新竹玻璃公司未能辭卻，並兩度代理總經理職務。正值內外銷均艱窘之際，而公司內部人事復糾紛不已，使人煩惱萬分。

貸助譚學沛赴美留學，因其畢業於省立農專，攻水利，國內工作機會太少，以能往美深造最好。

好友陳能之與新玻公司秘書田夢嘉於七月十九日同日病逝於宏恩醫院。而公司監察人李良榮將軍則以車禍慘死於馬來西亞之怡保，使人悲感。

一九六八　民國五十七年　戊申　六十三歲

新竹玻璃公司兼職迄未能擺脫且愈陷愈深，因陳啓猛決心退出，將全部餘股讓售與耀華玻璃公司管理委員會，由經濟部報院核准，因之任余出任總經理。余以經常已接觸業務了解一切，勉允一年，仍望另派專人接替。但自五月一日接事以後，外銷則有美國東岸代理人之無理紛擾，而內銷與台灣玻璃公司之尖銳爭鬥。以一生為忠實公務員之我而與一個不顧信義之市儈纏鬥，個中辛苦與精神上之受氣可想而知。但能使對方就範，余自信處理尚有魄力。不過公司內部人事糾紛仍無法解決，使人傷透腦筋。

部中原任之會計師懲戒委員會主委辭准，改由商業司長武冠雄繼任，余仍留委員。

一九六九　民國五十八年　己酉　六十四歲

新玻公司總經理自余接任，力肆整頓，兩副總經理及總工程師之換人，職位分類工作積極籌劃推行，於內銷方面經一再拼鬥，總算達成協議，雙方為免食言（其實只有台玻說話不算），各提保證金三百萬元交第三者保管。外銷方面美國東岸之原代理狡猾而無誠意，結果竟在美法院控余，公司只得聘請吳律師應訴。

九月廿八日偕郭副理杰夫飛美京，出席美海關稅則委員會舉行之限制玻璃進口公聽會。各國銷美玻璃廠商均委託有律師陪同出席，台灣輸美玻璃數量不大亦在研討之列。經駐美使館經參處之介聘美律師索特爾Sotter為協助辯護，經日本與日廠商板玻璃公司商談業務。到美於公聽會外，主要在與我公司合作之匹次堡與聖哥平兩家公司訪問與聯繫，同時也視察我產品銷美東西岸情形。因此由西岸代理陪同視察之城市甚多，並便往加拿大之溫哥華城，因彼處亦有我代理。於返台途中曾先至比利時首都，經巴黎、意大利、威尼斯、羅馬，每處雖未能多留，然能有此業務上機會在歐美一遊，殊為難得。美中不足，以簽證問題未往英國一觀浮式玻璃工廠。

公司董事長陳尚文終於病逝，其妻與婿爭欲繼任，而孫部長運璿硬性支持林燈〔字振雄，宜蘭人，1914-1992〕，雙方明鬥，使余既負公司業務全責，而上層人事糾紛又如此嚴重，求退又不能，至為尷尬。

部中法規修編小組第四分組召集人辭准，改由秦參事家驄兼任。

一九七〇　民國五十九年　庚戌　六十五歲

為擺脫公司人事糾紛，一再向孫部長辭耀華委員與新玻常董均被慰留，在公司董事會辭總經理亦不通過，只好在痛苦為公司而盡職。為執行職位分類曾引起職工責難，亦盡力予以解決。

三月入榮民總醫院作全體建康檢查，結果僅有中度糖尿病，餘均正常。

為公司太操勞，乃決心至東南部一遊。

部中訴願委員會委員准余辭掉，減少一公務負擔。

宋膺三出石並請冶印名家王王孫奏刀一方、名章一方，勺庭長壽，值得珍藏。

薰兒家稟云，三兄嫂先後病故，但未說明年月與病因。同年胡慶育以肺癌在台逝世，而在台結識之好友沈雲階亦突以心臟病亡故。

一九七一　民國六十年　辛亥　六十六歲

新竹玻璃公司辦公室之一層樓房突遭大火焚燬，幸財務業務部分未波及。因之余辭意至堅，卒以不上班式擺脫。連耀華玻璃公司管委會委員亦辭，經濟部派吳道艮接任。此外，部中顧問及會計師懲戒委員會委員亦完全辭職。此生始全脫離公職關係。

二月底左臂神經痛，西醫與針灸均無效，後為善推拿術之江西吳玉璋於按摩一週而痊癒。八月以頭暈入榮民總醫院住院十天，檢查一切正常，僅略患糖尿病。

我原始發起組織聯合國，今竟受美國之安排錯誤（兩個中國）被擠出聯合國。瞻顧世局，朝野均大震驚，領袖乃以「莊敬自強處變不驚」勗勉國人。

一九七二　民國六十一年　壬子　六十七歲

二月美國總統尼克森以大國元首之尊突往訪素無邦之中國大陸，除個人希創造歷史奇蹟，實無收獲，且對我重大損害，如日本首先承認中共。斯時台北發生二級地震，一巧合也。

蔣總統及嚴家淦續當選總統、副總統，使遷移之台灣政治局面仍穩定。

新玻公司老同事葉啟聰與余總角交之譚鳌芝，先後以心臟病猝卒，而來台與余最接近之鄭俊時亦以肝癌病逝。

一九七三　民國六十二年　癸丑　六十八歲

在欣欣巴士因急煞車左腕突被扭傷，亙兩月始痊癒。牙既因老，逐漸脫落，索興下顎全部拔卻，換裝義齒。

友人陳啓猛因富驕遭小人陷害於囹圄五百天，今年七月獲判決無罪出獄。因啓信公司與私交關係，余精神負擔甚重。

晚年之知交逐漸凋謝。今年逝世有趙伯平（冠）、李遐敷，同年董肖蘇（轍）、社友胡伯翰將軍，而素以健壯驕余之好友李潮年律師竟亦以心臟病溘逝，使人哀傷。

為市政府因河堤國小徵收金門街現住房屋土地，致生活不寧，而向有關機關依法抗爭。

一九七四　民國六十三年　甲寅　六十九歲

金門街十二巷二十五號住屋於五十二年購入時，尚未劃為河堤國小保留地。迨去夏始得市府命令徵購，而所付之補價又低於市價五倍，決不依從。延至今七月奉行政院核准徵收，而補償又增高一倍半，原每坪四千元改為一萬元。當與鄰居各業商定，恐幣制貶值，乃接受徵收。余以所獲得之補價約百萬元全部改購魯名傑之建國北路 107 之四房與地。因其屋因毀損不堪，爰由陳春德秋月夫婦熱心鳩工，全部整修。

友人中以牛天文最富，與余交亦篤，今秋年僅六十二，以心臟病猝卒於高爾夫球場。慨死生之無常，乃決定於友人創設之春秋墓園購地十二坪為他日長眠之所。

一九七五　民國六十四年　乙卯　七十歲

建國北路現住宅因院子大，一半種花，一半種菜，非圖省錢，而使園中一片碧綠總比草坪好。

清明節之夜，突一陣暴雷雨過後，侵晨即驚悉　蔣總統病逝噩耗，一代偉人竟於流亡海島辭世，享年八十八歲，在他有生之年，未能領導我輩回大陸，能不令人悲愴與遺憾！

已不作身體檢查已五年，歲末乃入住中心診查健康，檢查除糖尿病加深外，一切尚屬正常，私衷甚慰。

〔冉鵬親撰年譜到此為止〕

一九七八　民國六十七年

一月十三日下午三時十七分，七十二歲。病逝台北榮民總醫院。〔懋荃補記〕

冉鵬遺言　66. 12. 2（一九七七）

一、不發訃告

二、不舉行喪祭等儀式，並敬謝花圈、輓帳及賻金等

三、立即棺殮，葬於春秋墓園

〔懋荃讀後留言〕

父自1931年考入行政院，至1971年卸去公職，為政府服務凡四十年。來台後，二十餘年不僅身兼各公職，且為新竹玻璃公司勞累致病。而一生小有積蓄，全心服務，個人隻身無家庭生活可言。閱來悲痛不已！

記於台北　1988.9.4

〔懋荃一九九二年祭文〕

讀父年譜，備感悲痛。

父一生為公辛勞，家不能顧。逝於台灣，身邊無一親人，所存各項手稿，均不知所終。僅留此年譜及來台後日記一箱（二十九冊）。

捧讀日記，不禁傷心墜淚。思及父一人寂守孤燈書寫之景象，致無法卒讀。慮及目前情況，不擬將年譜及日記印刷成冊。且兒孫輩生活於現代化商業社會，對先輩已少記憶。

唯摘寫一小傳擬投於劉紹唐先生創辦之《傳記文學》中〔民國人物小傳〕內，以示紀念。

為父長女，生未能報一絲養育之恩；逝又未能了其心願。是不孝之極也！

嗚呼，痛哉！

懋荃　記於一九九二年元月廿四日

2017 年 7 月，常德冉式家族包括上海的堂哥懋蔭的子女和邯鄲懋芬的長子（通過視頻）和北京、香港、台北、紐約的親戚，在香港首次大聚會。

冉勺庭岳家，如圖：桃源皇甫家族的皇甫道安、皇甫道悦姊弟，八十年代中期在香港相會。現在冉鵬和皇甫道安這一輩的兩族人，即世系表的第二代，已全部作古。

在冉鵬子女的一代中，他曾寄予期望的懋芹（冉茂芹）終於成為馳名海內外的畫家，2000年創作的大型油畫《孫中山》，為台北國父紀念館永久收藏品。

萬分悲慟悼勺庭

皇甫道安

一九八六年清明，祭奠於先夫冉勺庭之墓前曰：嗚呼勺庭，你的道安攜著兒女懷著萬分悲痛的心情，備以酒餚，現在祭奠於你的墓前，向你哭訴，我的勺庭啊！

一九七八年一月二十二日，突然接到魯俊夫先生報喪的信，說你「於一九七八年一月十三日不幸患肝癌在遠東逝世」。驚聞噩耗，真是晴天霹靂，令我魂飛目眩，頓時如掉落萬丈深淵。不敢相信會有這樣極度不幸的事落在我的頭上，是做夢嗎？魯先生信上明白寫的你患病逝世，這是千真萬確的事啊。我心如箭穿，慟不欲生。

勺庭，當我接到你一九七七年十二月五日的親筆信，及病中照片時，你信上說：七八年一月你準定去香港，要我趕快赴港相會。閱信後，我高興極了。但又十分令我驚訝：你這次照片上的形象瘦得太厲害，一點也不像你以前照片上的形象。你說害了一場病很不輕，現已好轉，要我放心。我為你的病仍感到不安，我以為是你的高血壓和糖尿病加重了。殊不知你已患上肝癌，病入膏肓，無可救藥。終於被殘酷無情的病魔遽然奪走了生命。勺庭啊，可憐我二十多年朝夕盼望夫妻兒女團圓的美夢，竟一旦化為烏有。蒼天何其不仁至此啊！

勺庭：我深悔三十年前一念之差，未隨你出來。因為當時全國處於兵荒馬亂之際，我拖著一群兒女，怕累贅於你，不得不忍痛與你分離。你臨行時對我說：此去最多三年，我要回來的。我會給你母子寄生活費。我也認為雖暫相別，終可長久在一起。在當時人心惶惶的形勢下，我們兩家十幾口老小無得力人手可以依靠，你我又欠遠見，未能深刻的考慮，作出正確的抉擇，實在掉以輕心。古人云：「天與不取，反致受咎；時至不行，反致受殃。」釀成我們全家這場不可彌補的損失和與你一別三十年終成永訣的慘劇。我不能怨天尤人，只能歸咎於我的命運作祟。勺庭，做夢也未想到和你一別竟是永訣，早知如此，雖餓死我母子也不肯離開你的啊。

勺庭，回憶在抗戰期間，你我帶著兒女奔父喪回桃。為了減輕你在渝地一大家人的負擔，我母子留居桃源。詎料生芹兒後，正逢常桃會戰，倖有親戚照顧，你在渝為我母子憂急而寢食不安。我因過度受駭，戰後大病數月，你在信上誓言，以後不管在任何時候，決不離開我母子。勺庭，你還記得你的誓言嗎？一九四九年我們忘記了那次的大教訓，不以前車為鑒，又踏上分離的覆轍。當時，能走的人都往外走，而我們竟糊塗得無可形容，只知道往鄉下躲，愚蠢萬分，百思不解。

勺庭：回憶一九四九年你離家不久，大陸易手，家庭情況陡變。我母子生活日困，處境日益逼迫。荃兒在校被同學歧視，在作文上寫著：「我的爸爸呀，你在哪裡呀？你知道你的女兒被人欺負嗎？爸爸呀，你回來啊！」老師閱後很同情，批語「令天下人為之一哭。」五歲的莘兒問我：「媽媽，別人有爸爸，我的爸爸在哪裡？你帶我把爸爸找回來。」我看著天真無知的孩子，含淚無語。一九五零年菱兒、華兒隨公費學校先後赴武漢就學，荃兒輟學自謀生活。我攜芹莘兩兒依悅弟居鄉。此時經土改悅弟亦家徒四壁，以紡紗糊口，他兒女四個，小的尚在襁褓中。自顧不暇，遑能顧我。我實在感到走投無路了，遂萌輕生之念。勺庭啊，你想不到我會遭遇這樣的下場吧——半夜赴水，師古潭深，憐我苦命，為悅弟所救。弟百般勸慰，要我逆來順受，要為一群兒女著想，我只得咬緊牙根，勉強活下來。決定回常德城裡設法打聽你的消息。暫時為人作縫工，芹兒與諸姪挨家行乞度日……過去這一件件的傷心史啊，我不敢告訴你，也無法告訴你。

一九五零年春節，你寫信給宋三姐，欲我到廣州找你。天呀，我怎能丟下兒女不顧來找你啊。五一年夏，始得攜芹兒自鄉下回常德，經友人介紹執教於小學，暫得棲身以解決生活之困。莘兒寄居你三兄的桃源鄉下處，五四年才將莘兒接來常德，從此，帶著二幼子在荃兒的幫助下艱難生存。一九五零年曾接陳克文先生代你在港寄我一信及二百元港幣。此後，音訊杳無，七年不見你片紙支字。我每天和學生在一起，晚上才得休息，多少個長夜難眠，淚濕枕巾，暗念勺庭，難道忘記了我母子嗎？還是遇到什麼不幸？幾次提筆想給你寫信，但遠隔千山萬水，何處是我寄信的地方啊。

勺庭：一九五七年十一月，意外的收到尹靜琪同學由香港寄給我之信，令我欣喜萬分，反覆誦讀，你告訴我，「在香港經營小商」，並接我來港一遊。得此消息，是我幾年來晝夜盼望的佳音。內心歡慰，難以形容，當晚通宵未眠，我夫妻兒女有團聚的指望了。本欲立即申請攜莘芹兩兒來港探望你，但你的兩位姐姐都不支持我，我又無至親好友可以商量，倘不能批准反遭禍害。因此，迫於當時環境，坐失機會。嗣後再申請，則被一拖再拖，不批准。時間與環境無情的奪走了我的希望。遙想你在外孤苦伶仃情況，我只有暗自傷感流淚……一九六零年你寄我照片上寫著：「飄泊海外十年，經常思念道安及諸兒女，而傷心淚墮」，並錄蘇曼殊詩曰：「契闊死生君莫問，行雲流水一孤僧；無端狂笑無端哭，縱有歡腸已似冰。」

一九六二年，結束了我十年辛苦的小教生涯。辭職後，赴北平薰兒處，欲尋求親戚的協助申請外出，均成泡影。

一九六六年文革浩劫開始後，我同諸子女都受盡了精神和身體的折磨：荃兒被捆綁吊打、掛牌遊街，活活拆散她和未滿周歲的女兒……芹兒也被關押捆打，華兒被牛棚批鬥，莘兒、菱兒、薰兒及諸婿媳均受到各種政治迫害——想起這些苦難，真是一言難盡（還有你的三兄嫂和你過往的桃源親友，多死於非命）。動亂之中，你我音訊全無，你哪裡會知道故鄉發生的這些悲慘事情。

一九七一年以後，方得知你的消息。你頻頻催我外出，我亦年年月月申請，均如石沉大海。看著我們已是年過花甲，我急欲與你謀面，懷著巧合的希望於一九七四年赴芹兒處，寫信給你，期望你能自馬到港冀或能與你一晤。你答應環境關係不能成行，結果又是一場夢幻！……唉，真是別時容易見時難，一直拖到你死。我傷心極了，我痛恨極了！！真是命中注定的嗎？

勺庭：與你分別三十年的漫長歲月裡，我身在家鄉，心在海外，日夜都是圍繞你身邊，不知多少次與你夢中相會，醒後一片空虛與淒愴。在不眠的長夜裡，常常勾起我倆在南京、重慶等雙棲地的情景。那些年，夫妻兒女相聚一堂，極盡天倫樂趣。每逢中秋之夜、皓月當空，我倆總是並肩同賞。你記得嗎：我和你曾互祝雙宿雙飛到白頭。誰料到，離開南京不到一年，竟然是生離死別的開始！往事如煙，何堪回首。

勺庭，亂世夫妻百事哀。黯然傷情之事莫逾分離，永遠的分離。可憐我們母子沉淪幾十年，含辛茹苦，懷著團圓的希望，歷經無端的險阻，從牢籠中掙扎出來。你竟捨我而長逝，唯有黃土一抔，留我母子憑弔，嗚呼，哀哉！幽明相隔，你泉下有知，應該聽到我的哭訴啊。勺庭，你的音容笑貌、忠厚為人、淡泊樸素，三十年來，無時不在我眼前，也是親友們過去時常稱道的。我倆是同志趣、共患難的夫妻，情深似海。最難忘，抗戰逃難時，我胃病時發，後在渝醫院切除膽結石，你晝夜守護榻旁照料。病後，我頭痛甚厲，不能落枕，你不辭辛勞，常托著我頭，以溫柔話語安慰我。那份情愛，恍如昨日縈繞耳際。

唉！勺庭！你病倒在海外，我母子卻無法來到你身邊侍奉湯藥，安慰照拂。而你仙去，我母子也無一能夠為你撫靈送終，送你上山，親臨墓園歸葬，這是我的終身遺恨！我們夫妻長久分離，天之涯、地之角，不能相依以生，相守以死。勺庭啊，唯望蒼天，呼號我永無窮盡的悲傷！

勺庭，你病逝後，接承榮妹函云：你病危時，老淚橫流，對她說：「此生把道安太苦了，只有來生相報啊。」並將我分別時送給你的項鍊取下請她保存。說此鍊我戴在頸上，等於道安在我身旁。我閱此信，無語淚下。嗚呼，勺庭，我倆還有來生嗎？我母子感謝上天保佑，渡過三十年浩劫，今天有幸來到你的墓前，慰你在天之靈，也了我心頭之願。謹以悼詩紀之：

曾記三五明月夜，私語雙飛到白頭，
卅年一別成永訣，竟將前約訂來生。

同穴窅冥今無望，他生緣會有誰知？
我問蒼天天不語，此恨綿綿無盡時。

浪跡天涯一鍊牽，全像隨身伴餘年，
可憐妻兒空一夢，贏得清名在人間。

（懋華注：母親 1980 年元旦日，攜幼子懋莘從廣州出國到香港。此悼文寫於初到香港時，為申請去台灣作準備。限於入台規定，母親 1986 年 3 月才首度台北。）

父母 1949 年分離後的聯繫

父親（冉鵬字勺庭）1949 年 7 月 10 日離開桃源家人，回到廣州行政院銷假上班後，對常德桃源戰況極為關注，時常探聽。7 月 27 日香港報紙稱常德已陷敵，7 月 31 日，他確信常桃已淪陷。28、30 日先後收到大哥及母親來信，最後家信是大哥懋薰 7 月 24 日從常德發出，父親 8 月 6 日在廣州收到，日記寫道：「知家中恐慌已極，雁（父對母親皇甫道安暱稱）攜諸兒已避往王立伯鄉下學校，縣府已搬家。」

共軍佔領常桃的確實時間是：常德 7 月 29 日，桃源 7 月 28 日。常桃失守是「宜沙戰役」的後續結果。此中關係國軍高層的戰略分歧。當權的代總統李宗仁和白崇禧在京滬失守後，有三路自保的抗共戰略：東路靠余漢謀的粵軍、中路有白崇禧的大軍守粵漢線、西路則派宋希濂守住三峽至岳陽的中游江防，統轄川東湘西鄂西地區。（西北的胡宗南軍備戰）——原駐常德的宋希濂總部遷於宜昌。共軍避開主力白軍與胡軍，決定先打宋軍，以 25 萬兵力對宋希濂 10 萬兵（六軍四師），7 月 5–15 日發動宜沙戰役，攻佔宜昌、沙市。四野 38 軍在宜沙段渡過長江，切斷宋部與白軍聯繫，宋希濂退守恩施，打開四野進軍湘粵之路（李宗仁後指宋放棄湘西，讓林彪長驅直入，是「開門揖盜」）。因此，38 軍 113 師先頭部隊一路順風從石門慈利直搗常德。7 月 27 日輕取陬市，第二天開進桃源縣城，第三天佔領湘西重鎮常德市。駐防國軍 100 軍 19 師師長劉光宇已率部撤退，傳曾與共軍苦戰，敗退西南。

八月中，憲兵司令張鎮曾在湖南戰區秘密視察回到廣州，告訴勺庭說，桃源已是一座空城。中共佔領常桃那幾天，沒有驚人的事發生。「世外桃源」的人避凶入鄉，歷來如此。常德「解放」第 6 天，中共公佈當地領導人地委書記喬曉光，軍方田厚義、孫卓夫、劉道生、江潮等人。喬曉光，河北人，時 31 歲，後曾任駐朝鮮大使，廣西第一書記。11 月 23 日，中共中央西南局在常德成立，鄧小平、劉伯承、賀龍分任書記，當天開完會離開常德。他們是打垮宋希濂的二野軍頭。

桃源中共官方記錄：（1949）6 月，成立「湘西解放軍突擊大隊」，佈置各縣武裝起義。38 軍 113 師先佔陬市。7 月 28 日下午佔桃源縣城。縣長宋旭帶官員潛逃，在大洑溪焚毀檔案。不久，宋旭「被俘送回」。29 日，縣臨時聯合辦事處成立，劉承健為主任、周谷信為軍代表。8 月 12 日，解放軍冀南二大隊五中隊抵達桃源，實行全面接管，中共縣委成立，盧青雲為書記。14 日，桃源縣政府成立，李鐵峰任縣長。發行人民幣，收兌銀元。9 月，接管各類學校。建制沿用民國之 34 鄉、2 鎮、348 保、4710 甲。

以上是共軍佔領常桃第一時間建立統治機構的現場。此時，冉鵬隨行政院，仍滯留廣州。家鄉淪陷後，僅知道「生活很苦」，曾痛悔沒有帶母親出來，「念及雁母子安全，每天無一時安靜。」也在重慶聽逃難鄉人說過桃源「軍管時期派糧拉壯丁很兇」，此後，就再無見證者提供的家鄉消息。

但是，父親 1949 年 12 月 9 日飛抵台灣後，到 1977 年 12 月病危，和滯留大陸的家眷（妻子及子女等）有過斷斷續續的通信關係。眾所周知，中共統治大陸，尤其是毛時代，對外厲行閉關鎖國政策，對不共戴天的台灣，更是嚴格禁止通郵、阻斷交通。台灣也有三不政策下的隔絕，禁止黨政軍幹員出國。我們家的通郵何以發生？並維持那麼久？很多人對這種民間來往所知甚少。

所幸者，我們有父親 1949 年後的完整日記，他和家人的來往通信簡要，都一一記錄在冊，這些通信是漫長的飄零生涯中，最能使他感到和那遙遠而悠久的土地、命脈相連的所在。粗略統計，28 年間，父親收到家人給他的信，有 172 封，他發出的回信有 91 封。這些信的原件，保留至今的大約只有數十封。我們這邊和父親通信者主要是母親、其次是在北京工作的懋薰，和母親身邊的大姐懋荃小弟茂莘。按下列時序可以看到當年通信的背景和實況。

第一封信是父親 1950 年 3 月 22 日在台北收到的桃源周愛典醫生和三伯父（冉揚庭）的親筆信。由行政院同事王毓蘭在廣州的家人轉寄到台。內容報告「常桃兩家人口均大清吉，僅生活困難。」父為之大慰。7 月 26

日，父收到離別大陸後母親皇甫道安第一封信，大意是生活艱苦已極，很想出來（離開大陸）。仍然是毓蘭家人轉遞到台。11 月，父又收到三伯父的信，仍表示要和道安出來。父親請毓蘭家人轉告，他經濟上不許可接眷，還說大亂時代來台保證比故鄉安全？1950 年的這幾封信，正是母親身處桃源鄉下的土改時期，所謂「生活困難」，暗示人身處境的艱危。家父未必理解這些話外之音。

接著，通信中斷七年（那是大陸處於土改到反右運動的疾風驟雨，也是兩岸隔絕深化僵持時期）。到 1957 年 10 月，父拜託好友趙煦雍赴港時，以其夫人尹靜祺名義試與母親通信（趙煦雍 1906-1981，又名穎錚，湖南衡山人，台灣紙業公司總經理，國軍退輔會首席顧問。冉勺庭治喪會主任）。尹靜祺和我母是上海大夏大學同學，其函未提勺庭之名，有「此間親友，常念故人」一句，隱約傳情。未久，1958 年 1 月，父親收到母親來信，報一家平安。2 月，繼收大女懋荃第一封信，說想念爸爸，父讀後「且大哭了」。5 月、7 月，收到懋薰來自北京的兩封信，盼父回家「尤為心切」。父回信說明不能回鄉，堅持要母親出來相會。

1958 年～1960 年，毛澤東發動「大躍進」和金門炮戰，大陸政治全面高壓。父親收到懋荃發自常德的兩封信，都為中共建設宣傳，使父親閱後反感與失望：尤其 1959 年 11 月信，甚至反對母親與小弟出國。對於家人如此反常的執著，父在日記中生氣了：「好，既是如此，我也死了這條接雁來台的心。」——這十年（1950–1960）的通信，從開始由母親直接以私人管道和父親聯繫，只談出國一事，到後來大哥大姐介入，變成單向地勸說父親回國。無疑，其背景有中共的思想控制與統戰運作（1955 年，周恩來提出「實現第三次國共合作」；1956 年在印度說，蔣回國的職務不會低於總理……）。哥姐在此環境下和父通信必須向黨組織匯報。大姐 1996 年在香港拜讀爸爸日記後，痛心疾首地解釋，當年給父寫信，不僅要為中共宣傳，而且由單位領導授意，審閱後才能寄出。她尤為曾反對姆媽出國，愧咎幾十年！——大哥的想法則直到後來都堅主父親回國。

1962 年起，是父母通郵的第二階段。1962 年是中共十分嚴峻的年頭。大躍進帶來大饑荒，億萬百姓掙扎在生死線上。西有伊犁投蘇事件、東有逃港潮。經濟大滑落，外匯虧到奇缺。當局不得不推行退讓政策，「七千人大會」後，劉鄧為 600 萬幹部平反，民族工作會議禁止歧視「海外關係」，為爭取僑匯大開綠燈，許多城市設「華僑特供商店」和華僑服務處（中國每年的外匯儲備，在1950–1980 三十年間都在 0 ～ 2 億美元之間，其中僑匯佔 50 ～60 %。比之今日外匯三萬多億美元，何止天淵之別。見註列數字，1973、1980 兩年外匯，竟為負值）。

【註：據中國官方統計資料，選列1950 ～2000 若干年

份之外匯儲備數】

（年＝億美元）

1950年＝1.75　1951年＝0.45　1957年＝1.23

1958年＝0.70　1960年＝0.46　1965年＝1.05

1966年＝2.11　1971年＝0.37　1973年＝－0.81

1974年＝0.00　1978年＝1.67　1980年＝－13.0

1981年＝27.1　1989年＝55.5　1991年＝217

1994年＝516　1996年＝1050　2000年＝1655

——1962這一年，母親和大哥懋薰開始向父親「要錢」，請求經濟支援。因為父親前已假託，說他「在馬來西亞經商」，我們無人知道他在台灣（直到他的訃電由摯友魯俊夫發到常德，也迴避「台灣」，只說在「遠東」逝世。我們之蒙昧，連大哥竟然還質問魯世伯：我父病逝在哪裡？有什麼證據？）總之，我們家就這樣浪得「僑屬」之名（那年頭，「海外關係」受歧視，總好過該死的「反革命」吧，何況家人確實窮苦難挨）。這樣，「馬來西亞老爸」從1962年起，成為贍養大陸家族三代人生活的「大家長」，受益者不下十餘人。讓大家度過饑荒之後的「苦日子」。每月由香港林雨亭先生郵匯300港元（約合114人民幣，以母親及兩位姑媽的生活費為主，其他需要另加申述）。父親不斷收到家人照片，倍感溫馨，甚至感到「看來似不如宣傳之遍地飢饉」。

可見，父母的僑匯、通信之實現，從擔驚害怕到受到鼓勵和保障，其背景是中共閉關鎖國，既禁外貿又禁旅遊業，只得利用華僑的資金以補其財政貧困，而對僑眷與有海外關係者網開一面。在父親而言，也有一種滿足感。他多次愧疚一家老小陷於苦海，尤其對母親懷有負罪之心，「負責寄家用」是他離別時的承諾。但是僑匯也沒有動搖當局統戰的根本政策，仍然限制我們這類家庭成員出國。

1962 年 5 月中，曾是父母相會一個非常難得的機會。父與大哥就僑匯問題談妥，每月逕寄北京大哥處，由他分轉常德家人並協助母親出國。這時，父親已在加緊佈置接母從廣州～澳門出來香港，適逢廣東「逃港潮」，大量饑民越境出港，澳門是可以花錢出國的一條通路。北京大哥要父親給母出港的「旅程安排」。父給出後，一個多月才有消息；竟是「出境證尚有困難」，要父向主管單位（？）求助，要先申請入港證……而母親已被接到北京住下，說南方局勢緊張（台灣要反攻大陸的傳聞）。母親消息閉塞，只得在北京住了半個多月，回鄉再等待——澳門無路，關山難渡。父親在台一再指日可待，裝修庭院鋪地毯，空剩下一簾幽夢。

文革 1966 年爆發，天下大亂。從父親日記可見，他和常德北京的通信、僑匯至 1968 年均未中斷，但有兩點異象：一是北京大哥不斷地要他回國，令他又氣又煩；二是要錢增加，1968 年給母親與大哥的家用共計 4118 港元（匯率：1 港元 = 6.66 新台幣 = 0.36 人民幣）合人民幣 1482 元。

接著是 1968 年冬天到 1970 年 4 月，一年多與家人完全斷絕通信與僑匯。港台人士皆對此茫然無所知——這是文革中一段最殘酷的時期：「清理階級隊伍」（簡稱清隊）當局將矛頭從權力鬥爭轉向歷來的階級敵人（五類分子、海外關係等），我們家有大哥、大姐、母親和我，關進「學習班」日夜批鬥。清隊中自殺、整死、關押、處決者，超過文革所有階段。老弱的母親被逼到下「病危通知」的死亡邊緣，倖得大姐搶救脫險。1971 年 8 月，父親才收到她「三年不見隻字」的親筆信。

1972 ～1977 年，是悲劇性的最後階段。林彪叛逃事件和尼克森總統訪華，文革陷於破產。負海外關係者逐漸揚眉吐氣，通信與僑匯恢復正常。我們家從多年壓抑中活過來，僑眷待遇逐漸落實。那是實現我們最後心願的時候了：讓父母早日團圓。姆媽為了我們犧牲太大，她把和父親見面，當作苦命人生的歸宿。1973 年，她重新申請出國探親。我每年都和小弟策劃母親早日出國，寫報告、跑省市公安局陳情。可是人算不如天算，不知不覺中，不利母親出國的狀況在蠢動。不單在僑匯的分配上，弄得一家失和、不愉快，更大的問題是家庭中對「出國、回國」發生嚴重分歧。

母親在 1962 年謀求出國與父親團聚，我們同情、支持母親，在申請久不批准時，也曾盼望父親回來看看。我們也有過不同程度的「愛國情結」。但是，經過文革的淬煉後，世界觀、價值觀，完全改變，投入謀求出國的滾滾潮流。父親從大局自能看到大陸社會的黑暗、落後與禁錮，他閱讀紀實小說《天讎》，震驚於紅衛兵的狂戾行為。倖慰只有小兒子合做紅衛兵。他常和老友琢磨為什麼老說國家怎麼好，又不停地向他要錢？當然，他絕對不知道不理解共產黨無孔不入的軟硬兼施的思想灌輸和政治運動，已經造成千千萬萬個家庭的分裂甚至人倫敗喪（包括一些著名的高幹名流家庭）。

父親的原則十分堅定：一是要錢照付（大哥對大姐說過，爸有的是錢，你儘管要。父在台的個人收入當屬不俗）；二是絕不回去大陸。他最後應付催歸的方法，是假託醫生交代不准遠行；三是一再要求我們協助母親出國。但是，晚年日記顯示，他已到了對催促他「回國」的一些家信反感，拒看、燒毀的地步，直斥「滿紙荒唐語，且有矛盾，余不看也好。」他或許估計到子女會受到中共的壓力（逼他走李宗仁歸順的道路），而沒有訓斥任何人。在一張照片後面，題下蘇曼殊的詩，藉以痛表失望：

契闊死生君莫問，行雲流水一孤僧；
無端狂笑無端哭，縱有歡腸已似冰。

我們在為華僑待遇好轉所迷，不知道發生了什麼，但是，父親已經從反對母親出國的信件中，「知道道安探親無望……」感到家庭處在不可思議的狀況下，要求他回國已不像是一種真心的期待。和母親在信上無法掩飾他的疲倦和無奈。今天，我們可以認定對台統戰的陰影，在文革後期已更為沉重地滲透進來，母親實質上已成為策動父親棄台投共的一名人質。

1974～1977 年父母相會寶貴的最後機會正在一天天流失。

1977 年 9 月 12 日夜間，年屆古稀的父親身體突然爆發異態：大汗不止、大吐特吐，十分痛苦。這正是肝癌的發作——多年後，方知肝癌是很難醫治的癌症，在父親那個年代，幾乎是絕症，幾個月可以走人（日記顯示，父親長期的孤獨生活中，飲酒已成嗜好，時有沉醉的記載，而酒多必傷肝）。日記也詳載病況和求醫記錄，但至終諱提「肝癌」二字，他知道他的長官尹仲容、蔣廷黻、蔣夢麟都是肝癌去世，許是避忌吧。到十月份，他的好朋友紛紛來探視，介紹「名醫」診療，服各種草藥配方，病情沒有好轉過。不無江湖郎中的誤診（不知為何不求榮總西醫？）……父親諒已心中有數，囑咐墓地盡快完工。在病魔纏繞期間，他沒有告訴常德家人已經重病在身。

1977 年 12 月 5 日父親在病榻上發出給母親的最後一信（聽信朋友所述香港會親較為容易），說他即將赴香港應聘為好友電子公司的主持，盼母來港「共同處理一些個人資產」。母親見信非常高興。其實，這是 11 月 11 日，趙煦雍尹靜祺夫婦見父已病入膏肓的建議：亟主我父「去香港接道安出來，至少在港圖謀一面，蓋感余老病中無伴之故，並為調查出境理由。」——這是日記中一條重要信息！

翻查日記，原來父親已是不准出境台灣之人。早見於 1974 年 1 月，父欲繞馬來西亞接母來台未遂，曾往詢中央黨部陸工組老友徐晴嵐主任，徐建議父試試香港接眷之途。父告知徐，他被禁不能去香港，「徐甚為驚奇」。1976 年 5 月，趙煦雍曾告訴父親，「接濟道安家用恐有麻煩」，父以家中苦況漫應之。繼而再赴中央黨部見徐晴嵐解釋與家人通信匯款事。徐介紹父與陸工會周總幹事晤談，稱周專門為黨員服務辦理此類事務。從此，父親便放棄香港林雨亭先生而轉為由黨部提供的方法借「香港洛克道 87 號郭先生」與母通信匯款。（對此內幕我們家人一直不知情）

趙煦雍夫婦眼見我父病已趨無可救藥，乃出於摯友情深，出此赴港之謀，並願為父辦得出境證件。趙伯以為「病重」之人道理由，應可衝破兩岸的禁制。實則如有人得力操辦，香港的臨終相會，可能性甚大（設想父到港後，可與常德直通郵局電話，爭取當局以丈夫病重准母出香港。離父去世還有一個多月！）。但是，不知何故，父親遲至 12 月 5 日才佈置去港日程，據趙耀東先生告知，父親拿到批准去香港的文件時，已經住入榮總醫院的加護病房。那應是 1977 年末時，距 1978 年 1 月 13 日終於不治，只餘半個月。

我父何故被政府列入禁足出境名單？此事確實無疑。日記上至少有 1974 年 1 月、5 月、1976 年 5 月三次記載。2019 年 2 月 18 日在紐約會見與父親關係密切的譚學泓兄，他證實「冉伯曾被禁足離開台灣，因為與伯母的通信。」趙煦雍世伯也提到父親和道安的通信匯款「有麻煩」。可以想像的是，台灣在七〇年代厲行蔣經國提出的和大陸「三不」政策，對一定級別的官員限制出境。父親是資深官員，應該知道相關的條例規定。但日記中並無提及，而是將與大陸家人的通信匯款，當作毫無疑義的私人事務。他素來是尊重法紀的人——另一個可能性是，父親和家人的來往通信，已被台灣安全部門所監視。發現其中有大量鼓動他「回國」的內容（包括前述令父親很反感的內容）。於是冉鵬被鎖定為中共的「統戰對象」。這自然「有麻煩」。一旦進入這個禁制空間，已無幻想的餘地。

父母綿延 28 年的家書往返，望穿秋水，終於畫上句號。母親接到來自紐約的噩耗，已是九天之後。故國親人無不沉入絕望的深淵。最是可憐三位枯守在常德「紅英巷 40 號」陋屋的老婦人——母親和大姑么姑。她們是父輩在常德最後的倖存者，都已熬到風燭殘年。高齡 87 歲的大姑媽冉翔予，曾是桃源師範丁玲王劍虹的老師，當年也是她資助幼弟勺庭赴京求學，成就一名治國人才，她對冉家的男孩抱有一種宗族式的關愛。小姑媽冉愚安是我讀小學的監護人，姑爺父子均死於厄運。衰弱不堪的母親猶如晴天霹靂，已是欲哭無淚，深知命運的不可抗拒，拜夫在天之靈，心膽皆碎，萬念俱灰。家中爐灶三天沒有生火。

最後，母親打消在家鄉了此餘生的意念。決定和兒女們一道出走香港，並赴台祭祀先夫勺庭之墓。這是一個勇敢的決定。投入吉凶莫測的國外生活，那早已不是她可以接受的挑戰。但是她知道為了子孫後代的前途，尤其三個年華虛度的兒子，她應該一試。1980 年元旦，在幼子茂辛的陪伴下，母親終於跨過羅湖橋，抵達香港。這時，她已七十二歲。

回望父母在國共對立分治七十年，渴望重逢而不得的這卷悲情歷程，我想起在母親出國不久，家鄉熟人傳出一個說法，常德市公安局的幹部說，「沒有讓皇甫老師在冉鵬生前出國相聚，是我們工作上的失敗。」——此話不虛。但並無絲毫惻隱之意，只是承認工作的失敗，什麼工作？冉勺庭沒有步投共者流的後塵俯首來歸。

父親留下一部「重愁在身」的日記，顯示在一個冷酷時代永不凋謝的真誠與愛心。

懋華（金鐘）

2020 年 2 月 6 日 紐約

給兒子懋華的信

冉勺庭

華兒：

上年十二月六日由玉溪寄薰兒轉之信，早已收到。

我海外飄零，匆匆十四年，在這漫長歲月中，家庭的一切，均偏勞你母一人承擔，每一念及，使我愧對你母！憶 1949 年六月離開桃源時，我尚是中年，現在不覺兩鬢斑白已成老翁了！今年再過三天，又是陰曆二月初三，為我五七生辰，再過三年，就是六十歲的人，在此一個花甲中，時間不能算短。因此，我已著手寫我個人年譜，初稿已竣事。細細回味近六十年的生活，雖無關國家社會，但作我家一本史歷來看，則是很有價值的。將來正式脫稿，擬分寄幾本給你兄弟姐妹。

你現在的工作——水利測量——我認為不錯。過去我常鼓勵和安慰我從事水利工程的朋友，翻開歷史一看，歷代興亡中多少帝王將相，不論其文治武功如何，而其造福人類的功績安在？遠不及四川都江堰興辦人李冰父子，以及近人李儀祉先生在陝興辦的涇惠渠等之功勞！故你現在做的小小窮鄉僻壤的測量工作，微不足道，但事在人為，邊做邊學，可能他日成為一個水利專才。切忌出風頭，英雄主義，追求一己之成名，而不顧他人的合作功績！

次論為人。無論時代變遷，社會制度的不同，人畢竟是人，人與人相處，總應在一個「誠」字。我家自你祖父起，幾位伯父為人一生莫不忠厚，儘管吃虧在己，而待人則寬，從無半點狡詐損人利己心理，雖不企其善報，總覺得這是做人的基本道理……（缺一行）所以，我希望你們弟兄也應該保持這種家風。

至於業餘愛好文藝的問題，譬如詩，恬淡莫過於陶淵明，沉雄莫過於杜工部，豪放莫過於陸放翁，瀟逸莫過於李太白，穠艷莫過於李義山。其他名家多的是，我均愛讀。以之陶冶個人性情是最好不過，並覺得道我心中所不能道，至於與社會人群，則絲毫助益沒有。憶1927 年在舊京求學時，對於中國舊文學很著迷，尤其對於南唐二主的詞，花了不少時間去研究。過後覺得後主其詞，儘管不愧為詞中皇帝，然而，以一個現實的君主，竟不能把轄土弄好而成為宋朝的俘虜，且遭慘死。可見文學再好，無補於人生實際！其他如寫小說及劇本，業餘為之，興趣所在，未始不可。總以不妨礙正業，否則，會一事無成。說到文學修養，你母比我還高。不僅你外祖父皇敬之公是有學問，而你母的外祖父何來保公，還是清末常德革命殉國最有學問最年青的一個！

你的婚事，既已成年，應由你自主。我希望你選擇時應（1）愛情專一（2）品德高尚（3）志趣相同。

我在外十四年，而平生之恬淡志向則絲毫未變。近幾年在廠未兼主管職務，不僅責任輕，而工作亦極輕鬆。雖然單身在外，自幸總算未生病。茲寄來前幾天在廠照的相片，你看是不是依然健康！餘暇輒喜讀史書，尤愛讀陳壽的三國志，不僅文辭美，述事亦簡要。此外因身體較胖，酒已不飲，烟平生不吸，其他可謂一無嗜好。日記仍照常寫，卅餘年來無一日間斷。惜前十八年的（××××）未帶在身邊。即詢

近佳

父　字　1963. 2. 23. 於吉隆坡

（懋華 2020 年 3 月按：此信見於父親日記 1963 年 2 月 18 日（在台北）：「抽暇裁復華兒長信一件，處世為人及治學與工作之道。」信末之×××× 四字，被塗抹，依稀可辨約是「留在家中」。父親 1949 年日記 2 月 13 日，有清楚記載：裝日記的箱子，已交予桃源鄉親王其植先生保管。王曾任職行政院，1949 年回鄉任小學校長。被害於「鎮反運動」。至於落款「吉隆坡」，是假託地址。父親 1949 年 12 月隨政府赴台後，除兩次出國考察外，至 1978 年逝世，一直都居住在台灣。）

民國日記 36
倉皇辭廟：副主計長冉鵬日記（一九四九—一九五〇）

The Diary of Ran Peng
Vice Minister of Directorate-General of Budget, ccounting and Statistics
1949-1950

著　　者　冉　鵬
編　　輯　冉懋華
總 編 輯　陳新林、呂芳上
執行編輯　林弘毅
排　　版　溫心忻、盤惠秦

出 版 者　開源書局出版有限公司
香港金鐘夏慤道 18 號海富中心
1 座 26 樓 06 室
TEL：+852-35860995

民國歷史文化學社有限公司
10646 台北市大安區羅斯福路三段
37 號 7 樓之 1
TEL：+886-2-2369-6912
FAX：+886-2-2369-6990

銷 售 處　源流成文化股份有限公司
10646 台北市大安區羅斯福路三段
37 號 7 樓之 1
TEL：+886-2-2369-6912
FAX：+886-2-2369-6990

初版一刷　2020 年 5 月 31 日
定　　價　新台幣 400 元
港　幣 105 元
美　元 15 元
I S B N　978-988-8637-66-9
印　　刷　長達印刷有限公司
台北市西園路二段 50 巷 4 弄 21 號
TEL：+886-2-2304-0488